BusinessVillage

Stefan Dederichs

GLÜCKS MACHER

Zum Glück gibt's ... Wege

BusinessVillage

Stefan Dederichs
Glücksmacher
Zum Glück gibt's ... Wege
1. Auflage 2017

Bestellnummern
ISBN 978-3-86980-392-0 (Druckausgabe)
ISBN 978-3-86980-393-7 (E-Book, PDF)

Direktbezug unter www.BusinessVillage.de/bl/1027

Bezugs- und Verlagsanschrift
BusinessVillage GmbH
Reinhäuser Landstraße 22
37083 Göttingen
Telefon: +49 (0)551 2099-100
Fax: +49 (0)551 2099-105
E-Mail: info@businessvillage.de
Web: www.businessvillage.de

Layout und Satz
Sabine Kempke

Illustration und Foto auf dem Umschlag
Illustration: TaiChesco, www.istockphoto.de
Foto: Steffen Löffler (stlart.de)

Druck und Bindung
www.booksfactory.de

Inhalt

Über den Autor

Stefan Dederichs ist der Glücksmacher. Der heute erfolgreiche Speaker, Autor und Trainer blickt auf eine holprige Jugendzeit zurück: Er litt unter Depressionen und hatte keinen leichten Start ins Berufsleben. Doch er steckte den Kopf nicht in den Sand und fand Wege zu einem erfolgreichen und erfüllten Leben. Er zählte zu den besten Verkäufern seiner Branche, gründete Unternehmen und wurde zum erfolgreichen, lebensfrohen und selbstbewussten Menschen. Sein Motto: »Erfolg ist, was glücklich macht«. Heute gibt Stefan Dederichs dieses Wissen, wie es jeder zum wirklichen Glücklichsein schaffen kann, als gefragter Vortragsredner und Autor weiter.

Kontakt

E-Mail: info@stefan-dederichs.de
Web: www.stefan-dederichs.de

Persönliche Worte an dich

Ich bezeichne mich als erfolgreichen, glücklichen Menschen, der im Leben das erreicht hat, was er sich als Ziel gesetzt hat. Das kam nicht von heute auf morgen, es war ein langer und auch nicht immer einfacher Weg. Eher steinig, und immer am Rande des Wassers entlang – wie du es auf dem Umschlag dieses Buches siehst. Und wie du es vielleicht selbst bei dir kennst, denn auch du wirst in deinem Leben von Stein zu Stein gehüpft sein, immer im Bemühen, alles richtig zu machen – und in der Hoffnung, dass am Ende alles leicht wird, dass du dein Glück findest.

Bei mir hat sich der steinige Weg gelohnt. So richtig bewusst wurde mir das allerdings erst vor drei Jahren bei einer Vorsorgeuntersuchung. (Ja, in meinem Alter sollte man regelmäßig Vorsorgeuntersuchungen wahrnehmen – und tu du das bitte auch, sobald du die Möglichkeit dazu hast. Und damit meine ich nicht: die Zeit. Denn diese Dinge sind wichtig – wenn du krank werden solltest, verliert alles andere an Bedeutung. »Keine Zeit« dafür zu haben, wäre also ein fataler Fehler. Ein Weg zum Glück ist sicher, die richtigen Prioritäten zu setzen).

Also: Ein jüngerer, sehr netter und sympathischer Arzt – eben jemand, mit dem man sich ganz gerne unterhält – fragte mich bei der Untersuchung, wie ich denn mein Leben beschreiben würde. Er ergänzte, dass er bei der großen Vorsorgeuntersuchung immer mit dieser Frage beginne, damit er den Patienten besser einschätzen könne. Auf dieser Basis könne er schließen, wie es um die Gesundheit des Patienten bestellt sei und worauf er bei der Untersuchung seinen Schwerpunkt setzen sollte. Die Beschreibung des eigenen Lebens könne darauf hinweisen, für welche Art von Krankheiten man anfällig sein könnte, und er bekomme so Informationen, die ihm bei dieser Beurteilung behilflich seien. Ich antwortete ihm recht spontan, dass ich ein entspanntes, ausgeglichenes und glückliches Leben führte, keinen Stress hätte und es vermiede, mich zu ärgern.

Merke: Ich führe ein entspanntes, ausgeglichenes und glückliches Leben – das kannst auch DU jederzeit (lernen) und dich daran erfreuen.

Er war über meine spontane und so positive Antwort sehr verwundert. Er berichtete mir, dass ich der Allererste sei, der ihm eine solch positive Antwort gegeben habe. In der Regel erzählten alle von Stress und von viel Arbeit. Sie redeten über ihre Leiden und wie schlecht doch alles sei. Es habe sich leider eingebürgert, dass wir Menschen immer mehr das Negative als das Positive sähen und erzählten. Doch musste er sich wundern, als ich ihm schilderte, was ich alles mache. Bei wie vielen Firmen ich beteiligt und Gesellschafter bin und dass ich nebenbei noch Vorsitzender einer Hilfsorganisation und einer Partei bin. Das Ganze machte ihn neugierig. Ihn interessierte meine Einstellung, daher sprechen wir länger über das Thema. Ich hatte zuvor noch nie erlebt, dass sich ein Arzt so viel Zeit für ein Gespräch nimmt. Es wurde ein sehr interessantes Gespräch. Und ich verriet ihm mein Grundrezept für das Glück: Ich lebe streng nach einer Weisheit. Es ist ein für mich ganz besonderer Satz (bekannt auch als das Gelassenheitsgebet), der fast alles, was wichtig ist, um glücklich zu sein, beinhaltet:

Herr, gib mir die Kraft, Dinge zu verändern, die ich ändern kann. Gib mir die Geduld, Dinge hinzunehmen, die ich nicht ändern kann. Und gib mir die Weisheit, das eine vom anderen zu unterscheiden.

Meist dem württembergischen Prälaten Friedrich Christoph Oetinger zugeschrieben (es gibt mehrere Nachweisstränge)

Dieser Satz hilft mir dabei, die richtige Entscheidung zu treffen. Viel zu oft jammern wir über Situationen, in denen wir stecken. Wir nehmen sie einfach hin, ohne auch nur den geringsten Gedanken daran zu verschwenden, etwas zu ändern, obwohl wir es könnten.

Meine erste Überlegung in Situationen, die mir nicht gefallen, ist immer die Frage: »Kann ich an der jetzigen Situation etwas verändern?«

Wenn ich also zum Beispiel am Flughafen bin und meine Maschine Verspätung hat, dann habe ich darauf keinen Einfluss. Ich kann an der Situation nichts verändern. Vielleicht könnte ich darüber nachdenken, ob es beim nächsten Mal besser wäre, die Bahn zu nehmen. Für den Moment kann ich jedoch nichts verändern. Egal wie sehr ich mich aufrege, die Maschine wird keine Minute früher kommen. Was würde es also bringen, mich jetzt aufzuregen? Meine Wut hätte keinerlei Einfluss zum Positiven. Also tritt die zweite Aussage des Zitates in Kraft: »Gib mir die Gelassenheit (Geduld), Dinge hinzunehmen«.

Demgemäß vertreibe ich mir die Zeit und fülle die Wartephase mit Sinnvollem. Ich lese Unterlagen, zu denen ich bisher nicht gekommen bin, erledige notwendige Telefonate, manchmal mache ich auch eine Übung zur persönlichen Entwicklung (so wie du einige in diesem Buch finden wirst). Ich nutze die Zeit, um andere Dinge aufzuarbeiten, meine persönliche Zielplanung zu überprüfen und gegebenenfalls Angefangenes zu korrigieren. Statt zu jammern, nutze ich die Zeit sinnvoll.

Plötzlich entsteht durch nichts anderes als meine Einstellung aus scheinbar Negativem die angenehme Möglichkeit, sich auf Dinge zu konzentrieren, die ich sonst vielleicht nicht angehen würde. Weiterhin überlege ich mir bei solchen Gelegenheiten immer, ob ich in der Zukunft solche Situationen vermeiden kann. Manchmal ist das möglich, manchmal nicht. Wenn ich aufs Flugzeug angewiesen bin, werden sich auch künftig Wartezeiten nicht verhindern lassen, also gehe ich damit gelassen um.

Die aus dem Satz »Gib mir die Gelassenheit, Dinge hinzunehmen« resultierende Haltung ermöglicht mir seit vielen Jahren, ein wesentlich gelasseneres Leben zu führen. Ich brauchte lange, bis der Satz in meinem Unterbewusstsein verankert war. Über Jahre habe ich mir diesen Satz immer und immer wieder in Gedanken vorgelesen, wenn ich mich genervt, gestresst, gebremst, verärgert fühlte. Ich bin von Natur aus ein sehr ungeduldiger Mensch und es fiel mir alles andere als leicht, meine impulsive Ungeduld hin zu einer souveränen Gelassenheit zu verändern, doch es ist mir gelungen. Und es gelingt dir auch! Wenn du dabei bleibst, wenn du diesen Satz und die dahinterstehende Einstellung übst, übst, übst.

Merke: Es kommt alles aus deinem Kopf, du entscheidest, wie du über eine Situation oder einen Menschen denkst.

Aber dazu kommen wir später.

Wenn ich einiges im Leben früher gewusst hätte, dann wäre sicher vieles einfacher gewesen. Ich bereue nichts, was ich bisher in meinem Leben gemacht und entschieden habe, alles hatte seinen Grund. Das bedeutet (leider) nicht, dass ich nicht sehr viele falsche Entscheidungen getroffen hätte. Dies gehört zum Lernprozess dazu. Ohne Fehler können wir uns nicht verbessern und nicht lernen und damit nicht an uns und in uns wachsen.

Merke: Wir müssen Fehler als Chancen erkennen und eine Lehre daraus ziehen. Also nicht das Scheitern feiern, sondern das Lernen und die Weiterentwicklung, die darin stecken.

Der amerikanische Wissenschaftler Thomas Alva Edison ging als Erfinder der Glühbirne in die Geschichte ein. Rund zweitausend Anläufe brauchte Edison, bis er den ersten Kohlefaden in einer Lampe zum Leuchten brachte. Die Fehlversuche schockten den Amerikaner jedoch nicht. Er meinte dazu sinngemäß: »Ein Misserfolg war es nicht. Denn wenigstens kennt man jetzt zweitausend Arten, wie ein Kohlefaden nicht zum Leuchten gebracht werden kann.« Du kannst dir vielleicht vorstellen, wie viel Geduld und Durchhaltevermögen Edison aufbringen musste, bis er endlich sein lang ersehntes Ziel erreichte. Wie oft muss er kurz davor gewesen sein, aufzugeben. Mehr als zweitausend Mal hat der Versuch nicht funktioniert. Mehr als zweitausend Mal hingefallen und aufgestanden. Er hat an sich und an den Erfolg geglaubt und nicht aufgegeben. Es war ihm egal, was die anderen sagten; er zog sein Ding durch.

Wenn ich auf mein bisheriges Leben zurückblicke, fühle ich mich auch ein bisschen wie Thomas Edison: Ich habe viel unternommen, und vieles war sehr erfolgreich, vieles aber eben auch nicht. Heute weiß ich, was funktioniert und was nicht – natürlich nicht immer. Alles, was nicht funktionierte, betrachtete und analysierte ich genau. Mir war es immer wichtig, zu erkennen, warum etwas nicht funktionierte. Denn nur dann kann ich es beim nächsten Mal besser machen. Ich habe an vielen Stellen sicher (immer noch) zu schnell aufgegeben, war einfach nicht stark genug im Durchhalten. Rückblickend hätte einiges von dem, was ich versuchte, erfolgreich sein können, wenn ich es länger probiert hätte. Aber so habe ich wiederum die Gelegenheit gehabt und genutzt, immer neue Ideen zu entwickeln und zu verwirklichen – das hat sich für mich persönlich auch als ein Weg zum Glück herausgestellt.

Mach deine eigenen Erfahrungen – und such dir Gefährten (dazu)

Und ich hatte immer eine mentale Unterstützung: Mit meinen Eltern hatte ich in jungen Jahren und habe ich bis heute eine gute Hilfe an der Hand. Sie haben mich nie von meinem Weg abgebracht mit Sprüchen wie: »Mach das nicht, das wird nichts« oder »Das schaffst du nicht«. Wenn ich Rat brauchte, haben sie ihn mir gegeben, ansonsten haben sie mich machen lassen. Ich habe also früh gelernt, meine eigenen Entscheidungen zu treffen, und mit den – positiven wie negativen – Konsequenzen zu leben. Ich durfte von früh an meine eigenen Erfahrungen machen, und das hat mein Konzept von Selbstständigsein und von Selbstwirksamkeit stark geprägt; das ist heute Grundstein meines praktischen Wissens (was man aus diesem Grund auch »Erfahrungswissen« nennt), meines Könnens und vor allem meines Verhaltens.

Viele Studien und Umfragen haben auch genau dies bewiesen: Ein wichtiger Aspekt des Lebens glücklicher Menschen ist: Die eigenen Erfahrungen zu machen und die eigenen Entscheidungen treffen zu können und trotzdem die Gewissheit zu haben, dass es immer Menschen gibt, die einem beistehen, die einen unterstützen – auch wenn man mal eine falsche Entscheidung getroffen hat.

Jeder kann und muss seine eigenen Wege zum Glück finden – und diese dann auch gehen –, aber natürlich fällt dies leichter, wenn man jemanden an der Seite hat, der einfach für einen da ist. Ja, magst du nun einwenden, genau solche Menschen habe ich nicht! Niemand ist für mich da, niemand kümmert sich um mich. Das stimmt aber nicht: Du bist da. Du hast in dir einen reichen Schatz, den du nur heben und anerkennen musst. Und du bist der (wichtigste) Mensch, der sich um dich kümmern sollte und kann! Du bist verantwortlich für dein eigenes Glück, und du darfst es suchen und finden und leben, denn wenn du glücklich(er) bist, bist du auch stärker für alle anderen. Ein anderer Mensch kann dich sowieso nicht glücklich machen – er kann dir höchstens ein paar Dinge erleichtern und kann dir emotionaler Spiegel sein. Das kann für manche Menschen übrigens auch ihr Glaube sein, für andere eine spirituelle Quelle und für wieder andere können es ihre Haustiere sein, alles, was ihnen Stärke und Liebe gibt und sie durch die Tage, durch das Leben begleiten kann.

Wie du am meisten von diesem Buch profitierst

Und in dieser Weise darfst du auch mich und dieses Buch als einen treuen Begleiter betrachten. Jemand, der an deiner Seite ist, ohne dich in eine Richtung zu drängen. Der dir Anregungen, Ideen und Impulse geben möchte. Daher besteht dieses Buch aus vielen kleinen Kapiteln: Nimm sie als Impulse, die du schnell nutzen kannst, wenn du Unterstützung suchst. Du kannst sie in einem Stück durchlesen – oder aber immer mal wieder dieses oder jenes nachlesen, wenn dir danach ist, wenn es zu einer Situation in deinem Leben passt. In diesem Buch habe ich viele solcher Anregungen – oder Wege – zusammengestellt: Du musst und kannst dir heraussuchen, welcher dieser Impulse zu dir passt. Such dir den Weg oder die Gedanken heraus, die dir gerade nützlich sind. Nicht alle Wege, nicht alle Impulse werden dich jetzt gerade ansprechen – aber du wirst über die Zeit hinweg viele verschiedene Lebenssituationen erleben, in denen ganz unterschiedliche dieser Wege (zum Glück) für dich nützlich und gangbar sein werden. Daher habe ich dir im Literaturverzeichnis am Ende dieses Buchs auch die verwendete und zusätzlich weiterführende Literatur zu den verschiedenen Wegen und Impulsen zusammengestellt: Dort findest du Vertiefungen zu Themen oder Aspekten, die dich besonders interessieren könnten und die ich nicht alle hier unterbringen konnte.

Mit diesem Buch will ich dich dabei unterstützen, dass du Ziele in deinem Leben mit mehr Leichtigkeit erreichen und mit unangenehmen Situationen viel einfacher umgehen kannst.

Dazu gehört auch, dass du lernst Gedankenfallen zu vermeiden. Eine solche Falle ist, anderen Menschen oder den externen Umständen die Verantwortung für dein Leben, für deine Emotionen und dein Glück zu geben. Und damit passiv zu werden, sich zum Opfer der Umstände zu machen, die Eigenverantwortlichkeit abzugeben. Glücksmacher – und darum heißt das

Buch so – aber haben verinnerlicht, was die Wissenschaft mehr und mehr erkennt und belegt: Jeder von uns ist verantwortlich für seine eigenen inneren Zustände und Emotionen, Verhaltensweisen und Reaktionen. Damit übernimmst du die aktive Rolle beim Gestalten deines Schicksals. Denn sei dir gewiss – wie auch schon Viktor Frankl (siehe mehr im Literaturverzeichnis) es ausführte: Du bist der Gestalter deines eigenen Glücks, und du kannst und musst immer entscheiden, was eine Situation »mit dir macht«, welche Gefühle sie in dir auslöst. Damit behältst du die Deutungshoheit und letztlich die Macht über dich und dein Leben. Gib diese Macht niemals her!

Du sollst auf jeden Fall deine eigenen Erfahrungen machen, deine eigenen Fehler und damit deine eigenen Lernprozesse durchlaufen. Ich kann dir lediglich Impulse mit auf den Weg geben, die es dir ermöglichen, ein aktives, selbstbestimmtes und glücklicheres Leben zu führen. Denn du hast es verdient, so richtig glücklich zu sein. Wenn du verstehst, warum einige Dinge im Leben sind, wie sie sind, warum manches passiert, obwohl es im ersten Augenblick für uns nachteilig wirkt, uns Schmerzen und Kummer bereitet, warum es Hürden im Leben gibt, die wir uns nicht gewünscht haben, dann wird dir vieles viel leichter fallen und du kommst schneller ans Ziel.

Merke: Behalte stets die Deutungshoheit über dein Leben und deine Gefühle – gib niemand anderem die Macht darüber! Du kannst deine Wege zum Glück immer gestalten.

Du musst übrigens nicht unglücklich sein, um von diesem Buch zu profitieren. Es spielt auch keine Rolle, wie alt du bist. Auch ist es egal, ob du arm oder reich bist. Vielleicht hilft dir das Buch einfach dabei, ein neues Kapitel in deinem Leben aufzuschlagen. Vielleicht hilft es dir über eine schwere Situation hinweg, vielleicht gibt es dir Kraft, eine Hürde zu nehmen. Vielleicht öffnet es dir aber auch die Augen im Hinblick auf einige

Haltungen in deinem Leben, die dich behindern und die du vielleicht überdenken solltest. Vielleicht bist du schon älter und brauchst neue Impulse. Es ist nie zu spät, etwas zu verändern. Ein Großteil der Menschen läuft missgelaunt und unglücklich durch die Welt, weil sie einfach nicht wissen, dass sie es anders haben könnten. Sie haben noch nicht verstanden, dass sie selbst die Möglichkeit dazu haben, sich glücklich zu machen. Und auch andere Menschen! Denn nur, wer selbst glücklich ist, hat die Stärke, andere Menschen glücklich zu machen. Und umgekehrt gibt uns Altruismus, gibt uns die Liebe und das Mitgefühl für andere Menschen Glück zurück! Der englische Schriftsteller und bedeutende metaphysische Dichter John Dunne ist in diesem Gedanken noch einen Schritt weiter gegangen:

All jene in der Welt, die unglücklich sind, sind so, weil sie nach dem eigenen Glück streben. All jene in der Welt, die glücklich sind, sind so, weil sie auf der Suche nach dem Glück der anderen sind.

John Dunne, 1572–1631

Ich aber hatte – bevor ich mich in die Glücksforschung vertiefte und mich intensiv der Suche nach den wahren Faktoren des Glücks (und der Zufriedenheit) widmete – einen großen Fehler gemacht, der mich dann lange blockierte: Ich verwechselte äußeren (finanziellen) Erfolg mit Glück. Ich lief dem Geld hinterher – durchaus erfolgreich –, aber nicht dem inneren Glück.

Merke: Lauf nicht dem Geld hinterher. Richtig ist, der Freude, dem Glück hinterherzulaufen – alles andere erfolgt dann von alleine!

Wenn du Freude an etwas hast, dann kommen Erfolg und Wohlstand weitaus schneller. Ohne mir darüber bewusst zu sein, habe ich immer das gemacht, was mir Freude machte. Geh du, gehen wir diesen Weg bewusst! Wählen wir bewusst den Weg, die Situationen, die uns Freude machen. Sie stärken uns, sie geben uns Energie und Ressourcen, auf die wir zurückgreifen können. Freude ist ein Weg zum Glück – und das Glücklichsein muss dein Ziel sein. Du hast das Recht, glücklich zu sein – das ist ein Recht, das viele Menschen sich gar nicht zu nehmen trauen. Aber es ist quasi ein natürliches Recht, das dir qua Geburt schon verliehen wurde. Du musst es nur einfordern und gestalten.

Merke: Du *darfst* glücklich sein – damit gibst du dem Geschenk des Lebens etwas zurück!

Dazu musst du dein Leben ganz bewusst wahrnehmen.

Darum nutze ich die Du-Form

Mit bewusstem Wahrnehmen habe auch ich angefangen. Ich bin kein Tschakka-Brüller, kein Weiser vom Berg und auch kein Glücksguru, ich bin (nur) ein Mensch, der aufgrund seiner Entwicklung, seiner Profession als Führungskraft und gemäß seiner Ausbildung und Tätigkeit als Fachtrainer und Business-Coach sehr genau analysiert hat, was (mich) im Leben unglücklich macht(e) und was zufrieden und glücklich(er). Oder besser gesagt: Von was ich mich früher unglücklich machen ließ und was sich geändert hat, seitdem ich mein Leben und mein Glück selbst aktiv in die Hand nehme. Seitdem ich Wege zum Glück suche und diese niederschreibe.

Im Laufe von Tausenden Gesprächen und Coachings mit Mitarbeitern, Kunden, Auftraggebern, Seminarteilnehmern und Coachees, aber auch im Kollegen- und Freundeskreis, bemerkte ich, dass uns Menschen alle im Grunde dasselbe umtreibt. Dieselbe Suche. Dieselbe Sehnsucht: die Sehnsucht nach Glück. Und da so viele Menschen mich in dieser Zeit um Rat baten, habe ich mich überzeugen lassen, dass es nützlich ist, meine Wege, meine Erfahrungen und meine Erkenntnisse für jeden, der glücklich(er) werden will, aufzuschreiben. Dabei treibt mich aber nicht der Wunsch an, als Besserwisser oder Erleuchteter (das schon gar nicht) wahrgenommen zu werden, sondern der Wunsch, etwas Positives zu bewirken.

Wer schon mal ein Buch von mir gelesen hat, der weiß, dass ich grundsätzlich in der Du-Form schreibe. Ich bin der festen Überzeugung, dass du viel mehr aufnimmst, wenn wir per Du sind. Denn von Freunden nehmen wir eher etwas auf – und an – als von Fremden. Und mir ist es wichtig, dass du so viel wie möglich von diesem Buch profitierst, damit sich dein Leben nachhaltig verändert. Daher spreche ich dich hier mit »Du« an – und das darfst du umgekehrt auch.

Dein

1.
Das Glück hat nicht auf mich gewartet: Meine schwierige Zeit

Mein Leben verlief nicht positiv oder geradlinig, auch wenn es manchem so erscheinen mag. Es gab auch für mich sehr schwierige Zeiten. Und um meine jetzige, sehr positive Lebenseinstellung musste ich stark kämpfen – ich habe sie buchstäblich erlernt und erarbeitet (und daher weiß ich, dass das geht!). Mir ging es nämlich genau so wie vielen von euch: Ich hatte schon als Jugendlicher große Probleme – oder, um es richtiger zu sagen: Ich machte große Probleme. Ich machte sie in meinem Kopf, sie kamen gar nicht von außen. Denn ich wuchs in einem stabilen Umfeld mit Vater, Mutter und Bruder auf, wir lebten als ganz normale Durchschnittsfamilie in einem Einfamilienhaus auf dem Land. Meine Eltern waren nicht reich, aber sie haben hart gearbeitet und konnten uns so gut durchbringen. Wir unternahmen gemeinsame Ausflüge, verbrachten Zeit miteinander. Es gab gute und weniger gute Momente. Es war nicht alles rosarot, jedoch auch nichts wirklich schlecht. Wir teilten Freude und viele schöne Augenblicke miteinander und haben uns auch mal gestritten – ein volles, schönes Familienleben. Trotzdem kam ich lange Zeit mit meinem Leben nicht zurecht.

Ich möchte dir nun einen Einblick in diese für mich schwierige Zeit geben. So glaube ich, kann ich dir am besten zeigen, dass man im Leben fast alles verändern kann und dass die Kraft aus einem selbst kommen kann. Ich werde dir zeigen, wie ich es in meiner schwierigen Zeit geschafft habe. Ich öffne damit ein Kapitel, welches sehr persönlich ist und das bis zu diesem Zeitpunkt nicht viele Menschen kennen.

Vorweg möchte ich betonen, dass ich kein studierter Psychologe bin und auch kein ausgebildeter Psychotherapeut. Ich bin kein Arzt und auch kein Wissenschaftler und ich habe nicht den Anspruch, dass alles, worüber ich schreibe und berichte, zu hundert Prozent wissenschaftlichen Anforderungen genügt. Doch mit der Wissenschaft verbindet mich das Streben nach Wirksamkeit und Seriosität, auch wenn meine Sprache unwissenschaftlich ist, denn ich spreche und schreibe von Mensch zu Mensch, von Herz zu

Herz. Ich habe mich bemüht, alle Aussagen mit Studien und Quellen zu hinterfüttern (wenn dir da etwas fehlen sollte, schreib mir ruhig eine E-Mail), und alle Tipps sind natürlich von mir selbst auf dem Weg meines Lebens getestet worden. Mir geht es darum, dir persönliche Erfahrungen näherzubringen, darum berichte ich offen aus meinem Leben. Ich bin überzeugt: Keine ausgedachten Storys, sondern nur Offenheit und Ehrlichkeit bei der Beschreibung meiner (Lebens-) Erfahrungen werden dich im Innersten berühren und etwas bewegen. Ich werde dir gerne berichten, welche Impulse und Einsichten bei mir funktioniert haben und warum. Ich gehe von der Gefühlswelt aus – so, wie wir auch lernen und uns entwickeln: Emotionen sind letztlich die entscheidende Instanz in unserem Körper; wir wissen heute, dass Entscheidungen immer gefühlsmäßig getroffen und dann verstandesmäßig rationalisiert werden. Nicht nur Kaufentscheidungen, sondern auch Lebensentscheidungen. Entscheidungen zur Veränderung. Die Entscheidung, ein glücklicheres Leben zu führen. Zu den Glücksmachern zu gehören.

Ich möchte dir Mut und Kraft geben, dein Leben zu verändern und deinen Weg zu gehen, denn es lohnt sich. Es gibt einfach zu viele Menschen, die ihre Fähigkeiten nicht ausschöpfen, und noch viel wichtiger: die nicht glücklich sind. Das ist sehr schade, weil das nicht notwendig wäre. Wenn du die hier gesammelten Wege und Impulse annimmst und die für dich passenden umsetzt, werden sich dein Glück und dein Erfolg wie von alleine noch weiter erhöhen. Du und dein Leben sind es wert, dass du das Beste aus dir herausholst.

Merke: Du musst nicht unglücklich sein, um glücklicher zu werden!

Das habe ich – wie vielleicht viele von euch – nicht von Anfang an getan. Ich besuchte die Hauptschule und war kein besonders guter Schüler, zwar intelligent, aber zerstreut, weder der Fleißigste noch der Konzentrierteste.

Ich hatte alle möglichen Dinge im Kopf, nur nicht unbedingt schulische Anforderungen. Mit Mädchen kam ich sehr gut zurecht, aber insgesamt gehörte ich wirklich nicht zu den beliebtesten Schülern. Ältere Mitschüler aus höheren Klassen hänselten mich. An manchen Tagen traute ich mich kaum in den Schulbus und hielt erst mal Ausschau, ob nicht einer der Übeltäter ebenfalls im Bus war. Das förderte mein Selbstwertgefühl nicht besonders und führte dazu, dass mir die Schule noch unsympathischer wurde. Ich war geplagt von Minderwertigkeitskomplexen, konnte mich selbst nicht leiden und hatte das Gefühl, dass ich falsch auf dieser Welt bin. Es war schwierig für mich, Freundschaften aufzubauen. Es waren eher einzelne Personen, an die ich mich klammerte. Im Grunde war das unverständlich – aber es gibt ja überhaupt keine stichhaltigen Gründe, warum manche Jugendlichen oder Menschen generell eher gemobbt werden. Heute ist das an den Schulen vielleicht ein noch größeres Problem als damals – und mit der Verbreitung der Social-Media-Plattformen hat das Verhöhnen und Ausgrenzen leider noch mal eine ganz neue schreckliche Qualität bekommen. Also, ich war ein ganz normaler Jugendlicher, schlank und groß und auch nicht wirklich hässlich. Es gab im Grunde genommen nichts, was man hätte bemängeln müssen. Trotzdem war ich sehr unglücklich und konnte mit mir und dem Leben wenig anfangen.

1.1 Eifersucht – die Sucht, die mit Eifer sucht, was schmerzt

Freundschaften und Beziehungen zu führen, fiel mir auch schwer, weil ich extrem eifersüchtig war. Ich konnte es einfach nicht ertragen, wenn meine Freunde mit anderen Kindern spielten. Dann wurde ich wütend und sonderte mich ab. Ein Freund sollte im Grunde nur für mich da sein. Am liebsten spielte ich nur mit einer Person. Oder ich zog mich zurück und blieb für mich alleine. Auch an unserem Familienleben beteiligte ich mich als Jugendlicher immer weniger. Meist zog ich mich in mein Zimmer zurück und schaute fern.

Ich erinnere mich noch gut an ein Zeltlager mit anderen Jugendlichen, bei dem sich abends alle rund um ein Lagerfeuer versammelten, spielten, Lieder sangen oder sich einfach unterhielten. Doch wieder konnte ich mich mit keinem der Grüppchen wirklich identifizieren, ich hielt mich abseits und zog mich früh ins Zelt zurück. Statt mich an Gesprächen zu beteiligen, hörte ich lieber aus dem Zelt heraus zu – als ob ich in einer gespiegelten oder entfernten Realität lebte. Ich fühlte mich wohler so – war irgendwie nicht alleine, obwohl ich nicht wirklich dabei war.

Später dann kam die Zeit der ersten richtig großen Liebe. Meine Freundin hatte eine kleine Wohnung im Keller ihrer Eltern, dort hielten wir uns in der Regel auf. Es war eine sehr schöne Zeit, für mich schon fast wie eine eigene Familie. Genau das war auch mein innerster Wunsch: eine eigene kleine Familie. Am liebsten hätte ich damals, ich war gerade erst achtzehn Jahre alt, schon ein Kind gehabt. Ich hatte das Gefühl, ich müsste mir mein eigenes Mini-Universum aufbauen, in dem Glück und Beständigkeit herrschten. Diese erste feste Beziehung gab mir Halt und baute mich auf. Da ich mich selbst zu wenig liebte, hatte ich das starke Bedürfnis, dass mich jemand brauchte und liebte, dass jemand für mich ganz alleine da war.

Leider zeigte sich die übermäßige Eifersucht meiner Kindheit auch bei meiner ersten großen Liebe: Ich war besitzergreifend und unsicher und konnte es nicht ertragen, wenn mein Schatz auch nur mit anderen Männern redete. Natürlich kam es, wie es kommen musste: Mein Klammern wurde ihr irgendwann zu viel, sie begann eine Affäre und löste sich von mir.

Das zog mir den Boden unter den Füßen weg. Ich hatte das Einzige verloren, was mir Halt im Leben gegeben hatte. Der Schmerz war so stark, dass ich mir einbildete, es gäbe für mich nun keinen Grund mehr, auf der Erde zu bleiben. Ich hatte mich, impulsiv wie ich war, schnell entschieden, meinem Leben ein Ende zu setzen, und in mehreren Apotheken so viele Schlaftabletten gekauft, wie ich nur bekommen konnte. Als meine Eltern an einem Abend nicht zu Hause waren, nutzte ich die Gelegenheit. Mit einer Flasche Korn, einer weiteren Flasche Likör und den Packungen Schlaftabletten ließ ich mich auf meinem Bett nieder. Ich hatte mir alles genau überlegt. Es war kein Hilferuf, keine Kurzschlusshandlung, ich wusste, was ich tat. Die Tabletten spülte ich mit dem Inhalt der beiden Flaschen herunter. Die leeren Schachteln versteckte ich unter meinem Kissen. Umgeben von Bildern meiner Freundin schlief ich irgendwann ein. Doch meine Eltern kamen an dem Abend unerwartet früher nach Hause. Meine Mutter schaute noch nach mir, was eigentlich nicht üblich war. Doch sie hatte, wie sie mir später erzählte, ein ungutes Gefühl, gab ihrer Intuition nach und betrat mein Zimmer. Sie fand mich tief schlafend vor, hob das Kissen auf, entdeckte die leeren Schachteln und rief sofort den Notarzt. Gemeinsam schleppten mich meine Eltern in die Badewanne und versuchten, mich mit kalten Wassergüssen wach zu bekommen, bis der Notarzt kam. Im Krankenhaus wurde mir der Magen ausgepumpt und man holte mich ins Leben zurück. Ich selbst habe von dieser Nacht nicht viel mitbekommen. Am nächsten Morgen wollte ich nur nach Hause. Ich war nicht einmal dankbar für meine Rettung, hätte einfach nur gewollt, dass man mich in Ruhe gelassen hätte. Wie furchtbar nachlässig bin ich mit dem Geschenk des Lebens umgegangen!

Das Krankenhaus durfte ich erst verlassen, nachdem ich zugestimmt hatte, eine Therapie zu machen. Die begann ich dann zwar auch, brach sie jedoch sehr schnell ab. Ich war der Meinung, dass mir das nichts bringen würde, meine innere Einstellung war eisern negativ und ablehnend – wie hätte so auch viel Gutes gedeihen können? Ich sah keinen Sinn darin, mit einem

Fremden über meine Gefühle und Beweggründe zu sprechen – dadurch würde sich ja nichts an der Situation ändern und ich würde auch meine Freundin nicht zurückbekommen.

Einzig meinen lieben Eltern gegenüber hatte ich ein schlechtes Gewissen: Was hatten sie nur mitmachen, welche Gefühle haben sie nur aushalten müssen! Wie groß waren wohl in der Folgezeit ihre Ängste, dass ich vielleicht einen zweiten Versuch unternehmen könnte! Wie schwer muss es für sie gewesen sein, mir erneut zu vertrauen und mir notwendigen Freiraum zu schenken.

1.2 Was man anderen Menschen antut

Heute bin ich selbst Vater von zwei Kindern und kann mich daher gut in die damalige Situation meiner Eltern hineinversetzen. Es ist so ziemlich das Schlimmste, was Eltern mitmachen können. Die Hilflosigkeit, die man empfindet, wenn dem eigenen Kind etwas passiert, ist enorm.

Für mich begann nach meinem Selbstmordversuch und abgebrochener Psychotherapie eine Zeit der Resignation. Ich wollte nicht mehr. Es gab für mich einfach keinen Sinn in meinem Leben. Durch meine Rettung und das Verbleiben im Leben hatte sich nichts verändert. Es gab nichts, was mich gehalten hätte. Meine Familie war ständig liebevoll für mich da und versuchte alles, doch ich ließ niemanden an mich heran. Wochenlang verließ ich mein Zimmer nicht. Keiner konnte mir helfen, und ich ließ es auch nicht zu! Ich hielt mich selbst im Schmerz gefangen, ich klammerte mich an mein Leid, statt mich an das Leben und das Glück zu klammern. Nur aus Rücksicht auf meine Eltern startete ich keinen weiteren Versuch, mir das Leben zu nehmen. Aber ich bewegte mich im Nichts einer tiefen Depression.

Es dauerte Wochen, bis ich begann, langsam wieder am Leben teilzunehmen. In der Phase fiel mir das Buch Sorge dich nicht, lebe von Dale Carnegie in die Hände. Nachdem ich begonnen hatte, das Buch zu lesen, merkte ich, wie es mich im Inneren erreichte und berührte. Ich habe das Buch nahezu verschlungen und mich sofort auf weitere Lektüre gestürzt. Der Bann war endlich gebrochen! Der Themenkreis der Lebenshilfe und Selbstmotivation interessierte mich so stark, dass ich tat, was die Schule nicht geschafft hatte: Ich entwickelte mich richtig zum Weiterbildungsjunkie. Von den Motivations- kam ich zu den Erfolgs- und dann zu den Verkaufsbüchern. Das Thema Verkauf interessierte mich zwischenzeitlich sehr, weil ich ein paar Monate zuvor eine zweite Ausbildung zum Einzelhandelskaufmann in einem Möbelhaus begonnen hatte. Bei dem Thema Verkauf ging es immer wieder darum, mehr aus seinem Leben herauszuholen. Ich fand Freude an den Erfolgen von Schriftstellern wie Frank Bettger, Dale Carnegie und Napoleon Hill (siehe zu allen ausgewählte Bücher im Literaturverzeichnis). Doch das Lesen alleine reichte nicht, und so begann ich in den Neunzigerjahren, Seminare von Erfolgstrainern wie Jürgen Höller und Emile Ratelband zu besuchen. Es war die Tschakka-Tschakka-Zeit, und Motivationstrainer – manche nannten sie schon damals eher abschätzig Motivationsentertainer – füllten Säle mit Hunderten, manchmal sogar Tausenden von Zuschauern. Nach dem Besuch der ersten Veranstaltung merkte ich, wie es in mir arbeitete. Die Stimmung war fantastisch, tausende von Leuten standen auf den Stühlen, ließen Luftballons in die Luft fliegen, jubelten. Es war eine Atmosphäre wie aus einer anderen Welt. Ich verspürte das erste Mal wieder richtige Glücksgefühle. Noch war ich nicht so weit, mitjubeln zu können, zu tief war noch meine Depression. Aber mein Interesse war geweckt und ich buchte sofort die Teilnahme an einer weiteren Veranstaltung. Und da riss auf einmal der Schleier, der sich vor mein Leben gehängt hatte. Ich konnte mich auf alles einlassen, konnte mitmachen, erlebte ein rauschhaftes Glücksgefühl. Ja, ich trank keinen Alkohol, hatte nie geraucht, habe auch nie Rauschmittel genommen, daher kannte ich dieses Gefühl des Rausches nicht wirklich, aber dies war meine Form des Rausches, ein Glücksrausch. Ich sog alles auf wie ein trockener Schwamm. Man kann heute darüber denken, was man will (und einiges von den damaligen Erfolgsbotschaften hat die moderne Motivations- und Hirnforschung mehr als einmal widerlegt), doch mir und anderen Menschen vermittelten diese Motivationsentertainer hilfreiche, ja sogar nötige Impulse, um den eigenen Hintern endlich hochzubekommen und etwas zu verändern.

Natürlich war es ein Prozess über Wochen, Monate, sogar Jahre, in denen sich die Zielorientierung bei mir immer mehr festigte. Es war jetzt nicht so, dass ich vor meinem Selbstmordversuch nicht zielorientiert gewesen wäre, aber eben auf einer ganz anderen Ebene und bei Weitem nicht in dieser Form. Aus einer so tiefen Depression herauszukommen, geht nicht mit einem Klick, mit einem einzelnen Anstoß. Bei mir war es die Summe von verschiedenen Impulsen, die in der Gesamtheit zu einer Veränderung in mir führten. Die Kombination aus Unterstützung durch Familie, Bücher, Seminare und das Treffen einer eigenen inneren Entscheidung haben am Ende den Grundstein für einen Prozess gelegt. Ich möchte aber noch mal betonen, dass das nur der Grundstein gewesen ist. Alles Weitere war ein Prozess über viele Jahre. Die eigentliche dauerhafte Veränderung kam allein aus mir und meiner Einstellung. Diese musste sich zuerst grundlegend ändern. An dieser habe ich kontinuierlich gearbeitet. Glücklichsein ist ein Prozess, und den kann man lernen, auch das musste ich erst verstehen.

Ziele tragen die Kraft zu ihrer Erfüllung in sich

Ich lernte, was es bedeutet, Ziele zu haben und diese umzusetzen. Ich lernte, wie man mit Zielen umgeht und warum das Leben lebenswert sein konnte. Es machte mir Spaß zu kämpfen und Einsatz für meine Ziele zu zeigen. Wenn ich etwas wollte, gab ich so lange alles, bis ich es erreicht hatte. Das waren Eigenschaften, die mich antrieben. Jedes Mal, wenn ich ein Ziel erreichte, auch wenn es ein ganz kleines gewesen ist, merkte ich, dass ich etwas konnte. Dieses Gefühl fehlte mir vorher. Ich hatte ja bis dahin immer den Eindruck, dass ich nichts wert wäre und nichts könnte. Das Erreichen von etwas, was ich mir zuvor vorgenommen hatte, stärkte mein Selbstvertrauen und zeigte mir deutlich, wozu ich in der Lage war. Es waren ganz kleine Schritte, aber jeder einzelne brachte mich einen großen Schritt nach vorne und festigte mich im Leben. Dieses Gefühl, welches entstand, wenn ich etwas erreicht hatte, trieb mich weiter an.

1.3 Das Drehbuch fürs eigene Leben schreiben

Durch das Aufschreiben und Festlegen von Zielen habe ich mir eine Art Drehbuch für das Leben geschrieben. Endlich bekam alles einen Sinn und eine Richtung. Mir erschien alles sehr klar. Ich wusste schnell, was ich mir wünschte. Mit dreißig wollte ich heiraten, mit vierzig einen Jaguar fahren, mit fünfundvierzig nicht mehr arbeiten müssen. Ich wollte eine Million – damals noch DM – besitzen, einhundertundvier Jahre alt werden und vieles mehr. Alles habe ich detailliert aufgeschrieben und geplant. Es liest sich vielleicht seltsam, aber es war äußerst hilfreich, einen Orientierungsstern in meinem Leben zu bekommen: Mit knapp zwanzig Jahren habe ich, angeregt durch den Besuch von Erfolgsseminaren, meine Lebensplanung notiert und klar definiert, was ich bis zu meinem einhundertundvierten Lebensjahr erreichen wollte. Und ich habe schriftlich festgehalten, wann genau ich was geschafft haben möchte. Das gab mir damals Kraft und half mir, mein Leben komplett zu verändern. Ohne diese Zielsetzungen wäre mir das vermutlich nicht gelungen. Es war der erste Schritt eines langen Wegs aus meiner Depression heraus. Mein Leben wurde besser und besser. Je mehr ich erreichte und je mehr Ziele ich verwirklichte, umso mehr stiegen mein Selbstbewusstsein und mein Selbstwertgefühl. Das war keine Veränderung von heute auf morgen. Das war ein Prozess nicht nur mit Erfolgen, sondern auch mit Rückschlägen.

Mit gerade einundzwanzig Jahren machte ich mich sofort nach meiner zweiten Ausbildung selbstständig und jagte meinen Zielen hinterher. Es folgten große Erfolge und – aus heutiger Sicht nicht wirklich überraschend – große Misserfolge. Es gab Rückschläge, bei denen ich sogar erneut an Suizid dachte. Du merkst also, ich war damals alles andere als ein in sich sicherer und gefestigter Mensch. So rettend und hilfreich mir meine schriftlich verfasste Lebensplanung auch erschien, so wenig konnte sie mich vor meiner Impulsivität und meinen inneren Gefühlszuständen schützen. Ich war einfach noch nicht in mir gefestigt. Doch die innere Bedrohung war nicht mehr so intensiv wie in meiner Jugend. Es wurde kontinuierlich besser. Mein neu entstandener Ehrgeiz, meine Ziele zu erreichen, war groß. Das gab mir einen Sinn im Leben. So richtig Freude am Leben konnte ich allerdings zu Beginn noch nicht empfinden. Mein Leben war in Ordnung, jedoch nicht mehr. Ich hatte eine neue Partnerin gefunden, die mich sehr unterstützte. Sie hatte es aber nicht leicht mit mir. Denn für mich zählte damals nur das Erreichen meiner Ziele. Ich arbeitete extrem viel und hart. Oft war ich angespannt und alles andere als einfach zu ertragen. Es war mir zu dieser Zeit noch nicht bewusst, dass nicht materieller Besitz und Geld wirklich glücklich machen, sondern der Prozess, der einen dorthin führt und solch ein Ziel erreichen lässt. Unter diesem Blickwinkel bekommt ein bekannter Spruch wie »Der Weg ist das Ziel« seine eigentliche Bedeutung.

Erst Jahre später, nach meiner Heirat, der Geburt meiner Kinder und mit zunehmendem Alter hat sich meine Lebenseinstellung deutlich verändert. Ich erkannte immer mehr die wahrhaft schönen Momente im Leben. Ich erkannte, was wirklich Zufriedenheit für mich ist und wie ich diese verstärken kann. Ich brauchte fast zehn Jahre, um meine Einstellung nachhaltig zu verändern. Natürlich kommen immer wieder Momente der Niedergeschlagenheit. Diese sind aber auszuhalten und ganz anders als früher. Veränderung ist ein Prozess, an dem man konstant arbeiten kann und muss.

In den ersten Jahren ging es bei mir nur um schneller, höher, weiter. Nur nicht anhalten und stehen bleiben! Nur nicht nachdenken, einfach verdrängen! Mit meinem Leben setzte ich mich nicht wirklich auseinander. Ich hatte meine Lebensplanung als Fixpunkt und es ging mir ausschließlich darum, sie auch erfolgreich umzusetzen.

1.4 Selbstverwirklichung als Weg zum Glücklichsein

Vielleicht war es für mich der richtige Weg – das heißt aber nicht, dass er das auch für dich sein muss. Heute denke ich, dass ich vielleicht andere, größere, spirituellere Ziele schneller erreicht hätte, wenn ich einen anderen Weg gegangen wäre. Aber wer weiß das schon – ich habe meinen Frieden mit meinen Erfahrungen gemacht. Sie haben mich dahin gebracht, wo ich heute bin. Sie gehören zu mir wie die deinen zu dir – entscheidend ist nur, was du und ich daraus lernen und wie wir uns weiter entwickeln wollen.

Retrospektiv kann ich nur sagen, dass ich damals alles erreicht habe, was ich mir vorgenommen hatte. Doch richtige Lebensfreude konnte ich nur selten verspüren. Diese kam bei mir erst mit der Erkenntnis, dass die Wahrnehmung des Weges ein wesentlicher Bestandteil für das eigene persönliche Glück ist.

Merke: Meine Wege müssen nicht deine Wege sein – aber es gibt immer Wege zum Glück für dich.

Das von mir selbst verfasste Drehbuch meines Lebens hatte sich, einmal abgesehen vom angestrebten Lebensalter von einhundertundvier Jahren (ob das klappt, müssen wir aus ersichtlichem Grunde noch abwarten), erfüllt. Teilweise war ich sehr überrascht, wenn ich bemerkte, dass ich Ziele erreichte, an die ich fast nicht mehr gedacht hatte. Denn jedes Mal, wenn ich in mein selbst geschriebenes Drehbuch schaute, um zu prüfen, wo ich stand und was sich so bewegt hatte, erfüllte mich ein unbeschreibliches Gefühl. Denn es war unglaublich, dass die wichtigen Punkte auf meiner Liste mit einem Haken versehen waren. Heute weiß ich, dass ein Mensch mehr wert ist als die Erfolge, die er erreicht hat. Doch der immer wiederkehrende Blick in mein Drehbuch machte mein Selbstvertrauen groß. Das ist auch normal. Stell dir doch einfach vor, wie wertlos ich mich als junger Mensch gefühlt habe. Ich bin fest davon überzeugt, dass mein Regiebuch ganz wesentlich zu dieser Verbesserung meines eigenen Selbstwertgefühls beigetragen hat. Dass ich als ehemaliger Hauptschüler heute sehr erfolgreich in meinem Business bin, mehrere Firmen leite, bereits mehrere Bücher geschrieben habe und über fünfundzwanzig Jahre der erfolgreichste Verkäufer meiner Branche war, zeigt mir Folgendes: Es geht immer um deinen eigenen Willen und die Überzeugung, dass du dein Leben zu jeder Zeit verändern kannst. Nicht die Schulbildung oder das lexikalische oder formale Wissen sind ausschlaggebend für deinen Erfolg, sondern in erster Linie deine Einstellung zum Leben.

Merke: Du bist der Architekt deines Lebens, du entscheidest, welche Wege du gehst. Du entscheidest, was du denkst und wie du handelst. Du entscheidest über Erfolg und Misserfolg!

Die vergangenen siebenundzwanzig Jahre habe ich mich damit beschäftigt, herauszufinden, warum einige Menschen erfolgreicher und glücklicher sind als andere. Was unterscheidet diese Menschen voneinander? Warum sind wir so unterschiedlich? Was machen erfolgreiche Menschen anders als die nicht erfolgreichen? Sind sie intelligenter? Haben sie von vornherein mehr Geld? Worin liegt der Unterschied? In diesem Buch gebe ich dir die Schlüssel zum Glücklichsein und zum größeren Erfolg in die Hand. Ich habe Aspekte und Impulse niedergeschrieben, die ich bei anderen erfolgreichen und glücklichen Menschen (darunter ich selbst) beobachten konnte. Natürlich bedeutet Erfolg für jeden etwas anderes, und bei Weitem nicht simples Geldverdienen. Und schon gar nicht definiert er das Glück. Geld(erfolg) ist sehr wichtig, allerdings kommt es mit der Zeit von ganz alleine, wenn wir Dinge in unserem Leben richtig machen. Das habe ich erst spät erkannt. Hätte ich es eher erkannt, wäre ein großer Teil meines Weges weniger verbissen für mich gewesen und ich hätte früher die Leichtigkeit entdeckt, mit der ich heute meinen Alltag gestalten kann.

1.5 Vom Wissen anderer profitieren

Der erste Weg zurück ins Leben war für mich das Lesen von Büchern und der Besuch von Seminaren. Beides hat mir wichtige Impulse und den Anstoß gegeben, wieder ins Leben zu finden. Ich kam ins Grübeln und fand einen Leitfaden, nach dem ich mich richten konnte. Ohne diesen externen Impuls wüsste ich aus heutiger Sicht nicht, wie ich wieder hätte durchstarten können – und das tat ich, und zwar richtig. Das ist wie bei einem Auto mit leerer Batterie: Versuchst du es zu starten, tut sich nichts. Dann brauchst du jemanden, vielleicht auch mehrere, die dir helfen, das Auto anzuschieben. Fahren musst du dann wieder selbst, doch die Starthilfe ist das Entscheidende.

Merke: Impulse kannst du von außen bekommen und dir nehmen. Machen und umsetzen musst du dein Ding alleine.

Deshalb: Wenn du dich weiterentwickeln möchtest, dann lies so viel wie möglich, besuche möglichst viele Seminare! Die Impulse, die du bekommst, sind nicht bezahlbar. Das gilt für jede Lebenslage. Ich lese heute immer noch mindestens fünf Bücher im Monat. Und ich besuche regelmäßig Seminare. Bücher und Seminare motivieren, bilden dich weiter und geben entscheidende Anreize. Unterschätze diese Wirkung nicht! Gewöhne dir an, Bücher nicht einfach schnell herunterzulesen. Du musst mit ihnen arbeiten und für dich interessante Dinge umsetzen und trainieren. Nur dann entfalten sie ihre volle Wirkung. Es ist ratsam, gute Bücher zweimal zu lesen. Wir nehmen beim ersten Mal oft nicht alles vollständig wahr.

Auch zu diesem Buch kann ich dir nur ans Herz legen, die einzelnen Kapitel auf dich wirken zu lassen. Mache Pausen nach jedem Kapitel. Überlege, welche Erkenntnis du für dich aus dem Gelesenen ziehen kannst. In jedem Kapitel finden sich nützliche Impulse, die dir auf dem Weg zum wirklichen Glücklichsein helfen werden. Du musst sie jedoch erkennen und für dich umsetzen. Daher lese bewusst und nimm wahr.

So viele Anregungen für deine persönliche Entwicklung, so viele positive Impulse für deine Weiterbildung und deine Herzensbildung wie möglich von außen aufzunehmen, kann ich nur wärmstens empfehlen. Viele Menschen sagen, dass Erfolg im Beruf und im privaten Bereich das Ergebnis von guten Konzepten sei. Was zähle, sei eine gute Konzeption, eine gute Strategie, um erfolgreich zu sein. Das ist auch durchaus richtig. Dabei wird jedoch oft der menschliche Faktor übersehen. Für eine Veränderung von Verhalten benötigt unser Gehirn prägende Erlebnisse und Impulse. Führungskräfte wissen in der Regel, dass Menschen über Impulse und nicht über Konzepte befähigt werden, Großes zu leisten. Impulse können unsere inneren Zustände aufwühlen oder beruhigen – so wie es bei mir durch das Lesen von Büchern und die Teilnahme an Seminaren passierte. Daher solltest du, wenn du glücklich werden willst, deinen Weg finden, wie du dir möglichst täglich selbst die Impulse gibst, die dich voranbringen.

1.6 Glücklichsein ist auch Basis für (beruflichen) Erfolg

Ich bin Speaker und Trainer, ich trainiere sehr viele Menschen im Vertrieb. Daher weiß ich ganz genau, dass auch im Vertrieb das Glücklichsein ein wesentlicher Bestandteil für großen Erfolg ist. Wenn ein Verkäufer Spaß an seiner Arbeit, eine tolle Partnerschaft hat und ein erfülltes Leben führt, dann wird ihn dies weit mehr zum Vertriebserfolg führen als alle Verkaufstechniken zusammen. Dies gilt grundsätzlich im Leben. Es ist ein sich selbst verstärkender positiver Kreislauf: Wenn du glücklicher bist, wirst du leistungsstärker und erreichst Ziele schneller. Wenn du Ziele schneller erreichst und erfolgreicher wirst, steigert dies das persönliche Glücksempfinden.

Merke: Die Handlung entscheidet im Endeffekt nicht, sondern der Gedanke an das zu Erwartende treibt dich an.

Glücksmacherimpuls

Suche dir zu jeder Handlung, die du vielleicht nicht so gerne ausführst, ein motivierendes, belohnendes Ziel im Hintergrund. Man könnte auch sagen: einen Sinn, der dich antreibt. Dieser Sinn oder diese ausstehende Belohnung wird dich beflügeln. Das macht aus Meckern und Zaudern ein gutes Gefühl – ein ganz kleiner Schritt auf dem Weg zum Ziel: Glück.

2.
Klarheit finden: Was wir von Shaolin-Mönchen lernen können

Für das Glücksempfinden kannst du sehr viel von anderen Kulturen lernen. Glückliche und erfolgreiche Menschen besitzen eine Fähigkeit, die wir auch bei den Shaolin-Mönchen finden: Sie können ihre inneren Zustände wie Stimmungen und Emotionen bewusst regulieren. Ein wesentlicher Bestandteil des Glücklichseins ist also die Programmierung deines Geistes. Das Glück kommt nicht einfach bei dir vorbei. Du musst dem Glück schon ein Stück weit entgegenkommen.

2.1 Lerne, deinen Geist zu bilden

Ein gutes Vorbild für die Wirkung der eigenen Kraft und die Beherrschung des eigenen Geistes sind die Shaolin-Mönche. Daher habe ich ihnen ein eigenes Kapitel gewidmet. Ich muss zugeben, dass ich mich selbst erst spät in meinem Leben mit den zentralen Gedanken der buddhistischen Mönchsform auseinandergesetzt habe. Von ihnen kannst du eine ganze Menge lernen. Ihre Stärke, Lebenskraft und Gesundheit nehmen sie aus dem Denken und dem Bewusstsein. Sie sind in der Lage, ihr Denken zu steuern und so die Energie dorthin zu lenken, wo sie benötigt wird. Daraus resultiert ihre geistige und auch körperliche Kraft. Shaolin-Mönche betrachten alles als Ganzheit, den Menschen als Einheit von Körper, Geist und Seele. Sicher wurde über die Shaolin-Mönche eine ganze Menge Wundersames behauptet und geschrieben. Weiterhin ist es in den letzten Jahren sogar modern geworden, sich mit ihren Erkenntnissen, Traditionen und besonderen, für manche Menschen wirklich überirdisch erscheinenden Fähigkeiten auseinanderzusetzen. Es wurde nachgewiesen, dass Shaolin-Mönche, wenn sie ihr Kloster nicht verlassen, nahezu frei sind von Krankheiten und ein sehr hohes Alter erreichen. Sie scheinen der lebende Beweis zu sein: Erst durch falsches Denken, falsche Suggestion und die äußeren Umwelteinflüsse werden wir Menschen krank.

Ich persönlich bin von ihren Glaubenssätzen, ihrer Spiritualität, ihrer Lebenseinstellung und ihren Übungen begeistert. Und davon überzeugt, dass sie jedem Menschen, dass sie auch dir persönlich helfen können, mental in die richtige Richtung zu steuern. Die Shaolin-Mönche leben nach strengen Grundsätzen; dazu gehören:

- Erkenne dich selbst.
- Achte auf das, was du spürst.
- Wenn du etwas tust, musst du es wirklich wollen.
- Sei gelassen in der Situation und allem gegenüber.
- Hab keine Angst, weder vor dem Leben noch vor dem Tod.
- Sei perfekt im Denken und Handeln.
- Konzentriere dich auf das Wesentliche.
- Konzentriere dich auf den Augenblick.
- Respektiere und achte deinen Gegner.
- Sei aufgeschlossen allem Neuen gegenüber.

Aufgabe

Lies jetzt nicht einfach unbeeindruckt weiter. Nimm dir die Zeit, diese Lebensgrundsätze einmal genauer zu betrachten. Hierzu benötigst du ein wenig Zeit. Versuche zu verstehen, was die Mönche mit diesen Sätzen ausdrücken möchten. Wie könnten die Weisheiten dein Leben verändern? Jede Aussage für sich ist etwas, was man fast schon als selbstverständlich ansieht, aber ist es das wirklich? Lebst du bereits nach diesen Einstellungen? Wenn du dir nur ein paar Dinge bewusster machst, dann bewirkt dies schon sehr viel in deiner Einstellung. Wenn du dir intensiv Gedanken über diese Grundsätze machst, wird das dazu führen, dass sich in dir einiges zum Positiven verändert. Wenn es dir nun noch gelingt, diese Weisheiten als festen Bestandteil in dein Leben einzubauen und danach zu handeln, dann bewegst du in kurzer Zeit mehr, als du dir vorstellen kannst.

Diese Aufgabe dient dazu, dass du mehr Klarheit über dich, deinen Körper, deinen Geist und dein Verhalten erhältst. Je besser du dich selbst kennst, je klarer du dir über deine Gedanken bist, desto weiter gehst du in Richtung Glücklichsein. Es geht also darum, dass du dich besser selbst erkennst. Wir haben das ganze Leben mit uns selbst zu tun, jedoch hapert es bei vielen von uns an der Selbsteinschätzung. Nimm dir die Zeit und lerne dich kennen, nicht nur jetzt für ein paar Minuten – bleibe dran! Diese Übung ist nur der Anfang.

2.2 Prüfe, was (und woran) du glaubst

Neben den Grundsätzen handeln und denken die Shaolin nach folgenden Prinzipien. Sie glauben nicht unüberlegt:

- dem Hörensagen,
- eingewurzelten Anschauungen,
- dem Worte eines verehrten Meisters,

sondern nur das, was sie gründlich geprüft haben, was sie als ihrem Wohl dienend erkannt haben und was dem Wohl anderer dient.

Sie nehmen Dinge nicht einfach hin, sondern hinterfragen sie. Auch dann, wenn sie von ihrem Meister kommen. Sie prüfen sie sorgfältig auf ihre Richtigkeit. Davon könnten sich eine Menge Menschen eine große Scheibe abschneiden. Immer wieder erlebe ich, wie Menschen wie eine Horde Schafe einem Hirten hinterherlaufen, ohne zu überlegen, ob es der richtige Weg und der richtige Hirte für sie ist. Ob es richtig ist, was der Schäfer da vorne erzählt. Benutze deinen Kopf, dafür hast du ihn bekommen, und bilde dir deine eigene Meinung. Viele Menschen wünschen sich Führung – dies ist auch im Kern nicht verwerflich. Es hat nur dann negative Folgen, wenn sie alles einfach hinnehmen und nichts hinterfragen.

Auch die Berücksichtigung dieser drei Prinzipien führt schon zu deutlichen Veränderungen in deinem Leben. Denn ein aktives Hinterfragen der Dinge führt zu einer besseren Selbstwahrnehmung und Selbstverantwortung. Wenn du anfängst, für dich zu entscheiden, was für dich gut ist, und auch beginnst danach zu handeln, dann bist du auf dem Pfad der Shaolin. Hier sind wir wieder genau beim Thema: Du wirst mehr Klarheit über dich und dein Handeln bekommen. Es handelt sich natürlich immer um Prozesse, es passiert nie plötzlich und auf einen Schlag. Veränderungen erfolgen mit der Zeit, so wie sich die drei Prinzipien mit der Zeit immer mehr in dir festigen. Hier gilt es, Geduld zu haben und immer wieder an dem eigenen Denken und Verhalten zu arbeiten.

2.3 Lerne die Macht deines Qi kennen

In der asiatischen Lebenslehre und auch im Glauben der Shaolin-Mönche gibt es eine ganz besondere Lebensenergie: das Qi. Das Qi – auch »Chi« genannt – ist für die Priester so etwas wie die Melodie des Kosmos, sichtbar und zugleich unsichtbar steckt es in allem, was existiert. Das chinesische Schriftzeichen bedeutet in der Übersetzung »Dampf über dem Reistopf«. Im Dampf finden sich zum einem die kleinsten Wassertropfen (Yin), als auch Wärme, Bewegung und Energie (Yang). Das Qi ist weder physischer noch geistiger Natur. In einer sich ständig verändernden Wirklichkeit stellt das Qi die einzig konstante Größe dar. Das Qi durchdringt und begleitet alles, was existiert und geschieht.

Nach der Auffassung der Mönche lebt der Mensch in einem Qi. Vom Himmel über die Erde, über die Lebewesen bis zu den Pflanzen bedarf es immer des Qi, um zu leben. Ohne Qi gibt es kein Leben. Wenn das Qi in einem Körper ungehindert umgehen, also fließen kann, so wird jedes Organ und jede Zelle von (göttlicher) Kraft durchflutet und bleibt so gesund. Erst durch ungesunde Lebensweise, schädigende Umwelteinflüsse, psychische Belastung werden andauernder Stress und Ängste zu Blockaden im eigenen System. Das Qi kann dann nicht mehr frei fließen. Dies führt zu Missstimmung, Unausgeglichenheit, Müdigkeit und körperlichen Beschwerden.

Viele dieser Punkte, die von den Mönchen mit Qi bezeichnet werden, finden sich auch später in meinen Darstellungen wieder. Daher finde ich die Lebensbasis der Shaolin so beeindruckend und für unser Glücklichsein sehr wichtig.

Die menschliche Energie ist nach der Lehre der Mönche an mehreren Orten im Körper konzentriert oder gespeichert. Energiezufuhr bedeutet, dass die Schwingungen im Körper erhöht werden.

Die Weisheiten und Lebenserfahrungen der Mönche beinhalten wichtige Meilensteine auf dem Weg zu deinem Glück. Wenn du ausgeglichener, also in Balance bist, dann sorgt dies für mehr Wohlgefühl, du vermeidest Krankheiten und negative Einflüsse. Du fühlst dich wohler und verspürst deutlich mehr Lebensenergie. Ich wünschte für mich, dass ich mich früher mit den Einstellungen der Shaolin auseinandergesetzt hätte. Wahrscheinlich hätte ich mein persönliches Glücklichsein schon viel früher erreicht. Ich habe zu spät damit begonnen, darauf zu achten, dass unser Leben im Gleichgewicht sein muss. Für mich gab es einfach viel zu lange nur das Erreichen von Zielen. Die Balance zu beachten, lag mir fern. Durch das Schaffen von Klarheit über uns selbst erreichen wir die Balance und damit das Glücklichsein viel schneller.

Lass es mich an einem kleinen Beispiel erklären. Grundsätzlich mögen wir, was uns ähnlich ist. Daher suchen wir häufig Partner, die uns ähnlich sind. Auf der anderen Seite ziehen wir aber Gegensätze an. Ich zum Beispiel bin sehr schnell. Alles, was ich mache, ist eher schnell. Meine Frau ist genau das Gegenteil. Sie ist sehr langsam und überlegt immer dreimal, braucht für alles viel mehr Zeit als ich. Genau dies ist jedoch wichtig, daher funktioniert es bei uns; unser Leben kommt dadurch ins Gleichgewicht. Meine Schnelligkeit und ihre Langsamkeit gleichen sich aus. Wir sind zusammen im Qi ...

Im Unterschied zu anderen Religionen, die auf Erlösung im Jenseits setzen, propagieren die Mönche eine andere Sichtweise. Sie sagen, dass wir umgeben von Qi sind. Es liegt in unserer Macht, über unsere Gedanken den Fluss des Qi durch den eigenen Körper zu beeinflussen. Damit verändern wir die Schwingungen in unserem Körper. Um sich in einem inneren Gleichgewicht zu bewegen, werden harmonische Schwingungen benötigt. Wenn die Schwingungen nicht im Gleichgewicht sind, kann dies zu Aggression, Konflikten, Krankheiten und Unzufriedenheit führen. Laut den Shaolin ist alles eine Schwingung und damit veränderbar. Die Schwingungen können auf eine Stelle fokussiert werden, an der du besondere Kraft brauchst. Und in Harmonie gebracht, damit deine Seele, dein Körper und dein Geist in Harmonie schwingen, wie wir es auch aus unserem Kulturkreis als Zustand der Ausgewogenheit und Zufriedenheit schätzen.

Glücksmacherimpuls

Wenn der Weg der Shaolin-Mönche also dein Weg sein kann, nimm ihn an und lerne mehr darüber (als ich dir in diesem kleinen Brevier nahebringen kann). Schon durch das Beachten, Wahrnehmen und Anwenden der Shaolin-Prinzipien erreichst du die angesprochene Klarheit über dich selbst und bringst dein Leben ins Gleichgewicht, also in die richtige Balance, die für dein Glücklichsein einen wichtigen Grundstein darstellt.

Ein paar Impulse für das weiterführende Lesen und Lernen findest du im Literaturverzeichnis.

3.
Was bedeutet (dir) Glücklichsein wirklich?

Eng verbunden mit dem Prinzip der buddhistischen Shaolin »Erkenne dich selbst« ist die Frage, was dir Glück und Glücklichsein eigentlich bedeuten. Es ist die Kernfrage der klassischen europäischen Philosophie seit der Antike – und auch die östliche Philosophie hat sich schon früh mit der Glücksfrage auseinandergesetzt. Im Jahre 400 vor Christus postulierte der griechische Philosoph Platon:

Glück entsteht, wenn sich Vernunft, Wille und Begehren im Gleichgewicht befinden.

dem griechischen Philosophen Platon zugeschrieben

Heutige Forscher teilen seine Meinung insoweit, als auch sie vertreten, dass Glücklichsein über den Moment freudiger Empfindung hinausgeht und verschiedenen Einflüssen unterliegt. Mittlerweile befassen sich Psychologen, Sozialwissenschaftler, Neurowissenschaftler, Genetiker und Epigenetiker, Mediziner und Biologen intensiv mit dem Thema Glück. Es werden biologische Vorgänge im Gehirn und im Rest des Körpers untersucht. Die Forscher gehen heute davon aus, dass Glücklichsein von äußeren Faktoren und von der Einstellung beeinflusst wird. Und doch ist bis jetzt nur so viel ganz gewiss: Je nach Erfahrungen und Erlebnissen bedeutet Glücklichsein für jeden Menschen etwas anderes. Auch erlebte Glücksgefühle schwanken, weil sich die inneren und äußeren Einflüsse konstant verändern.

3.1 Gibt es eine Formel für das Glück?

Vielleicht wird deswegen immer wieder versucht, Glück in Formeln auszudrücken. In Bezug auf das Glücklichsein bin ich persönlich kein Freund von Formeln, dafür ist mir das Thema viel zu emotional. Eine Formel suggeriert, dass man alleine mit Logik und Verstand zum Glück finden könnte. Das ist aber nicht so, denn Emotionen und Stimmungen entziehen sich gerne unserem direkten und bewussten Zugriff. Eine Formel verspricht daher eine Einfachheit, die die Komplexität und Individualität von Glück außer Acht lässt. Glück besteht aus mehreren Komponenten, so weit sind sich die Wissenschaftler einig. Die Zusammensetzung des Glückscocktails ist jedoch bei jedem Menschen eine andere, da eben auch ganz unterschiedliche Vorstellungen und Lebensweisen vorliegen.

Als Allererstes läuft Glück immer im Gehirn ab. Innere und äußere Signale sorgen für Glücksempfinden. Von hier aus werden die Glücksgefühle im ganzen Körper gesteuert. Dies führt dazu, dass wir nicht nur kurzzeitig Glück empfinden, sondern eine ganze Weile glücklich sind.

3.2 Glücksgefühle: Emotionales und kognitives Wohlbefinden

Eine der frühesten empirischen Arbeiten zum subjektiven Wohlbefinden hat 1925 der britische Psychoanalytiker John C. Flügel durchgeführt. Er untersuchte die Stimmung von Personen und stieß auf zwei Arten des subjektiven Wohlbefindens:

1. Das emotionale Wohlbefinden
Dies bedeutet ein momentanes Glücklichsein durch positive Gefühle und das Fehlen von negativen Gefühlen.

2. Das kognitive Wohlbefinden
Dies bedeutet das dauerhafte Gefühl generellen Zufrieden- und Glücklichseins.

Es ist also ein Unterschied, ob wir gerade mal eben glücklich sind oder ob wir unser Leben insgesamt als glücklich bezeichnen. Einzelne Glücksmomente verspüren wir alle. Bei dem dauerhaften Glück sinkt die Quote bereits deutlich.

Warum ist es so erstrebenswert, glücklich zu sein? Was machen glückliche Menschen besser? Eine ganze Menge an Kriterien macht das Glücklichsein erstrebenswert, unabhängig davon, dass es einfach sehr schön ist, Glück zu empfinden.

Glückliche Menschen arbeiten besser mit anderen zusammen, sind kreativer, lösen ihre Probleme deutlich schneller. Sie verfügen über mehr Energie, sind optimistischer und kommen daher eher zu positiven Ergebnissen. Außerdem sind sie engagierter, seltener krank und lernen schneller, machen weniger Fehler und treffen bessere Entscheidungen.

Eine ganze Menge an Eigenschaften, die doch sehr erstrebenswert sind, oder? Glücklichere Menschen sind demnach in fast allen Lebenslagen – Arbeit, Familie, Freunde – beliebter und erfolgreicher. Das Glücklichsein ermöglicht dir, in deinem Leben besser voranzukommen. Es öffnet Türen und Chancen. Du bildest dich im Leben immer wieder weiter, in Schule, Studium, Fortbildungen, Seminaren. Wie viel trainierst du für dein Glücklichsein? Wenn du dir die genannten Vorteile des Glücklichseins anschaust, ist es doch mehr als lohnenswert, Zeit in das Thema zu investieren. Das Beste daran ist, dass du es selbst umsetzen kannst. Du brauchst nicht zwingend einen Trainer. Du kannst bewusst an Themen und Einstellung arbeiten.

3.3 Glück gibt es nur phasenweise

Glücklichsein bedeutet nicht, dass du den ganzen Tag wie das viel zitierte Honigkuchenpferd grinsend durch die Gegend läufst. Natürlich gibt es auch Phasen, in denen du traurig oder niedergeschlagen bist, in denen du frustriert bist oder trauerst. Jedes Gefühl braucht seine Zeit. Positives Denken steht nicht im Widerspruch dazu, Gefühle jeder Art, auch negative oder traurige, zu erleben, zu erkennen und anzuerkennen (mehr unter anderem in: Enkelmann (2009), Esch (2017)). Lebe diese Zeiten ruhig aus, sie gehören zum Leben dazu – und du kannst lernen, auch negative Gefühle zu beachten und zu wandeln. Aber: Phasen negativer Gefühle sollen Phasen bleiben, sie dürfen dich nicht völlig einnehmen. Und du darfst dich nicht in sie hineinsteigern, nicht in Selbstmitleid zerfließen. Diese Phasen müssen zu Ende gehen, und du musst mit Kraft wieder nach vorne denken.

Lass dich nicht täuschen: Wir erleben im Fernsehen und in anderen Medien häufig Menschen, die nur lachen und glücklich zu sein scheinen – das ist deren Job. Das bedeutet nicht, dass diese Menschen nicht auch andere Phasen erleben. Auch für die fröhlichsten Menschen gibt es Zeiten, in denen sie traurig oder niedergeschlagen sind, das ist ganz normal. Niemand empfindet vierundzwanzig Stunden am Tag, sein ganzes Leben lang nur Freude. Jeder hat sein Päckchen zu tragen und verspürt Höhen und Tiefen.

Merke: Niemand ist 24 Stunden, 365 Tage im Jahr nur fröhlich – und schon gar nicht glücklich. Glück ist von kurzer Dauer – aber glücklich(er) sein kann man lernen.

Meine zehnjährige Tochter kam weinend mit aufgeschlagenen Knien und Schultern nach Hause. Der Arm war gebrochen und sie sah wirklich schlimm aus. Sie war mit den Inlinern gestürzt und hatte ausnahmsweise keine Schutzkleidung getragen. Natürlich machte ich mir für den Moment

Sorgen und war sehr traurig. Eltern leiden logischerweise mit, wenn mit den Kindern etwas ist. Wir fuhren zusammen ins Krankenhaus und die Kleine bekam ihren ersten Gips. Mittlerweile hatte sie sich auch beruhigt, und wir konnten die ersten Späße über die Geschehnisse machen. Diese Situation war schlimm und man wünscht sich dies nicht. Allerdings hat meine Tochter daraus gelernt. Sie weiß jetzt, wie wichtig Schutzkleidung ist, und fährt nicht mehr ohne. Für den Moment haben wir uns Sorgen gemacht und waren niedergeschlagen, dann haben wir jedoch sofort wieder auf positiv umgeschaltet und das Beste daraus gemacht. Wir wissen heute noch nicht, wofür der kleine Unfall gut war. Vielleicht wird er sie künftig vor schlimmeren Verletzungen bewahren – mit dem Gedanken konnten wir dann später gemeinsam über den Vorfall lachen.

Spüre das volle Leben mit Höhen und Tiefen

Glücklich zu sein bedeutet neben den positiven Aspekten auch das Leben zu akzeptieren. Mit allen Höhen und Tiefen. Aus allem das Beste zu machen und alle Emotionen mitzunehmen. Schau nicht nur auf das Negative, suche nach den positiven Aspekten in dem, was gerade passiert. Es lohnt sich und sorgt für Veränderung.

3.4 Zufriedenheit ist schön – doch (nur?) ein Kompromiss

Es stellt sich folgende Frage: Ist Zufriedenheit auch Glücklichsein? Zufriedenheit gehört zum Glücklichsein dazu, klar (mehr bei Thomashoff (2014)). Wenn du mit deinem Leben nicht zufrieden bist, wird es schwer, glücklich zu sein. Zufriedenheit birgt zwei unterschiedliche Aspekte. Auf der einen Seite sollten wir mit dem Istzustand zufrieden sein und uns nicht immer nach anderem sehnen. Zufriedenheit bedeutet jedoch auf der anderen Seite nicht zwingend, auch glücklich zu sein. So leben manche Menschen in einer bestimmten Konstellation und empfinden Zufriedenheit, weil sich gerade keine bessere Möglichkeit ergeben hat: Man arrangiert sich. Eine Art Kompromiss für die Menschen, deren Anspruch ist, glücklich zu sein. Doch wenn du auf dem Weg zu Höherem konstant unzufrieden bist, schleppst du negative Gefühle mit dir herum, die dich blockieren. Dies gilt es zu vermeiden. Auf Dauer sollte dir Zufriedenheit als Ziel nicht ausreichen, du solltest nach mehr streben: nach den einhundertfünfzig Prozent. Dann erreichst du vielleicht ein paar Mal diese einhundertfünfzig Prozent des puren Glücks und immer öfter die neunzig Prozent der bewussten Zufriedenheit. Denn es gibt auch viele Menschen, die bei ihrem Streben nach dem großen Glück ihre Zufriedenheit, ihre innere Ruhe, einen Zustand der Ausgeglichenheit und Freude, der Dankbarkeit gefunden haben. Und Dankbarkeit ist ein großer Quell der Freude. Da geht es nicht um Selbstbescheidung, um das Glück des kleinen Mannes – im Gegenteil: Dankbarkeit feiert das Leben. Feiert dein Leben. Feiert deine Chancen, deine Erkenntnisse, deine Gesundheit, deine Liebe, deine Freude. Dankbarkeit ist gelebtes Glück!

3.5 Was bedeutet Glück für dich?

Wenn alles im Leben gut läuft, wenn du einen guten Job, wenn du eine funktionierende Partnerschaft hast, vielleicht eine liebe Familie, wenn du gesund bist, dann ist es verhältnismäßig einfach, glücklich zu sein. Nur was ist, wenn es mal nicht so gut funktioniert, wenn es mal nicht so gut läuft? Vielleicht hat sich dein Partner gerade von dir getrennt, vielleicht hast du gerade deinen Job verloren, deine Firma schreibt rote Zahlen, du bist erkrankt – was ist dann? Wie schaffst du es dann, glücklich zu sein? Wie kommst du wieder aus dem Loch heraus?

Damit du die Kraft zum Aufstehen findest, brauchst du Grundlagen, du brauchst eine Erdung, auf der du dich abstützen kannst. Man kann auch sagen: Du brauchst eine persönliche Definition davon, was Glück für dich bedeutet. Denn so, wie Erfolg für jeden etwas anderes bedeutet – Karriereerfolg, Liebeserfolg, Prüfungserfolg, Gesundheitserfolg, Familienerfolg, Gelderfolg, Firmenerfolg, Sporterfolg oder, oder, oder – und sich für jeden anders anfühlt, so ist es auch mit dem Glück.

Aufgabe

Bitte notiere hier schriftlich – einfach ins Buch, damit du es jederzeit nachschlagen kannst.

1. Das bedeutet Glück für mich persönlich:

2. Wenn ich glücklich bin, dann fühlt sich das für mich so an:

3. Mein persönlicher Glücksglaubenssatz (in der Art wie »Ich darf endlich glücklich sein.«) lautet:

4. Ich schließe mit mir einen Vertrag

Ich will Lebensfreude leben!

Ich tue die Dinge und suche die Situationen, die mir guttun!

Ich will mein Glücklichsein trainieren!

Ich ...

Ort, Datum Unterschrift

3.6 Entwirf die schönste Glücksvision deines eigenen Lebens

Es ist nicht der Besitz von etwas, das uns glücklich macht, sondern der kreative Entstehungsprozess, welcher die befriedigende Freude bringt. Das wird häufig unterschätzt. Es sind konstant neue Herausforderungen nötig. Reiche Menschen sind oft unglücklich, denn sie haben keine Ziele mehr. Da es keine neuen Ziele gibt, fehlen auch die kreativen Entstehungsprozesse. Man fällt möglicherweise in ein seelisches Loch.

Überleg, was später auf deinem Grabstein stehen soll. Was soll man über dich sagen, wenn du tot bist? Wie willst du wahrgenommen werden? Was soll dein Lebensinhalt gewesen sein?

Das Erreichen von Zielen hat mich finanziell nach vorne gebracht und mein Selbstwertgefühl gestärkt, weil ich erfahren konnte, dass ich etwas kann. Es gab mir einen Kick und kurzfristig Glücksgefühle. Ich fiel jedoch immer wieder in ein Loch, ich fand noch kein dauerhaftes Glücksgefühl. Ziele erreichen war also ein guter Glücksmacher auf dem Weg zu meinem Glück, jedoch reichte dieser alleine nicht. Erst als ich lernte, mir oben benannte Fragen zu beantworten und danach zu suchen, wer ich sein will, erst als ich anfing, darüber nachzudenken, wie ich wahrgenommen werden möchte und was mir im Leben wirklich wichtig ist, konnte ich die nächste Stufe zum Glücklichsein erreichen. Die Antworten halfen mir dabei, meine Ziele auf eine andere Stufe zu hieven. Ich betrachtete das Große und Ganze und stimmte alles auf meine gewünschten Lebensinhalte ab. Glücksmacher gibt es eben im Leben nicht nur einen, sondern es bedarf einer Kombination aus mehreren Bausteinen. Erinnere dich an die Shaolin! Je klarer du dir über dich wirst, umso einfacher wird dein Weg zum Glück.

Aufgabe

Nimm dir jetzt fünfzehn Minuten Zeit und schreibe deinen eigenen Nachruf. Was soll nach deinem Tod auf deinem Grabstein stehen? Was möchtest du einmal erreicht haben? Was sollen die Menschen über deinen Charakter sagen? Welche Art von Mensch möchtest du gewesen sein? Wie hast du gelebt, sodass du glücklich warst? Es gibt bei dieser Aufgabe keine Beschränkungen durch das richtige Leben, Sachzwänge, in denen du gerade zu stecken glaubst. Entwerfe rückblickend deinen Grabstein des Glücks, auf dem alles so gekommen ist, wie du es dir erträumst:

Die Aufgabe hilft dir, ein Bild von deinem Leben zu generieren, so wie du es erträumst. Dieses Bild festigt sich in dir. Das entstehende Gefühl hilft dir dabei, dieses Leben umzusetzen. Du wirst dir klarer darüber, wie du leben möchtest, wie du sein willst, welche Art von Persönlichkeit du anstrebst, was für dich wirklich wichtig ist.

Stell dir möglichst bildhaft vor, wie dein Leben in der Zukunft aussehen soll. Je intensiver du dies tust, umso mehr verfestigt sich dieser Gedanke. Allein dieser wohlige Gedanke führt dazu, dass du anhaltende Glücksmomente erhältst. Diese Vorstellung solltest du so oft wie möglich wiederholen. Versetze dich immer wieder in die bildhafte Situation hinein, in der du dich am liebsten sehen würdest.

Glücksmacherimpuls

Schaff dir deine Glücksvision. Überlege, was Glück für dich bedeutet. Wenn du kannst, schreib deine persönliche Definition auf! Sie wird sich über die Zeit immer mal wieder ändern, aber du bist damit gezwungen, dich wirklich mit deinem persönlichen Glück auseinanderzusetzen. Das Niederschreiben ist eine intensivere und prägendere Erfahrung für dein Gehirn und bringt dir mehr, als nur im Kopf zu überlegen, wo dein Glück liegen könnte. Je intensiver du dir deine Glücksziele vorstellst und je besser du deine Worte findest, umso leichter kannst du dir vorstellen, wie sich das Angekommensein im Glück anfühlen wird. Dann – und erst dann! – hast du wirklich das Ziel des Glücklichseins in Angriff genommen – dann weißt du, wohin dich dein Weg führen soll.

Tipp

Ansprechend gestaltete Vorlagen für die wichtigen Aufgaben »Glücksdefinition«, »Nachruf« und »Glücksvision« in diesem Kapitel habe ich dir kostenlos zum Downloaden zusammengestellt unter: *www.stefan-dederichs.de/bonus.*

4.
Klassische Glückswege: Religion und Glaubenssätze

Vielen Menschen hilft auf ihrem Weg zum Glück die Verbundenheit mit einem höheren Wesen, einem Heilsversprechen oder einer Wesenheit, die ihnen Beistand, Trost, Orientierung gibt. Sie kann einer freien Spiritualität oder auch dem Glauben im Rahmen einer der (institutionalisierten) Religionen entstammen.

Ich bin römisch-katholisch aufgewachsen, habe kirchlich geheiratet und meine Kinder sind ebenfalls getauft und haben die christlichen Traditionen kennengelernt. Da muss ich doch gleich an meine Heirat denken. Meine Hochzeit war einer der schönsten Momente in meinem Leben: Als ich vorne in der Kirche auf meine Braut wartete und diese dann in ihrem weißen Kleid zu einem von uns gewählten Lied zum Altar schritt, standen mir vor Rührung die Tränen in den Augen. Ohne die Kirche und deren Traditionen wäre mir ein solcher Augenblick wahrscheinlich verwehrt geblieben. Für mich sind die Traditionen wichtiger als der Glaube. Ich glaube ans Universum und an die eigene Kraft des Menschen. Ich mag das Gute in den Religionen. Es gibt sehr viele Ansätze und Handlungselemente innerhalb der Religionen, die den Menschen helfen sollen, ein glücklicheres Leben zu führen. Die Kirchen prägen unsere Gesellschaft. Mir gefällt die Lehre der Religion (wenn sie zum Positiven verwendet wird). Ich finde die Grundsteine und Traditionen für unsere Gesellschaft förderlich, deshalb habe ich dem Thema ein eigenes Kapitel gewidmet. Persönlich glaube ich, dass Glaube auch ein Nordstern ist, der vielen Menschen den Weg zum Glück weisen kann. Religionen haben unsere Gesellschaft geprägt und dabei auch sehr positive Spuren hinterlassen.

4.1 Religion – Religiosität – Spiritualität

Beim Geistlichen und bei den Religionen gehen die Meinungen, Bekenntnisse und Einstellungen der Menschen sehr weit auseinander. Selbst auf eine einheitliche wissenschaftliche Definition kann man sich bisher nicht einigen. Bei Wikipedia heißt es: »Religion (vom lateinischen religio ›gewissenhafte Berücksichtigung‹, ›Sorgfalt‹, zu lateinisch relegere ›be-denken‹, ›achtgeben‹, ursprünglich gemeint ist ›die gewissenhafte Sorgfalt in der Beachtung von Vorzeichen und Vorschriften‹) ist ein Sammelbegriff für eine Vielzahl unterschiedlicher Weltanschauungen, deren Grundlage der jeweilige Glaube an bestimmte transzendente (überirdische, übernatürliche, übersinnliche) Kräfte ist, sowie häufig auch an heilige Objekte« (*https://de.wikipedia.org/wiki/Religion*).

Dabei sind sich die großen Religionen im Kern recht ähnlich und haben vergleichbare Zielsetzungen. Man kann auch sagen: Religionen sind gelernte, angeeignete und gewohnte Glaubenssätze und Überzeugungen – letztlich verweist darauf auch der oben genannte Wortstamm bezüglich der sorgfältigen Einhaltung von Vorschriften – wie andere Überzeugungen auch. Sie bieten uns eine Möglichkeit, die Welt besser zu verstehen. Der Glaube gibt vielen Menschen Halt und Stärke.

Sind religiöse Menschen nun glücklicher? Ein Team aus Forschern der Humboldt-Universität zu Berlin, der University of Southampton und der Partnervermittlung eDarling nahm sich die Daten von über 200.000 Menschen aus elf Ländern vor. Bei der Untersuchung, die in der deutschen Presse zusammengefasst wurde (unter anderem unter *www.spiegel.de/panorama/gesellschaft/studie-zur-religiositaet-wer-glaubt-wird-nicht-unbedingt-gluecklich-a-789365.html* zu finden) kam heraus, dass Menschen in Ländern, die stark von einer Religion geprägt sind, eher glücklich sind, wenn sie einer Religion nachgehen, als in Ländern, die von Grund auf nicht religiös sind.

4.2 Die religiös-achtsame Art der Lebensführung

Es ist nicht die Art der Religion, die uns glücklicher oder unglücklicher macht. Es ist der Umgang mit dem Leben und mit uns selbst. Daher spreche ich am liebsten im übertragenen Sinn vom Universum, denn Glaube ist für mich nicht zwingend mit einer bestimmten Religion verbunden. Ist der Glaube nun gut oder schlecht? Das möchte ich weder beurteilen noch kommentieren. Wenn du in deinem Glauben Halt und Stärke findest, dann ist es für dich der passende Weg. Wichtig ist, dass du deinen Glauben für positive und nicht für negative Beweggründe einsetzt. Fanatismus und Ungerechtigkeit führen nicht zur Steigerung des Glücklichseins. Sie sind auch nicht die wahre Botschaft der meisten Religionen.

Doch ein bloßes Festhalten an den äußeren Ritualen einer Glaubensrichtung, wie das sonntägliche Besuchen des Gottesdienstes »weil man das einfach so macht«, zählt für mich nicht als wirklicher Glaube. Immer, wenn Religiosität zur Etikette und Formelhaftigkeit verkommt, hat sie meiner Meinung nach mit wahrem Glauben nichts mehr zu tun.

Der wirkliche und feste Glaube an etwas Großes und Gutes, eine liebende (göttlichen?) Macht im Universum – von manchen Menschen auch kurz »das Universum« genannt – kann dazu führen, dass deine Handlungen entsprechend gesteuert werden.

Nach den aktuellen Studien ist die Zugehörigkeit zu einer Religionsgemeinschaft für das Glücklichsein der Allgemeinheit kein nennenswertes Kriterium. Bei den echten Gläubigen sieht es da bereits anders aus. Diese geben an, dass der Glaube einen deutlichen Anteil am Glücklichsein hat.

Nicht alles im Leben lässt sich rational erklären oder über Studien belegen. Aus meinen Erfahrungen kann ich jedoch berichten, dass das Senden von Bestellungen an das Universum zu Ergebnissen führt, wenn man das richtig tut. Bewiesen ist, dass der feste Glaube an etwas unser Unterbewusstsein in Richtung des Ziels führt und elementar dazu beiträgt, dieses zu erreichen. Es spielt keine Rolle, ob wir jetzt von einer aktiven Religiosität oder von dem Glauben an etwas Positivem ausgehen. Ich möchte das an dieser Stelle gar nicht zu stark trennen. Der Glaube an etwas verursacht einfach so viel in uns, dass das Thema extrem wichtig ist.

Unzählige Studien beweisen, dass Menschen, die im Krankheitsfall an ihre Genesung glauben, eine wesentlich höhere Genesungschance haben als Menschen, die nicht daran glauben. Der Glaube verursacht etwas in unserem Körper, das wir nicht immer erklären können. Er gibt uns Kraft und sorgt dafür, dass etwas Positives eintritt. Manchmal gibt es Gründe, warum etwas so passiert, wie es passiert, auch, wenn uns diese Gründe in dem Moment noch nicht verständlich sind. Das zeigt zum Beispiel eine Studie von Jane C. Weeks vom Dana-Farber-Krebsforschungsinstitut in Boston (unter anderem auch unter *www.aachener-zeitung.de/ratgeber/gesundheit/studie-chemotherapie-wiegt-viele-patienten-in-falscher-sicherheit-1.460686*). Sie untersuchte fast 1.200 Krebspatienten aus den gesamten USA und belegte, dass der Glaube an die Heilung deutlich zur Genesung beigetragen hat (mehr Beispiele und wissenschaftliche Grundlagen dazu findest du bei Dispenza (2016)).

Ich weiß nicht, ob du ein gläubiger Mensch bist, ob du an den christlichen Gott, an Allah, an Jahwe oder an einen anderen Gott oder viele Gottheiten glaubst, es spielt auch keine große Rolle. Der Glaube gibt uns Kraft. Da spielt es keine Rolle, ob wir jetzt von einer Religion oder von dem Glauben an etwas Positives ausgehen. Der Glaube versetzt Berge und gibt dir Kraft.

4.3 Nutze die Kraft echten Glaubens

Nutze den Glauben einfach für dich. Verwende ihn egoistisch und nimm ihn als Steigbügel zu einem glücklicheren Leben. Wenn du Religionen richtig interpretierst, dann vermitteln diese viel Menschlichkeit, Rücksicht, Zuneigung und Liebe; alles sehr gute Eigenschaften, die dein Leben äußerst positiv beeinflussen können.

Glaube kann eine unglaubliche Kraft erzeugen, die, wenn sie ins Negative ausgerichtet wird, viel Negatives anrichten kann. Bei dir selbst ist das genau das Gleiche. Wenn du glaubst, dass etwas Schlechtes oder Schlimmes passiert, dann richtest du deine Kraft ins Negative. Die Gefahr, dass es dann auch eintrifft, ist sehr groß. Wenn du negativ denkst und fest an negative Ereignisse in der Zukunft glaubst, erzeugst du eine Kraft, du gibst eine Bestellung ab, die wahrscheinlich auch eintrifft. Wenn du deinen Glauben jedoch ins Positive richtest, dann wird die Kraft des Glaubens genauso erzeugt. Dieses Mal jedoch genau in die andere Richtung, ins Positive. Und die Chance, dass die positiven Erwartungen eintreffen, ist genauso groß. Der Glaube ist elementar für das, was in deinem Leben eintrifft. Über den Glauben steuerst du Wesentliches in deinem Leben. Glaube an Gutes, an Positives, an Erfolg, an Liebe, an deine Stärke, an dein Können, an Freude – und du wirst deine Kraft darauf fokussieren und schon schnell Veränderungen feststellen.

Dein fester Glaube an die Machbarkeit einer Sache, an die Durchführbarkeit einer Idee ist die Grundlage für dein Denken und Handeln, ist die Grundlage für den späteren Erfolg. Nur wenn du selbst daran glaubst, dass es funktioniert und du Erfolg haben wirst, kannst du auch zum Erfolg kommen. In dem Fall setzt sich eine Art Kettenreaktion von Gedanken und damit Handlungen in Gang.

Es gibt keine Grenzen, weder für Gedanken noch für Gefühle. Es ist die Angst, die immer Grenzen setzt!

Ingmar Bergmann

4.4 Deine Vorstellungskraft unterstützt dich

Je mehr du dir den Erfolg bildlich vorstellst, umso mehr verfestigt sich das Bild in dir. Das Gesetz der Vorstellungskraft wirkt nur dann, wenn du es dir auch wirklich vorstellen kannst. Der Glaube an das Gelingen ist demnach kein Garant für den Erfolg. Das Gefühl, welches du in dir erzeugst, ist entscheidend dafür, ob du etwas erreichst oder nicht. Je intensiver die Emotion ist, je bildhafter du alles vor Augen hast und je mehr du beides kombinierst, umso eher wirst du erfolgreich sein. Viele leben in dem Trugschluss, dass der Glaube alleine hilft. In Wahrheit ist es die Kombination aus dem Glauben und aus der Emotion.

Eine Studie, durchgeführt an der Harvard-Universität (unter anderem hier im April 2017 dokumentiert: *http://blog.finde-dich-selbst.net/das-ist-interessant-180-000-negative-suggestionen*), hat herausgefunden, dass wir bis zu unserem achtzehnten Lebensjahr circa 150.000 negative Suggestionen vermittelt bekommen à la »Du kannst das nicht«, »Du schaffst das nicht«, »Dafür bist du zu klein« und so weiter. Es ist doch kein Wunder, dass wir mit negativen Gedanken belastet sind und uns daraus erst einmal befreien müssen. Weil wir bereits in der Kindheit mit so vielen negativen Glaubenssätzen beeinflusst werden, ist es nicht möglich, von heute auf morgen eine Veränderung zu erreichen. Du brauchst Geduld, es ist ein Prozess.

4.5 Alles hat einen Grund – wende es zum Positiven

Kürzlich hatte ich einen recht schweren Motorradunfall. Ich fuhr mit meiner kleinen Tochter mit dem Motorrad zum Mittagessen. Auf dem Rückweg übersah uns der Fahrer eines Pkw, als er aus einer Parklücke fuhr. Wahrscheinlich war er nur eine Sekunde unaufmerksam. Ich hatte in diesem Fall nicht die geringste Schuld und war auch nicht besonders schnell unterwegs. Meiner Tochter ist zum Glück nicht viel passiert. Sie musste zwar ein paar Tage zur Beobachtung ins Krankenhaus, hatte aber lediglich eine Blessur am Bein. Ich brach mir bei diesem Unfall fünf Rippen und war etwa zwölf Stunden lang ohne Bewusstsein. Warum ich diesen Unfall erleben musste, »angezogen hatte« – wie ich es nenne –, weiß ich heute noch nicht. So etwas wird einem in der Regel erst später im Verlauf des Lebens deutlich. Habe Geduld und behalte das Ereignis im Auge. Es wird sich dir erklären – retrospektiv. Und dann wirst du merken: Es gab einen Grund, warum dir das passierte.

Verstehen kann man das Leben rückwärts; leben muss man es aber vorwärts.

Søren Kierkegaard (1813–1855)

Nach meinem Unfall haben mich viele liebe Menschen besucht – und alle haben darüber geredet, dass Rippenbrüche lange schmerzen und lange nicht heilen würden. Wo ich nun so häufig auf die Langwierigkeit der Genesung hingewiesen wurde, wie sollten sich denn mein Geist und Körper auf etwas anderes einstellen als darauf, dass es einige Wochen schmerzen würde? Bei dieser starken negativen Suggestion konnte sich mein Körper doch auf gar nichts anderes einstellen. Keiner hat es böse gemeint, ganz im Gegenteil: Alle waren sehr bemüht und wollten nichts mehr, als mir gut zuzureden. Für meine Einstellung und Genesung wäre es allerdings viel positiver gewesen, wenn alle gesagt hätten: »Du wirst sehen, es wird jeden Tag ein Stück besser geworden sein.« (Warum ich hier die Vergangenheitsform wähle, erläutert sich unter anderem in Dispenza (2012)). Sie hätten mich auf ein positives Ergebnis ansprechen sollen, als ob es schon eingetreten wäre. Denn dann wäre das mein Ziel und das Ziel meines Körpers und seiner Selbstheilungskräfte gewesen (mehr dazu: Esch (2017)).

4.6 Meide negative Einflüsse und fokussiere auf positive

Äußere Einflüsse sorgen dafür, dass wir unsere Gedanken oft nicht so steuern können, wie wir es gerne möchten. Versuch, es zu vermeiden, zu viele negative Einflüsse auf dich einprasseln zu lassen. In meinem Beispiel war das fast nicht möglich. Ich hätte es als unhöflich empfunden, die besorgten Menschen abzuweisen. Ich habe daher konstant versucht, das jeweilige Gespräch in eine positivere Richtung zu führen, und habe die Aussagen selbst zurechtgerückt, indem ich zum Beispiel bestätigt habe, dass es jeden Tag besser würde und ich schon in der nächsten Woche meiner Arbeit nachgehen würde. Ich habe mir positive Bilder erschaffen, wie ich in einer Woche wieder auf der Bühne stehe und in die begeisterten und fröhlichen Gesichter schaue. Ich habe die Aussagen nicht zu stark in mich eindringen lassen.

Merke: Verändere deine Denkweise, und du veränderst Menschen!

Ich werde oft gefragt, warum man dann nicht öfter im Lotto gewinnt, wenn och schon der Glaube daran die Wirkung mit sich bringt. Es ist ganz einfach: weil wir in Wahrheit nicht wirklich daran glauben. Uns wird so oft berichtet, dass die Chance eines Mega-Gewinns eins zu zig Millionen ist. Wie sollen wir denn da mit voller Überzeugung daran glauben, dass es für uns möglich ist? Das Gesetz der Vorstellungskraft wirkt nur dann, wenn die Vorstellung tatsächlich eine beschreibbare Wirklichkeit sein kann. Dein Erfolg hängt an dem unerschütterlichen Glauben, deinen vorherrschenden Gedanken und an deinem Selbstbewusstsein. Es kommt noch etwas dazu: Einen Lottogewinn kann man sich nicht wirklich bildhaft vorstellen. Ein Lottogewinn an sich ist ja nur reines Geld. Geld verursacht jedoch noch keine Emotionen. Emotionen erzeugen nur die Dinge, die man sich von dem Glücksspielgewinn kaufen kann. Wenn du dir also das vorstellst, was du dir leisten möchtest, dann hat das Universum die Möglichkeit, einen Weg zu finden, um an das Ergebnis zu kommen. Wir legen nicht den Weg fest, sondern lediglich das gewünschte Ergebnis. Dann kann uns das Universum auch einen anderen Weg finden lassen, um das Ziel zu erreichen.

Glücksmacherimpuls

Dein Glaube ist eine starke Macht, nimm sie dir zur Seite! An etwas zu glauben bedeutet vor allem, Kraft zu gewinnen – der Glaube überwindet Grenzen, weiß schon der Volksmund. Auch deine Grenzen, die Grenzen deines Körpers und manchmal sogar die Grenzen des Glaubhaften. Darum achte immer darauf, WEM und WAS du glaubst – genauso wie darauf, WAS du denkst. Denn du ziehst diese Dinge unweigerlich in deinem Leben an.

5.
Nutze das Gesetz der Anziehung

In diesem Kapitel greife ich den Glücksimpuls vom Ende des letzten Kapitels noch einmal auf: Wenn dir etwas im Leben passiert, dann werde dir bewusst, dass du es verursacht hast. Du hast es angezogen, niemand anders außer dir hat die Möglichkeit dazu. Stell es dir vor wie einen Magneten: Du ziehst das an, was du denkst und fühlst. Denn unbewusst richtest du deine Energie darauf.

Es mag dir nicht immer direkt bewusst sein, aber vieles steckt in deinem Unterbewusstsein; es sind vergangene Gedanken und Bestellungen, welche die Anziehung verursachen. Selbst wenn du zum Beispiel daran denkst, dass du etwas nicht willst, ziehst du es an, weil du deine Aufmerksamkeit darauf richtest. Die Energie fließt in diesem Fall auf etwas, was du gar nicht willst. Werde dir dieser Anziehung bewusst und denke an das, was du möchtest, und nicht an das, was du nicht möchtest.

Ein ganz einfaches Beispiel aus dem Alltagsleben zeigt dies: Ist dir schon einmal aufgefallen, dass du beim Autofahren auf etwas zuzuhalten scheinst, wenn du eigentlich unbedingt daran vorbeikommen willst? Viele Menschen haben beispielsweise Angst, in engen Baustellen an großen Lastern vorbeizufahren, weil sie sich innerlich derart darauf konzentrieren, dass sie nur ja den Laster nicht streifen, dass sie unwillkürlich immer näher an ihn herankommen. Allein schon, weil sie ständig auf den Laster starren, statt auf die linke Seite der Fahrbahnbegrenzung. Und unwillkürlich folgt die Hand dem Auge, wird zu weit nach rechts gelenkt.

Du ziehst also auch gerade das an, was du besonders dringend nicht in deinem Leben haben willst!

Merke: Die Anziehung kennt kein Nein, sie kennt nur ein Ja.

5.1 Die Kraft deiner Gedanken bestimmt die Anziehung

Je mehr du an etwas denkst, was du willst (oder eben eigentlich nicht willst), umso mehr ziehst du genau das an. Die Kraft der Anziehung wächst mit jedem Gedanken. Je mehr du an etwas denkst und es manifestierst, desto stärker wird die Anziehung. Je mehr du dir der Kraft der Anziehung bewusst wirst, umso mehr wirst du darauf achten, deine Gedanken zu kontrollieren. Du kontrollierst mit deinen Gedanken dein Leben und die Geschehnisse. Je mehr du an Negatives denkst, umso mehr wirst du Negatives anziehen. Für die Kraft der Anziehung spielt es keine Rolle, was angezogen wird, du steuerst es ganz alleine. Achte also auf das, was du denkst, trainiere deine Gedanken und lerne, immer öfter an positive Dinge zu denken. Du wirst schnell feststellen, wie sich vieles verändert.

Mit der Zeit wirst du dir deiner Gedanken immer bewusster und kannst diese frühzeitig ins Positive ausrichten. Je früher du auf negative Gedankenzüge reagieren kannst, umso eher kannst du die negative Ausrichtung verändern. Wenn du etwas möchtest, jedoch gleichzeitig nicht daran glaubst, dass es eintreffen wird, also große Zweifel in dir trägst, dann blockierst du die Anziehung und setzt damit einen Gegenpol. Die Macht deiner Gedanken entfaltet sich mit zunehmender Konzentration. Wenn die Konzentration nicht genug fokussiert ist oder blockiert wird, funktioniert die Anziehung nicht richtig.

5.2 Programmiere dich auf die positiven Dinge

Achte auf Dinge, die dir gefallen und dich glücklich machen! Sammle diese Momente und Gedanken. Achte auf Eigenschaften von Menschen, die dir gefallen, auf Gegenstände, die du gerne besitzen möchtest, Auto, Uhr und

Ähnliches, achte auf alles, was dir gefällt. Je mehr du diese positiven Stimmungen aufnimmst und in dir verankerst, desto stärker wird deine positive Emotion und damit die Größe der Anziehungskraft.

Ich kann es nur noch mal ganz deutlich sagen: ***Stell dir vor, du bist ein Magnet, der alles anzieht, was er fühlt und denkt.***

Aufgabe

Achte am morgigen Tag auf alles, was dir gefällt. Das können Gegenstände oder Charaktereigenschaften sein. Das können auch Handlungen von anderen sein. Achte auf alles, was dir positiv auffällt. Sammle so viel wie möglich und trage die zehn wichtigsten Dinge in nachfolgende Liste ein.

1.
2.
3.
4.
5.
6.
7.
8.
9.
10.

Mit dieser Übung trainierst du deine Aufmerksamkeit für positive Dinge. Du wirst mit der Zeit eine andere Wahrnehmung bekommen. Du kannst die Übung beliebig oft wiederholen.

Glaube an die Kraft deiner Gedanken und arbeite daran, nur an Positives zu denken. Programmiere deinen Geist auf Schönes und Gutes. Dazu brauchst du Übung und Konzentration. Mit der Zeit werden sich Dinge verändern, du wirst es spüren. Je mehr sich verändert, umso mehr wirst du daran glauben, und der Glaube wird die Veränderung weiter beschleunigen. Das Erzeugen von positiven Gedanken ist Übung. Genauso wie du andere Fähigkeiten übst, ist auch beim positiven Denken Übung nötig. Du erinnerst dich an die Ausgangsposition und die vielen negativen Beeinflussungen aus der Kindheit? Wir müssen unseren Geist erst neu programmieren. Es dauert, bis sich das in unserem Inneren verankert hat.

5.3 Wir erhalten, wovon wir überzeugt sind

Wir bekommen das, wovon wir überzeugt sind. Nicht verkrampft, aber überzeugt, dann werden wir es erhalten. Es ist vergleichbar mit einer Bestellung, die man ins Universum abgibt und dann irgendwann eine Lieferung bekommt.

Ich persönlich führe oft eine Übung, das sogenannte Drei-Finger-Prinzip, aus, beispielsweise beim Autofahren. Dazu fasse ich Daumen, Zeigefinger und Mittelfinger an den Fingerkuppen zusammen zu einem Dreieck und glaube ganz fest daran, dass ich dort, wo ich gleich ankomme, sofort einen Parkplatz finden werde. Ich finde auf diese Weise immer einen, wirklich immer. Ich begleite häufig Außendienstler im Zuge von Trainings zu Kunden. Wir fahren oft mit getrennten Fahrzeugen, und was glaubst du, wer immer einen Parkplatz vor dem Gebäude des Kunden findet? Es passiert im

Kopf und im Glauben. Du bekommst das, was du denkst, ob positiv oder negativ.

Glaube an die Kraft deiner Gedanken

Es gibt Ereignisse im Leben, die können wir nicht selbst beeinflussen, zum Beispiel Umweltkatastrophen, Ansteckungskrankheiten, Erbkrankheiten, Krankheiten, die nicht durch unser eigenes Verhalten entstanden sind. Diese Ereignisse entstehen – denkt man das Gesetz der Anziehung zu Ende – durch das große Ganze, durch das kollektive Denken der Menschheit. Die Energie, die viele Menschen gemeinsam erzeugen, ist stärker als die eines einzelnen Menschen. Mutter Teresa sagte einmal, sie gehe nicht zu Veranstaltungen, auf denen gegen Krieg demonstriert werde, sondern nur zu denen, wo für Frieden demonstriert werde. Sie hatte das Prinzip der Anziehung verstanden. Wenn wir gegen Krieg demonstrieren, dann verwenden wir die Energie auf den Krieg und nicht auf den Frieden. Du erinnerst dich, dass es ein Nein im Universum nicht gibt. Wenn wir unsere Aufmerksamkeit auf das Falsche lenken, dann werden wir dies bekommen, ob wir wollen oder nicht. Das Gleiche passiert, wenn viele Menschen ihre Energie auf negatives lenken, dann fließt die Energie unweigerlich in die falsche und zwar in die negative Richtung. Du kannst nicht die ganze Menschheit verändern. Es gilt immer wieder:

Ursache = Wirkung

Die Menschheit verfügt über Verhaltensströme, die Ursachen für Ergebnisse sind. Unser Klimawandel ist ein Ergebnis aus Ursachen, die wir erzeugt haben. Es gibt unvorhergesehene Umstände, die du bewältigen musst. Du musst sie hinnehmen. Doch es kommt darauf an, wie du mit ihnen umgehst: Jammern hilft nichts. Du kannst dich dafür einsetzen, dass möglichst viele Menschen ihr Denken verändern und ihnen damit zu größerer Veränderung verhelfen, du kannst den ersten Schritt machen. Oft gehen wir mit solchen Katastrophen viel besser um als mit kleineren Problemen. Wir werden mehr gefordert und zeigen plötzlich einen unendlichen Willen und eine unglaubliche Kraft.

Hier musst du unterscheiden: Es gibt Unglücke und Schicksalsschläge, die du beim besten Willen nicht einplanen kannst. Hier brauchst du die Kraft, diese zu bewältigen und damit umzugehen. Diese Kraft ziehst du aus deiner inneren Stärke, aus deiner gelernten positiven Einstellung. Je stabiler du bist, je mehr du das große Ganze verinnerlicht hast, umso mehr Kraft wird dir zur Verfügung stehen. Andere Katastrophen wiederum kannst du berücksichtigen. Andere Umstände sind kalkulierbar. Wenn du ein Haus baust, dann weißt du, dass dies immer mit Risiken verbunden ist. Wenn dein Haus in einer überschwemmungsgefährdeten Region steht, dann musst du damit rechnen, dass ein Hochwasser kommen kann. Wenn dein Haus am Fuße eines Vulkans liegt, dann musst du damit rechnen, dass dieser ausbrechen kann. Wenn wir in der Nähe von Atomkraftwerken leben, dann müssen wir damit rechnen, dass im schlimmsten Fall etwas passieren kann. Das ist einfach gesagt, nur ist es unsere eigene Entscheidung, wo wir leben und welches Risiko wir eingehen wollen. Wir können dafür keinen anderen verantwortlich machen. Wir müssen uns dessen nur bewusst werden, dass solche Dinge passieren können.

Glücksmacherimpuls

Durch das Bewusstsein veränderst du die Wahrnehmung und wirst im Falle einer Tragödie anders mit der Situation umgehen. Es bleibt eine schwierige Situation, aber eine, die du berücksichtigt hast. Du sollst nicht in ständige Sorge verfallen – das würde deinem Glück im Weg stehen. Du sollst nur vorbereitet sein und Situationen einplanen. Es wird dir auf dem Wege wesentlich leichter fallen, mit der Situation umzugehen.

6.
Ändere deine Wahrnehmung

Du baust dir die Welt um dich herum, das, was du glaubst, bekommst du – darüber haben wir in den letzten Kapiteln schon viel gelesen. Du entscheidest, was du von deinem Chef hältst, was du über Kunden und deinen Partner/deine Partnerin, was du über deine Kinder, die Regierung und so weiter denkst. Du baust dir die Welt um dich herum durch deinen Glauben, deine Vorstellungen und deine Haltungen. Die Menschen und die Umstände sind exakt so, wie du sie siehst und dir zu Recht glaubst. Um die Welt zu verändern, ist es erforderlich, dass du deinen Glauben, deine Gedanken veränderst. Wenn du anfängst, über deinen Chef anders zu denken, wird er dir plötzlich anders erscheinen. Vielleicht ist er es gar nicht, aber auch deine Reaktionen und Handlungen werden andere sein, sodass du zu anderen Ergebnissen gelangst. Das Gleiche gilt für Freunde, Partner und alle Menschen.

Merke: Dein Leben ist so, wie du es (dir er-)denkst.

6.1 Ändere deine Wahrnehmung, dann ändert sich deine Einstellung

Jeder Mensch hat eine individuelle persönliche Wahrnehmung. Daher kann es vorkommen, dass andere Menschen einen Menschen mögen, den du nicht magst und umgekehrt, obwohl es ja immer derselbe Mensch ist. Ihre Wahrnehmung ist einfach eine andere. Wir haben alle einen persönlichen Filter. Um diesen zu verändern, musst du dein Denkmuster verändern. Die Wirklichkeit ist eine subjektive Wahrnehmung. Jeder nimmt Dinge anders wahr. Was du schön findest, gefällt dem Nächsten vielleicht gar nicht. Du kommst im Urlaub in ein Fünfsternehotel, das dir ein Bekannter empfohlen hat, und bist entsetzt. Es entspricht überhaupt nicht deinen Vorstellungen, obwohl dein Bekannter so begeistert war. Wir nehmen Dinge und Situationen unterschiedlich wahr. Ein guter Freund von mir wohnt in einer

Wohnung in der Stadt. Er könnte sich bequem auch ein Haus leisten. Für ihn ist eine Wohnung jedoch viel bequemer. Er liebt es, zentral zu wohnen und wenig Arbeit mit der Wohnung zu haben. Ich würde mich gar nicht wohlfühlen, mir wäre es zu laut und zu eng, mir würde das Grün fehlen, und ich brauche einen großen Garten. Er hingegen kann sich nicht vorstellen, wie ich auf dem platten Land zu leben. Ihm wäre viel zu wenig los. Ihn würde es stören, immer etliche Kilometer zum Einkaufen oder für einen Restaurantbesuch fahren zu müssen. So sind unsere Wahrnehmungen und Ansprüche absolut unterschiedlich. Es ist also nicht besser oder schlechter wie er oder wie ich lebe, es ist nur anders.

6.2 Ändere dein Verhalten, dann ändert sich das Ergebnis

Eine Bewusstseinserweiterung ist demnach nichts anderes als die Veränderung deines Denkmusters. Du wirst erkennen, dass du durch diese Blickwinkelveränderung plötzlich Eigenschaften an Menschen wahrnimmst, die du vorher nicht gesehen hast. Du interpretierst Sachen plötzlich ganz anders. Durch eine Veränderung des Blickwinkels auf eine Person gehst du anders auf sie zu. Diese wird wiederum anders auf dich zugehen. Aktion und Reaktion bedingen einander. Du bekommst den Eindruck: »Hey, der ist ja heute ganz anders als sonst!« Nein, nicht er ist anders. Durch dein verändertes Verhalten, deinen veränderten Blickwinkel hast du die Situation verändert. Dein Gegenüber ist das gleiche. Du siehst, wie einfach es ist, durch eine Blickwinkelveränderung die Situation zu verändern.

Warum ist die Wahrnehmungsveränderung für dein Glücklichsein so wichtig? Durch eine veränderte Wahrnehmung veränderst du dein Verhalten. Du gehst anders auf Menschen zu und wirst dadurch selbst anders wahrgenommen. Durch die Änderung deiner Einstellung änderst du wiederum, wie du mit anderen Menschen umgehst. Dein Leben wird einfacher, es eröffnen sich neue Möglichkeiten und neue soziale Kontakte. Du wirst gelassener und umgänglicher. Das alles fördert deine Glücksmomente. Je öfter du die Erfahrung machen darfst, dass deine Wahrnehmung und nicht die anderen Menschen dein Verhalten und deine Reaktionen bestimmen, umso gelassener wirst du reagieren können. Wenn dich etwas ärgert oder du dich aufregst, dann werden diese Emotionen auch in Zukunft noch da sein, aber sie werden dir schwächer erscheinen und du kannst nun damit umgehen. Denn du weißt ja, dass es Reaktionen aufgrund deiner und nur deiner Wahrnehmungen sind.

Aufgabe

Suche dir drei Personen aus deinem näheren Umfeld, mit denen du nicht gut zurechtkommst.

1.
2.
3.

Jetzt veränderst du den Blickwinkel. Suche nach positiven Eigenschaften! Was machen die Personen gut? Was gefällt dir an ihnen? Warum werden diese Personen von anderen gemocht? Du wirst etwas finden, auch wenn du die Person nicht magst. Jeder Mensch hat positive und gute Eigenschaften.

Fokussiere dich nun eine Woche lang jedes Mal, wenn du die Personen triffst, auf die erarbeiteten positiven Elemente. Beobachte, wie sich deine Einstellung zu den Personen verändert.

Glücksmacherimpuls

Übe dich darin, immer eine Meile in den Schuhen deines Gegenübers zu gehen, bevor du womöglich wütend auf ihn wirst. Denke dran, dass jeder Mensch seine eigene Wahrnehmung hat und haben darf – und dass deine unter Umständen nicht wahrer ist als seine.

Außerdem weißt du nie, welche (traurigen) Geschichten sich hinter Menschen verbergen – auch hinter denen, die besonders abweisend oder arrogant aufzutreten scheinen.

Mit dieser veränderten Einstellung der Gelassenheit nützt du künftig vor allem dir selbst – denn du brauchst gar nicht erst negative Gefühle entwickeln.

7.
Erfolge folgen deiner Einstellung und deinen Handlungen

Im vorigen Kapitel haben wir es schon gesehen: Ändere deine Wahrnehmung, dann ändert sich deine Einstellung. Ein Beispiel: Es ist mühselig, sich über Dinge zu ärgern, die man sowieso nicht ändern kann. Wenn du im Stau stehst, dann stehst du im Stau. Wenn man Auto fährt, kann das vorkommen. Darüber brauchst du dich nicht zu ärgern. Wenn man es recht bedenkt: Du stehst nicht im Stau – du bist der Stau. Du hättest die Wahl gehabt, andere Verkehrsmittel zu nutzen. Es lag in deiner Entscheidung, in deiner Verantwortung, dass du das Auto genommen und damit den Stau verlängert hast. Gib diese nicht ab und schiebe nichts auf die Umstände, schon gar nicht die Umstände, die du selbst geschaffen hast.

7.1 Es gibt immer Wahlmöglichkeiten

Okay, du hast also gewählt: das Auto. Doch auch jetzt hast du wieder die Wahl: Wie willst du die Stau-Warterei gestalten? Willst du vor Wut ins Lenkrad beißen – oder das Geschenk der Zeit annehmen und etwas Positives daraus machen? Wenn du im Stau stehst, dann nutz die Zeit zum Lesen, oder um dir über Dinge Gedanken zu machen, zu denen du sonst vielleicht nicht kommst. Vielleicht erledigst du auch Telefonate oder rufst mal wieder einen Freund an, zu dem du lange keinen Kontakt hattest. Es werden dir so viele Sachen einfallen, die du machen kannst. Alles ist besser, als dich über die nicht änderbare Situation zu ärgern. Ich empfinde es manchmal als richtig lustig, wenn ich mir im Stau die Menschen in ihren Autos anschaue. Manche Gesichter sind ganz rot vor Aufregung, bei manchen hat man den Eindruck, dass sie gleich vor Wut platzen. Man kann ihren erhöhten Herzschlag nahezu sehen. Doch haben sie von ihrer Aufregung einen Nutzen? Kann ihre Wut helfen, den Stau aufzulösen? Sicherlich nicht. Was können wir also tun, um aus der misslichen Situation vielleicht nicht gleich einen persönlichen Glücksmoment zu machen, aber doch wenigstens eine für uns erträgliche Situation? Denn Stress ohne Nutzen ist allenfalls gesundheitsschädlich. Wir können trainieren, uns ganz gezielt von den Nachteilen der Situation abzulenken. Wir können unserem Gehirn beibringen, dass es andere Wege gibt, mit misslichen Situationen umzugehen, als nur Stress, Wut und Aggression zu empfinden. Wir können immer wählen, wie wir mit der Zeit im Stau umgehen.

7.2 Die Fähigkeit zum Glück trainieren

In diesem Zusammenhang fällt mir ein Satz der Sängerin Nena ein. Ihr Sohn sagte vor einem gemeinsamen Auftritt zu ihr: »Du, wir schaffen das!« Nena entgegnete: »Da gibt es nichts zu schaffen. Wir werden Spaß haben!« Man könnte es nicht deutlicher und klarer ausdrücken. Nena strahlt Lebensfreude aus. Dabei hatte sie es nicht einfach im Leben. Der Popstar hat unter anderem ein Kind verloren. Wie furchtbar das sein muss, können wir uns kaum vorstellen. In einem Seminar, in dem ich auch dieses Beispiel brachte, entgegnete mir eine Teilnehmerin »Ja, Nena ist auf der Sonnenseite des Lebens geboren, hat es immer leicht im Leben gehabt!« Doch stimmt das? Mit Sicherheit nicht, auch Nena musste sich ihren Erfolg und damit ihr Glück erarbeiten. Bevor sie ihren ersten großen Hit »99 Luftballons« platzierte, wollte ihre Plattenfirma den späteren Welthit nicht einmal als Single produzieren. Erst nachdem sie und ihre Band dafür gekämpft hatten, wurde die Single veröffentlicht. Das Ergebnis kennen wir. Also war es Glück? Nein, es war das Ergebnis einer zuvor getroffenen Handlung. Auch Nena ist ein Glücksmacher.

Merke: Dein Verhalten aus der Vergangenheit ist dein Glück von heute. Dein Verhalten heute bestimmt dein Glück von morgen.

Ich glaube, dass unser Verhalten aus der Vergangenheit unser Glück von heute ist, und unser Verhalten von heute das Glück von morgen. Hätten Nena und ihre Band nicht dafür gekämpft, hätte sie den Erfolg auch nicht erfahren. Jede Entscheidung, die wir heute treffen, jede Handlung, die wir heute vornehmen, führt zu einem Ergebnis, positiv oder negativ, und diese Ergebnisse führen dann im besten Fall zum Glück.

Achte doch einfach mal darauf, was dir so alles zufällig passiert, und dann achte darauf, welche Handlungen aus deiner Vergangenheit zu diesen Zufällen geführt haben könnten.

Viele Dinge erscheinen wie Glück und Zufall, vieles davon ist aber doch erklärbar. Ja, es gibt im Leben Schicksalsschläge, es gibt Dinge, die einfach passieren, die wir eventuell auch gar nicht beeinflussen können. Die Regel ist das aber nicht. Die meisten Dinge passieren genau so und nicht anders, weil wir die Ereignisse durch unser Unterbewusstsein (und manchmal in der Folge durch unser Bewusstsein) gesteuert haben.

Ein besonderer Mutmacher ist hierbei die moderne neurobiologische Forschung, die zeigt: Wir können positive Gefühle selbst hervorrufen, indem wir unser Gehirn entsprechend anregen. Glück und Unglück sind nicht genetisch festgelegt und nicht durch Schicksal vorbestimmt. Glücksempfinden lässt sich trainieren, wie man auch seine Muskeln oder sein Gedächtnis trainiert.

Niemand lebt aber im Dauerglück. Für unsere Persönlichkeitsentwicklung benötigen wir Widerstände und Belastungen. Diese Widerstände führen zu Kraft und Wachstum. Wir brauchen diese sogar, um uns zu entwickeln. Als Kinder empfinden wir Widerstände und Rückschläge noch als normal. Was glaubst du, wie viele Versuche ein Kleinkind benötigt, bis es gehen kann? Immer wieder fällt es hin und versucht es erneut. Durch diese Erfahrung schöpft es Kraft und Energie für seine Zukunft. Das kindliche Gehirn lernt, dass es sich lohnt nicht aufzugeben und speichert diese Erlebnisse als Erfahrungswissen ab.

Ja richtig, es ist nicht immer so einfach, wie es klingt. Im Augenblick eines Widerstands wünschten wir uns, dass es für den Moment einfacher wäre. Im ersten Moment denken wir vielleicht: »Ach Mensch, warum jetzt schon wieder, warum gerade ich!« Wenn du weißt, dass diese Ereignisse für deine Entwicklung wichtig sind und am Ende zu deinem Glücklichsein beitragen, dann kannst du lernen, anders damit umzugehen. Leider erkennen wir die Gründe und Vorzüge eines Widerstands erst viel später.

Wissenschaftliche Untersuchungen über die gesundheitlichen Folgen von Ärger haben zu erstaunlichen Ergebnissen geführt. Negative Gefühle können dem Körper so stark zusetzen, dass sie ihn töten. Untersuchungen ergaben, dass Menschen, die dachten, sterben zu müssen, tatsächlich starben, obwohl die Diagnose auf einem Missverständnis beruhte. Wenn Menschen davon überzeugt sind, dass sie schwer erkrankt sind oder schlechte Heilungschancen haben, erkranken sie stärker und haben tatsächlich schlechtere Heilungschancen. Negative Gedanken und Gefühle blockieren die Wirkung der Glückshormone. Schmerz und Leid werden dadurch stärker empfunden. Das nennt man »Nocebo« (abgeleitet vom Lateinischen »ich schade«) – im Gegensatz zum »Placebo«, das du vielleicht kennst (»abgeleitet vom Lateinischen »ich gefalle«).

Negative Gedanken und Ängste sind ansteckend und übertragen sich auf die Mitmenschen, wie die vielen Beispiele von Massenhysterie zeigen. Sorgen, Angst und Ärger wirken sich negativ auf Blutgerinnung und auf die Abwehrkräfte aus. Schlechte Gefühle verstärken die Neigung zur Thrombose, behindern die Arbeit der Immunzellen und erhöhen damit das Infektionsrisiko. Wer sich unzufrieden und niedergeschlagen fühlt, dessen

Wunden heilen schlechter und langsamer. Das alles sind nachgewiesene Beispiele dafür, was negative Schwingungen bei uns bewirken können. Du siehst, wie deine eigenen Gedanken zum Glücklichsein beitragen und was negative Gedanken verursachen können. Die Macht der Gedanken ist enorm und beeinflusst unsere Gesundheit wesentlich. Und die Gesundheit ist für unser Glücksempfinden enorm wichtig.

Merke: Positive Handlungen führen zu positiven Ergebnissen und negative Handlungen führen zu negativen Ergebnissen.

7.3 Einstellungen und Verhaltensweisen führen zum Erfolg

Warum kommt es dazu, dass wir nicht alles erreichen, was wir uns vornehmen? Das liegt daran, dass wir zum einen nicht wirklich daran glauben und es zum anderen eventuell gar kein wirklich brennend wichtiges Ziel ist. Wenn wir ein Ziel nicht wirklich mit vollem Herzen verfolgen, werden wir nicht entsprechend handeln. Wir brauchen vollen Einsatz. Du kannst dir nicht vornehmen, im Golfen ein geringes Handicap zu erreichen, wenn du nicht bereit bist, dafür zu trainieren. Ich habe nun seit fast fünfzehn Jahren dasselbe Handicap. Da ich aber nur alle zwei Monate spiele, darf ich mich nicht wundern, dass ich nicht von der Stelle komme. Um weiterzukommen, müsste ich trainieren, und zwar intensiv. Wenn es also zu meinen Wünschen und Zielen zählen würde, ein besseres Handicap zu erlangen, dann müsste ich dafür Energie aufwenden. So ist es bei allem im Leben: Ohne Einsatz, Training und Energie wird sich nichts verbessern oder ändern. Um etwas zu erreichen, musst du für das Ziel brennen und du musst fest daran glauben, dass du es erreichen wirst. Nur dann erzeugst du genug Energie. Wenn etwas nicht gelingt, dann liegt das in der Regel immer an der Fokussierung. Um es einfach auszudrücken: Es liegt dann an dir, du hast etwas falsch gemacht.

Jeder Gedanke kehrt zu seinem Absender zurück. Du kritisierst einen Menschen – dann musst du davon ausgehen, dass du auch kritisiert wirst. Konzentrierst du dich zunehmend auf positive Gedanken, so wird dir automatisch mehr Positives gelingen und zukommen. Mit deiner Aktion bewirkst du eine Reaktion. Egal ob positiv oder negativ. So verursacht Druck immer Gegendruck.

Du hast die absolute Freiheit zu denken, was du möchtest. Dein ganzes Leben ist das Produkt deiner Gedanken. Die Qualität deiner Gedanken bestimmt dein Leben. Je positiver du denkst, umso positiver wird dein Leben verlaufen. Wir denken leider zu häufig in sehr eingefahrenen Strukturen. Verändere deinen Blickwinkel, um neue Chancen und Erfahrungen zu sammeln.

Mit deinen Gedanken programmierst du deinen Geist. Die Art, wie du denkst, ist maßgeblich für deine Entscheidungen, deine Handlungen und am Ende auch für deinen Erfolg verantwortlich. Aus diesem Grunde ist es so wichtig, dass du dich darin trainierst, dein Denken zu regulieren.

Mit dem Kopf durch die Wand funktioniert in den seltensten Fällen. Das liegt daran, dass Gedanken, die man mit Gewalt verwirklicht, oft ihr Gegenteil erreichen.

Positives Denken allein reicht jedoch nicht aus. Wenn du denkst, mir wird nichts passieren, und springst von einem Hochhaus, dann geht das natürlich schief. Doch durch dein positives Denken und Handeln werden die guten Dinge im Leben angezogen und negative Ereignisse wie Krankheit, Unglück, Misserfolg von dir abgehalten. Deine eigene Einstellung wirkt im Grunde wie ein Magnet. Du steigerst deine seelische Kraft. Dein Körper fühlt sich wohler und kräftiger. Es dauert jedoch eine Weile, bis sich Veränderungen einstellen. Negative Gedankenmuster sind nicht leicht zu verdrängen. Wir können sie nicht einfach ablegen oder aus unserem Kopf löschen. Diese negativen Muster sitzen meist tief in uns drin, weil wir bereits in der Kindheit durch immer wiederkehrende negative Erlebnisse darauf programmiert wurden.

Zum Beispiel durch unsere Eltern: »Kind, fahre nicht so schnell, sonst fällst du hin!« Was festigt sich da? Na klar: Wenn ich schnell fahre, falle ich hin. Oder: »Kind, klettere nicht so hoch, sonst fällst du runter!« Oder: »Mach das nicht, das kannst du noch nicht, nein, dafür bist du noch zu klein!« Wir lernen selten von klein auf, eher positiv zu denken und uns eher positiv zu verhalten, daher ist es Arbeit, die Verkrustung zu überwinden.

7.4 Erfolg ist die Folge deiner Gedanken und Taten

Durch ein positiv orientiertes Denken und Handeln ergeben sich aber plötzlich Chancen, mit denen du zuvor nicht gerechnet hättest. Negative Gedanken sind weiterhin auch eine Wurzel von Leid und Krankheit, sie sind Grundlage vieler unserer Probleme und Ängste. Damit sind unsere eigenen negativen Gedanken unsere echten Feinde. Sie blockieren unsere Erfolge meist mehr als andere Menschen.

Wenn wir ältere Menschen beobachten, dann reden sie oft über ihre Krankheiten und Wehwehchen, das verschlimmert diese meist noch. Je häufiger wir über Krankheiten und Misserfolge reden, umso mehr verfestigen wir diese negativen Erlebnisse. Sie bringen keine Verbesserung, sondern nur Verschlechterungen. Das ist Dünger für negative Gedanken und Krankheiten. Je mehr du an Negatives denkst und darüber sprichst, umso mehr wird dir Negatives zukommen. Je mehr du über Krankheiten sprichst und an sie denkst, umso mehr wirst du mit Krankheiten zu tun haben. Deine Gedanken bestimmen viel mehr, als du es dir vorstellen kannst.

Glücksmacherimpuls

Erfolg ist immer, was aus deinem Handeln folgt. Und wenn dein Erfolg im Glücklichsein liegen soll, übe dich darin, Dinge zu denken und zu tun, die in diese Glücksrichtung weisen. Du weißt, wie stark die Macht deiner Gedanken ist – daher richte sie auf den gewünschten Erfolg: »Damit fühle ich mich glücklich!«

Immer wenn negative Gedanken aufkommen, dann zwing dich dazu, Positives zu sehen und zu empfinden. Durch die Veränderung deiner Gedanken veränderst du dein Handeln und in der Folge quasi automatisch die Ergebnisse!

8.
Übernimm Verantwortung für dein Glück

Wir wollen die Erkenntnisse aus dem vorigen Kapitel noch etwas vertiefen, denn wir haben schon gesehen, wie stark unser (Glücks-)Erfolg von unseren Einstellungen, Gedanken und Handlungen abhängt. Viele Menschen aber fühlen sich eher fremdbestimmt, sie glauben, dass es nicht in ihrer Macht steht, etwas zu ändern und am Ende glücklich zu sein. Sie übersehen dabei genau diesen Zusammenhang zwischen Glück als Ergebnis und Einstellungen, Gedanken sowie eigenen Handlungsmustern als vorgelagerte Instanzen. Egal in welcher Situation wir uns befinden, wir können immer ein Stück weit unser »Glück« entwickeln, denn wir können Einfluss auf unser Denken und unser Handeln nehmen! Ich habe hier Glück in Anführungszeichen geschrieben, weil Glück nach meinem Verständnis eben nicht in die Kategorie Zufall gehört, weil wir uns dieses Glück selbst erschaffen können!

8.1 Die Lösung liegt immer bei dir

Suche die Lösungen immer bei dir! Prüfe, welche deiner Entscheidungen in der Vergangenheit zu dem heutigen Zustand geführt haben!

Ein Wendepunkt in meinem Leben war, dass ich mich trotz meiner schweren Jugend mit Lebenskrisen bis hin zum misslungenen Selbstmordversuch selbstständig machte. Nach der Schule absolvierte ich zunächst eine Ausbildung zum Tischler. Eigentlich dachte ich, das wäre der richtige Beruf für mich. Ich merkte jedoch sehr schnell, dass ich wohl so ziemlich der schlechteste Tischler der Erde würde (was mein Selbstvertrauen in der damaligen Zeit nicht gerade förderte). Deshalb entschloss ich mich zu einer zweiten Ausbildung zum Einzelhandelskaufmann in einem Möbelhaus. Ich hatte damit immerhin bemerkt, dass meine Stärken eher im Verkauf und Umgang mit Menschen liegen als im handwerklichen Tun. So machte ich mich leichten Herzens mit einundzwanzig Jahren als Handelsvertreter selbstständig und begann mit dem Vertrieb einer Software für Reisebüros. Ich hatte sehr erfolgreiche Jahre. Es ging steil nach oben und ich verdiente unglaublich viel Geld. Ich konnte mir mehr leisten, als ich gebraucht hätte. Ich besaß ein teures Auto und eine schicke Wohnung. Alles war super. Nach ein paar Jahren wollte ich weiter wachsen und mich verändern. Ich wollte nicht nur die Ware eines Produzenten vertreiben, sondern die Software selbst herstellen und vermarkten. Da ich selbst zwar Verkäufer war, aber von Programmierung und EDV keine Ahnung hatte, nahm ich einen Partner in meine Firma auf. Mein Partner und ich hafteten in vollem Umfang für die Firma – ein Fehler, wie sich später noch zeigen sollte.

Der Erfolg setzte sich am Anfang fort: Die Firma lief hervorragend. Wir bekamen große Aufträge und stellten Mitarbeiter ein. Wir hatten eine perfekte Aufgabenteilung. Mein Partner kümmerte sich um die Entwicklung und die EDV, ich mich um Vertrieb und Finanzen. Wir schwebten gerade auf der Wolke des Erfolges, als mein Partner eines Morgens nicht mehr erreichbar war. Verschwunden! Einfach nicht mehr da! Von heute auf morgen. Was ich damals nicht wusste, war, dass er private Probleme hatte. Er reiste einfach nach Italien. Ohne etwas zu sagen, ohne erreichbar zu sein.

Nun stand ich da – mit halb fertigen Aufträgen, mit halb fertiger Software. Ich konnte diese Probleme nicht selbst lösen, weil ich mich nicht auskannte. Schließlich kam noch heraus, dass mein Geschäftspartner Ware nicht ordnungsgemäß abgerechnet hatte. Das war es für mich! Ich war alleine und hatte keine Ahnung, wie ich mit den Problemen fertig werden sollte. Ich versuchte, auf die Schnelle Entwickler und EDV-Spezialisten zu finden. Das war jedoch nicht so schnell möglich.

Es folgten Kundenrückzahlungen, Schadensersatzleistungen, verlorene Aufträge, verlorenes Image. Da ich mit meinem ganzen Vermögen haftete, verlor ich alles: Auto, Wohnung, kurz: jeden Cent, den ich besaß. Ich musste sogar eine eidesstattliche Versicherung abgeben, ich war pleite. Mein lieber Partner war nicht zu fassen, er blieb verschwunden. Ich war nach einer Zeit der Erfolge auf dem absoluten Tiefpunkt angekommen und hatte alles verloren.

Wer war an dem allem schuld? Mein Partner? Es wäre wesentlich einfacher gewesen, die Schuld meinem Partner zuzuweisen, es hätte mich jedoch im Leben nicht weitergebracht. Hass und Schuldzuweisung führen nicht zu Ergebnissen. Nein, ich war selbst schuld, weil ich auf den falschen Partner gesetzt hatte. Ich hatte mir den Partner selbst ausgesucht und eine Entscheidung getroffen. Diese Entscheidung führte mich zu dem Absturz, nicht das Verhalten meines Geschäftspartners. Ich hätte Vorkehrungen treffen können, als noch alles prima lief. Ich hätte sorgfältiger bei der Wahl meines Geschäftspartners sein können und vor allem hätte ich eine andere Rechtsform für unsere Firma wählen sollen, dann hätte ich nicht alles verloren. Ich hatte aber versäumt, vorzubeugen.

Da ich wusste, dass ich Fehler gemacht hatte, konnte ich mich auf die Lösung konzentrieren, statt auf den Hass dem Partner gegenüber. Es hat mich zwei Jahre großer Entbehrung gekostet, bis ich wieder im Geschäft war. Größer und stärker als zuvor. Ich habe mich aus eigener Kraft wieder zurückgeholt und alle Schulden beglichen. Es war eine schwere und anstrengende Zeit. Wenn du viel besitzt und dir alles leisten kannst und alles plötzlich weg ist, dann musst du mental sehr stark sein. Und du benötigst einen festen Glauben an dich. Mir hat geholfen, dass ich damals, auf Anregung eines Erfolgstrainers, ein Zieltagebuch geführt habe und es gewohnt war, mir meine bisher erreichten Ziele klar vor Augen zu führen. Ich wusste also, zu welchen Leistungen ich in der Lage war. So dachte ich mir, wenn du das schon einmal geschafft hast, warum also nicht auch ein zweites Mal?

Merke: Es zählt nicht, wie oft du hingefallen bist. Was wirklich zählt, ist, wie viele Male du wieder aufgestanden bist und weitergemacht hast.

Heute weiß ich, dass dieser Absturz für mich wesentlich zum heutigen Erfolg beigetragen hat. Mit dem damaligen Geschäftspartner hätte ich keine sichere Zukunft aufbauen können. Wäre er nicht einfach untergetaucht, hätten uns irgendwann andere Probleme um den Erfolg gebracht.

Aus meiner persönlichen Niederlage lernte ich überdies weitere Dinge, die mir im weiteren Leben sehr geholfen haben. Heute gehe ich so weit, dass ich sage, dass sich zumindest mein persönliches Glück genauso wie aus den Erfolgen aus meinen Krisen und Niederlagen geformt hat. Ich lernte damals, dass materielle Dinge im Leben gar nicht so wichtig sind. Es gibt andere Werte, die viel wichtiger sind und zum persönlichen Glück entscheidend beitragen. Das waren damals meine Eltern, die mich finanziell unterstützten und weiter an mich glaubten. Es war auch meine damalige Freundin, die keine Sekunde zögerte, mit mir durch diese harte Zeit zu gehen. Immerhin hatte meine Insolvenz auch sie betroffen. Denn plötzlich gab es keine schöne Wohnung und kein schönes Auto mehr. Auch das Geld für Urlaube und angenehme Dinge des Lebens war erst einmal weg. Neben meiner Lebensgefährtin standen mir noch ein paar sehr gute Freunde zur Seite und gaben mir Halt und Kraft. So machte ich auch in der Phase des Scheiterns die Erfahrung, dass ich als Mensch etwas zählte und fand in meinem Umfeld weiterhin Anerkennung. Abschließend war es der Glaube an mich selbst, den ich in den Jahren zuvor entwickeln konnte. Dieser Glaube gab mir die Kraft, mich aus dem Loch herauszuarbeiten. Durch diese Erfahrung ist mein Selbstbewusstsein extrem gewachsen.

Wichtig ist aber zu erkennen, dass neben dem Glauben an sich selbst ein Umfeld von zuverlässigen Menschen, die einen schätzen und mögen, egal was kommt, im Leben ungemein wichtig sind. In meiner Jugend war ich zu einnehmend, mit meinem beruflichen Erfolg hatte ich aber auch begonnen, den Wert guter Beziehungen zu erkennen. Ich investierte noch in guten Zeiten in echte freundschaftliche Beziehungen. Zeigte anderen Menschen Anerkennung und Wertschätzung und versuchte immer die richtige Balance zwischen engen und losen Kontakten zu finden. Ich ließ auch meinen Freunden die eigene Freiheit und wollte niemanden mehr besitzen, vermutlich weil ich insgesamt begonnen hatte, mich mit Menschen zu beschäftigen.

Zum Glück hatte ich mir also ein stabiles Umfeld mit Familie und Freunden aufgebaut, das mich in der Krise auffing. In Anbetracht der Situation, in der ich mich in meiner Jugend befunden hatte, war es schon erstaunlich, dass ich damals kaum mehr Gedanken daran verschwendete, mir das Leben zu nehmen. Ich dachte vielmehr daran, wie ich am schnellsten wieder nach oben kommen könnte. Ich wollte wieder dahin, wo ich war, und die Ziele meines Regiebuches des Lebens erreichen.

Um deine Frage vorwegzunehmen: Nein, der Absturz stand nicht in meinem Zielbuch. Das ist der Weg des Lebens. Es verläuft nie geradlinig, es gibt immer Höhen und Tiefen, es gibt immer große Steine, die einem in den Weg gelegt werden. Daran wachsen wir, es gehört zum Glücklichsein dazu. Leider erkennen wir das in Härtezeiten nicht immer. In diesen Phasen sind wir zunächst niedergeschlagen, verletzt und traurig. Wir brauchen Zeit, um uns zu fangen und wieder aufzustehen.

8.2 Eigenverantwortung bringt Kraft und Zuversicht

Ich erzähle dir von meiner damaligen Niederlage, um dir zu zeigen, dass du erhobenen Hauptes mit Tiefpunkten umgehen solltest. Mache dir bewusst, dass Scheitern an sich nichts Schlimmes ist. Scheitern und Fehler gehören zum Leben. Es liegt aber in deiner Verantwortung, nach einem Misserfolg – so groß er auch sein mag – zu entscheiden, wieder aufzustehen und einen neuen Weg zu suchen. Nur wer nichts versucht und nichts verändert, scheitert nicht. Er erlebt aber auch kein echtes Wachstum, kein Glück und wird seine Persönlichkeit weniger entwickeln. Scheitern gehört zum Glücklichsein dazu wie die Freude auch. Die Frage ist lediglich, wie du damit umgehst. Bleibst du liegen, oder gehst du gestärkt aus der Situation hervor?

Glücksmacherimpuls

Fange an und übernehme Verantwortung für dein Leben. Prüfe, in welchen Situationen du die Schuld gerne bei anderen oder in den Umständen suchst. Steh deinem Glück nicht selbst im Weg. Nur wenn dir bewusst ist, dass **deine** Veränderung eine Veränderung der Situation bewirkt, kommst du auf die nächste Ebene zum Glücklichsein.

9.
Wie das Prinzip Dankbarkeit dein Glück beflügelt

Das Prinzip der Dankbarkeit hat mir persönlich extrem geholfen, um meine negativen Gedanken, die immer wieder mal aufgekommen sind, schnell beiseitezuschieben. Wenn du eine nicht so glückliche Phase in deinem Leben hast, wenn es eine schwere Zeit ist, die du durchstehen musst, dann trägt auch für dich das Prinzip der Dankbarkeit zu einer Verbesserung bei. Denn gerade, wenn du dich in solchen Phasen ein paar Wochen darin übst, intensive Dankbarkeit zu empfinden, verändert sich deine Erfahrung – und damit langfristig auch deine Einstellung.

9.1 Es gibt immer einen Grund dankbar zu sein

Dankbarkeit ist mehr als bloßes Dankeschön-Sagen: Es ist die Kunst, überall etwas Schönes und Gutes zu erblicken und dafür innerlich zutiefst dankbar zu sein. Viele Menschen sagen, auch in Kummer und Sorgen, auch in Leid und Krankheit liegen positive Ansätze verborgen – und vielleicht ist es so. Sicher ist jedenfalls, dass die Menschen, die auch in solch schwierigen Zeiten noch dankbar für etwas sein können, leichter mit ihrer Situation umgehen. Ja, das erfordert sicher schon viel Erkenntnis und Arbeit am eigenen Selbst. Beginnen wir daher mit der ganz einfachen Form der Dankbarkeit: dem Danke-Sagen. Dieses einfache Prinzip der Dankbarkeit ist im Alltag ganz einfach umzusetzen, jedoch kommen wir uns manchmal – vor allem anfangs – vielleicht auch ein wenig eigenartig vor, weil es ungewohnt für uns ist, sich ausgiebig zu bedanken. Es fällt uns oft schwer, Danke zu sagen. Wenn du nicht dankbar für etwas bist, kannst du nicht damit rechnen, mehr davon zu bekommen. Wenn dir jemand, und damit meine ich auch das Leben, das Universum oder den Geist, an den du glaubst (Gott), etwas schenkt und du dafür nicht dankbar bist, dann ist die Chance, dass er dir wieder etwas schenken wird, sehr gering.

9.2 Dankbarkeit sorgt für Vermehrung guter Dinge

Wenn du dankbar für etwas bist, das du hast, dann wird sich dies vermehren. Es ist das gleiche Prinzip wie bei der Kraft der Anziehung. Um zu empfangen, musst du geben. Wenn du nicht dankbar bist, bremst du den Fluss des Empfangenen. Das Gesetz der Anziehung sagt, dass sich Gleiches und Gleiches anziehen. Wenn du etwas als selbstverständlich ansiehst, wird dir auf der anderen Seite etwas genommen. Dankbarkeit ist ein Gefühl, welches du wirklich spüren musst. Nur einfach Danke zu sagen reicht nicht aus, um die positive Wirkung komplett zu entfalten.

Es gibt sehr einfache, aber wirkungsvolle Übungen, die dir helfen, das Ganze zu verinnerlichen.

Aufgabe

Liste zunächst zehn Punkte auf, für die du in deinem Leben dankbar bist. Vielleicht bist du dankbar für deine Frau oder deine Kinder. Vielleicht für die Sonne oder den Regen. Es spielt keine Rolle. Du kannst alles verwenden, was du möchtest. Diese Übung machst du dreißig Tage lang jeden Tag. Danach hast du dreihundert Dinge aufgeschrieben, für die du dankbar bis. Du wirst merken, es wird mit der Zeit immer schwerer. Unterbrich diese Übung nicht, sonst verliert sie an Energie und an Schwung.

1.

2.

3.

4.

5.

6.

7.

8.

9.

10.

Mache die Übung sehr intensiv und versuche konstant darauf zu achten. Gehe hier wirklich ins Detail: Vielleicht bis du morgens dankbar dafür, dass du wach geworden bist, beim Waschen dann für deine schönen Zähne, beim Frühstück bist du dankbar für das Essen und die leckere Marmelade. Öffne dein Bewusstsein für alles, was dir entgegenkommt. Es sind dir keine Grenzen gesetzt.

Diese Übung hilft dir, Dinge anders wahrzunehmen, zu erkennen, was du im Leben alles an Gutem hast, was es bereits alles gibt, das dazu führt, dass du glücklich sein kannst. Es festigt die Wahrnehmung auf das Positive und führt dazu, dass sich dein Glücksempfinden steigert.

Aufgabe:

Diese weitere Aufgabe soll dir helfen, deinen Fokus zu vertiefen. Suche dir einen ruhigen Platz und liste alle Menschen auf, für die du in deinem Leben dankbar bis. Notiere dir genau, warum du gerade für diesen Menschen dankbar bist. Wie hat dieser Mensch dein Leben beeinflusst? Egal, ob es der Lehrer aus deiner Schulzeit ist, deine Eltern, Freunde. Trage alle Menschen zusammen, denen du etwas zu verdanken hast. Wenn die zehn Punkte nicht reichen, nimm ein weiteres Blatt!

	Grund
1. Person	
2. Person	
3. Person	
4. Person	
5. Person	
6. Person	
7. Person	
8. Person	
9. Person	
10. Person	

Halt! Jetzt nicht einfach weiterlesen! Ja, ich weiß, es ist verlockend, doch mache eine Pause und starte die Übung jetzt sofort.

Durch diese sehr einfachen Übungen holst du dir gewisse Momente, Situationen und Menschen in dein Bewusstsein. Du bekommst eine andere Wahrnehmung der Dinge. Es wird dir bewusst, was in deinem Leben alles prima und super ist und wie vielen liebevollen Menschen du bereits begegnet bist. Auf diese Weise steigerst du dein Bewusstsein und fokussierst es auf positive Aspekte. Das ist sehr wichtig, wenn du in deinem Leben noch glücklicher werden möchtest. Ich kann dir nur wärmstens ans Herz legen, eine Woche lang die Disziplin zu wahren, die Aufgaben durchzuführen. Du wirst eine deutliche Veränderung spüren. Dadurch, dass du wahre Dankbarkeit empfindest, erzeugst du Emotionen, diese Emotionen fokussieren sich auf positive Dinge, du steuerst deine Energie daher in eine positive Richtung. Du merkst bereits, es wiederholt sich. Die Emotion in deinem Inneren ist ein wichtiger Bestandteil, um etwas positiv umzusetzen.

Es ergibt durchaus Sinn, diese Übung immer mal wieder durchzuführen. Immer wenn du ein Tief hast oder nicht auf der Höhe deiner Leistungsstärke bist, stärkt dich das Prinzip der Dankbarkeit.

Merke: Tiefe Dankbarkeit erzeugt eine starke positive Emotion.

9.3 Dank kehrt zu dir zurück

Beim Danken erzeugen wir eine Aktion, die eine Gegenaktion verursacht. Je mehr Dankbarkeit du also spendest, umso mehr Dankbarkeit erhältst du zurück. Dankbarkeit zu zeigen ist daher ein sehr guter Ansatz, um dich weiterzuentwickeln. Gewöhne dir an, öfter Danke zu sagen. Für jeden Dank wirst du ein Lächeln bekommen. Menschen sind heute nicht mehr gewohnt, dass man ihnen richtige Dankbarkeit zeigt. Du motivierst andere durch deine Dankbarkeit. Du kannst das mit Worten und Gesten ausdrücken, auch ein paar Blumen oder Pralinen schaden nicht. Versuche es und freue dich über das, was du erfahren wirst. Wenn du darauf achtest, wirst du feststellen, wie viele Möglichkeiten sich ergeben, um dankbar zu sein. Es geht nicht immer um die ganz großen Dinge, sondern die kleinen Dinge machen den Unterschied.

Aufgabe

Nimm dir einen Tag vor, das Wort Danke so oft wie möglich zu benutzen. Benutze es absichtlich übertrieben oft. Bei jeder Gelegenheit, egal ob an der Tankstelle, im Beruf, bei deinem Partner, bei den Kindern, im Geschäft. Du wirst überrascht sein, wie oft wir Gelegenheit haben, dankbar zu sein.

Beobachte am Ende des Tages, was sich verändert hat, wie die Menschen auf dich reagiert haben. Wie du dich fühlst, in welcher Stimmung du dich befindest.

Glücksmacherimpuls

Es lohnt sich, das Prinzip der Dankbarkeit zu probieren. Auch hier dauert es eine gewisse Zeit, bis die Wirkung einsetzt. Von einem Tag Einsatz wird sich keine Veränderung einstellen. Du wirst jedoch schon schnell Veränderungen feststellen.

10.
Glückschancen schaffen: Verlass deine Komfortzone

Jetzt denkst du als Leserin, als Leser vielleicht: »Warum kommt der Dederichs mit so einem altem Hut wie der Komfortzone daher. Das kenne ich doch schon.« Dann will ich dir gerne den einfachen Grund nennen: Neunzig Prozent der Menschen, die mir in meinen Seminaren begegnen, scheitern genau an diesem Punkt. Sie haben es sich in ihrem Leben so gemütlich gemacht oder sie fühlen sich so von Zwängen und Erwartungen umgeben, dass sie gar nicht mehr erkennen, dass es immer das Ergebnis ihrer eigenen Entscheidungen ist, dass ihr Leben so abläuft, wie es abläuft.

Nur wenn wir uns wirklich aufraffen und lernen die Komfortzone zu verlassen, kann es eine Veränderung und eine Hinwendung zu neuem Glück geben. Ja, es ist schwer, und die Natur macht es uns nicht leicht. Denn nur zu gerne macht es sich unser Gehirn in seinen Denk- und Handlungsgewohnheiten richtig bequem. Es will sich dann gar nicht mehr vorstellen, dass alles auch anders sein könnte.

Merke: Wissen alleine reicht nicht, du musst etwas verändern, um eine Wirkung zu erzielen!

Lass mich dir dazu ein Beispiel erzählen.

Eine sehr gute Freundin von mir, Anja, kämpft seit vielen Jahren mit einer fast schon chronischen Unzufriedenheit. Sie schläft sehr schlecht, ist häufig krank. Sowohl im Beruf wie auch privat läuft es seit Langem nicht zufriedenstellend. Sie beschäftigt sich stark mit der Kraft des positiven Denkens. Sie kennt auch genau die lähmende Wirkung von negativen Gedankenzügen. Sie schafft es jedoch nicht, aus ihrem Hamsterrad herauszukommen, loszulassen und etwas zu verändern. Das Hamsterrad ist ja oft eine Tretmühle des Immerselben – aber auch eine Zone, in der du dich sehr wohl und sicher fühlst. Weil du sie kennst! Weil es Gewohnheit ist! Es ist zwar doof, aber es ist bekannt! Es ist deine Komfortzone – und die ist wirklich nicht immer gut für dich, obwohl sie so kuschlig klingt. Mein Tipp ist: Entfliehe ihr! Geh über die Grenzen! Finde neue Komfortzonen innerhalb neuer Grenzen, wohin du dich noch nie getraut hast!

Die Komfortzone ist der Bereich in deinem Leben, in dem sich das befindet, was du bereits kannst und beherrschst, also alles Vertraute. Es ist der Bereich, in dem du dich wohl und sicher fühlst … und auch die übliche Leistung bringst.

Stelle dir das wie eine Zwiebel mit verschiedenen Schichten vor. Mit den Lebensjahren kommen neue dazu. Das geschieht allerdings nur, wenn du deine Komfortzone verlässt. Nur dann findet Wachstum statt. Wenn du deine Komfortzone nie verlässt, dann verhinderst du Wachstum und Erweiterung. Solange Anja es also nicht schafft, die Komfortzone zu verlassen, ihre Veränderungsängste zu überwinden, wird sich in ihrem Leben nichts verändern. Das Wissen über die Möglichkeiten hilft ihr nichts; nur das Handeln bewirkt Veränderung.

Drei Grundängste sind dafür zuständig, dass wir unsere Komfortzone so ungern verlassen. Das sind die Angst vor dem Versagen, die Angst vor der Anstrengung und die Angst vor Zurückweisung. Diese Ängste müssen wir überwinden, um Neues zu erleben. Verantwortlich für die Ängste ist das limbische System in unserem Gehirn. Dieses sorgt für unser Überleben. Veränderungen werden vom limbischen System gern mit Gefahr verbunden. Es ist für die Angstreflexe zuständig und hindert uns daran, Neues zu probieren, denn da könnten ja Gefahren lauern, vor denen wir geschützt werden sollen.

Was hilft dir nun dabei, deine Komfortzone zu verlassen? Die erste Überlegung, die du anstellen solltest, ist die Frage: Was ist das Schlimmste, das passieren kann? Überlege und wäge ab. Du willst vielleicht das erste Mal mit einer Achterbahn fahren. Was könnte im schlimmsten Fall passieren? Okay, du könntest aus der Bahn fliegen. Doch wie wahrscheinlich ist das? Nun stelle dir vor, was im besten Fall passieren könnte. Versetz dich in das Gefühl, welches du im allerbesten Fall haben könntest. Wenn du diese beiden Punkte geklärt und abgewogen hast, dann entscheide, ob du das Vorhaben umsetzen möchtest und warum du dies machen willst. Was ist der Antrieb für dich? Sobald du diese Frage positiv beantwortet hast, legst du fest, bis wann du deine erste Fahrt absolviert haben willst. Lege den Termin schriftlich fest und plane diesen in deinem Kalender fest ein. Erzähle möglichst vielen Personen von deinem Vorhaben. Berichte in positiver Weise unter Berücksichtigung deines schönsten vorstellbaren Gefühls. Dies hat zwei Effekte. Zum einen verinnerlichst du immer mehr den positiven Gedanken, den Glücksgedanken. Und zum anderen baust du einen gewissen emotionalen Druck auf dich selbst aus, der dich vom Rückzug abhalten kann. Lege eine Belohnung fest, die du dir gewährst, wenn du dein Vorhaben umgesetzt hast. Etwas worüber du dich wirklich freuen wirst. Wenn möglich, taste dich langsam an die neue Sache heran und starte in Teilschritten. Vielleicht beginnst du mit einer langsameren Achterbahn, statt gleich auf die schnellste mit mehreren Loopings zu gehen. Es wird dir immer öfter gelingen, deine Komfortzone zu verlassen und Neues zu probieren. Du wirst feststellen, dass es mit jedem weiteren Schritt immer einfacher wird und du sicherer im Umgang mit Neuem wirst. Deine Ängste verschwinden mehr in den Hintergrund und deine Lust an neuen Erfahrungen wird steigen. Der Weg zum Glück öffnet sich Schritt für Schritt.

Aufgabe

Welche zehn Dinge möchtest du tun, um deine Komfortzone zu verlassen? Was möchtest du angehen, um deinen Wirkungskreis zu erweitern und eine neue Schicht der Zwiebel zu produzieren?

1.
2.
3.
4.
5.
6.
7.
8.
9.
10.

10.1 Veränderung zulassen und starten

Das ganze Wissen dieses Buches wird dir allein nicht helfen! Damit sich etwas verändert, musst du Veränderungen zulassen. Du musst Dinge selbst ändern, damit sie anders werden. Wenn du nicht bereit bist, etwas zu verändern, wird sich auch nichts verändern. Es muss nicht immer zwingend die ganz große Veränderung sein, es reichen oft auch schon kleine Veränderungen. Wichtig ist lediglich, dass du den ersten Schritt machst. Dazu brauchst du eine feste Planung. Was möchtest du wann und wie verändern und in welchen Stufen? Ohne eine ganz klare Zielsetzung mit fester Definition und absoluter Disziplin wird es sehr schwer, aus einem Hamsterrad herauszukommen. Du brauchst einen festen Willen und die richtige Fokussierung auf dein Ziel, damit du weißt, wozu du die Kraft benötigst.

Immer wenn ich als Berater in ein Unternehmen gerufen werde, beobachte ich eingefahrene Verhaltensstrukturen. Ich hinterfrage, warum ein Arbeitsprozess genau so und nicht anders abläuft. Du kannst dir gar nicht vorstellen, wie häufig ich die Antwort erhalte: »Weil wir es schon immer so machen.« Kontinuierlichkeit und Routine können Vorzüge mit sich bringen. Trotzdem ist es wichtig, Prozesse regelmäßig zu hinterfragen. Wenn du etwas verbessern möchtest, musst du etwas verändern; ohne Veränderung geht es nicht.

10.2 Nicht im Hamsterrad arbeiten, sondern an der Veränderung des Hamsterrades

Das Rad dreht sich immer weiter und du strampelst und strampelst. Und je schneller und fester du strampelst, umso rascher dreht sich alles um dich. Um dem zu entfliehen, musst du das Rad erst einmal anhalten, du brauchst einen ruhigen Standpunkt, sonst wirst du nur rausgeschleudert. Es gibt nur einen einzigen Weg. Vorwärts bringt keine Veränderung, rückwärts auch nicht. Zur einen Seite hin geht ebenfalls nicht, denn da ist das Rad an der Käfigwand befestigt. Also reiß dich los und Abmarsch in die andere Richtung! Spring! Dieser Schritt ist extrem schwer, denn du wirst ja weiter nach vorne getrieben. Du musst dich zunächst dazu überwinden, überhaupt mal zu erkennen, dass du im Hamsterrad gefangen bist, du musst dich zwingen, anzuhalten und dann: Veränderung zu wählen und die damit einhergehenden Unsicherheiten und Herausforderungen zuzulassen. Es ist sehr schwer, das ohne Hilfe und ohne Unterstützung zu schaffen. Sei dir aber dessen bewusst: Wenn du diese Veränderung nicht herbeiführst, wird sich an deinem Leben nichts ändern. Auch nicht, wenn du noch so sehr in die richtige Richtung denkst. Denn das Denken und das Wissen alleine reichen nicht aus, um glücklich, um erfolgreich zu werden. Der Antrieb muss aus dir selbst kommen. Ein Außenstehender kann dir den Impuls geben, der Antrieb jedoch muss von dir kommen. Leider ist es oft im Leben so, dass wir den richtigen Antrieb zu einer Veränderung erst dann finden, wenn wir ganz am Boden angekommen sind, dass wir Veränderung erst dann zulassen, wenn wir nicht mehr viel tiefer fallen können. Häufig sind es einschneidende Erlebnisse, die uns zur Veränderung zwingen. Einfacher wäre es, wenn wir es erst gar nicht so weit kommen ließen. Um im Bild des Hamsterrades zu bleiben: Wenn du dich immer weiter treiben lässt, ohne dir Zeit zum Nachdenken zu nehmen, dann wirst du irgendwann vor Erschöpfung umfallen und im Hamsterrad auf dem Boden liegen. Wenn du langsam wieder zu Kräften kommst, wirst du sehen, dass es nach links einen Ausweg gibt, den du vorher nicht gesehen hast.

Merke: Wachstum erfolgt durch Loslassen! Klammern erzeugt Kleinbleiben.

10.3 Trennen und loslassen schafft Platz für Neues

Wenn du einen Garten hast, dann weißt du vielleicht, dass eine Rose am besten wächst, wenn man sie regelmäßig über dem Auge zurückschneidet. Wenn man eine Rose nie schneidet, wächst sie nur sehr schlecht, sie zerfasert ihre Energie quasi in alle möglichen Wuchsrichtungen und Triebe. Je stärker man eine Rose schneidet, desto kräftiger ist der Neuaustrieb. Genauso ist es im Leben. Du wächst am besten, wenn du lernst dich zu lösen und loszulassen. Nicht immer an dem Alten festhalten. Nicht jede alte Gewohnheit muss beibehalten werden. Genauso ist es mit Kindern. Eltern haben oft sehr lange Angst, Kinder loszulassen, dabei wachsen sowohl die Kinder als auch die Eltern selbst viel stärker, wenn sie auch mal loslassen. Du brauchst Veränderung, um nach vorne zu kommen.

Merke: Wenn du immer und immer wieder das Gleiche tust, kommt auch immer und immer wieder das Gleiche heraus.

Nur durch Veränderung kann Neues entstehen. Das heißt nicht, dass jede Veränderung immer zu etwas Positivem führt, aber nur durch Veränderung erhältst du überhaupt die Chance dafür. Veränderung öffnet Türen – durchgehen und deinen Weg gestalten musst du dann schon selbst.

Ich weiß, dass du vielleicht denkst: Der hat leicht reden – bei mir ist das aber nicht so einfach! Daher berichte ich dir ganz ehrlich aus meinem eigenen Leben: Ich war lange Zeit Vertriebsleiter in einem Softwareunternehmen. Wir waren sehr erfolgreich und hatten sehr starke Umsatzzuwächse. Ich fühlte mich in dem Unternehmen sehr wohl und konnte große Erfolge für mich verbuchen. Es war ein stabiler und sehr guter Job. Zehn Jahre war ich in dem Unternehmen tätig. Bis es plötzlich zu einem extremen Ende kam. Wir zerstritten uns. Es kam nahezu von heute auf morgen zu einem Bruch. Von einem Tag auf den anderen veränderte sich die Situation. Diese Veränderung, die ganz plötzlich und unerwartet zustande kam, ermöglichte mir jedoch erst das Erreichen eines neuen Ziels aus meinem Regiebuch. Natürlich sieht man das im ersten Augenblick nicht. Man sieht zunächst die Veränderung, vor der man ein Stück weit Angst hat. Was passiert nun? Finde ich schnell eine neue Herausforderung? Was wird sich alles verändern? Ja, es umgibt einen ein unwohles Gefühl, das Gefühl von Angst und Verlust. Eine unerwartet plötzliche Veränderung stellt einen vor Herausforderungen, das ist ganz normal. Wir haben Angst vor dem, was nun kommt, und fallen zuerst in ein Loch. Wir müssen erst begreifen, verstehen und uns mit der neuen Situation auseinandersetzen. Negative Gefühle überwinden und die Chance zu neuen, positiven zulassen. Veränderungen bringen erst die Chance zur Weiterentwicklung. Ohne Veränderung wird die eigene Entwicklung verhindert. Manchmal brauchen wir genau diese starke, plötzliche Veränderung, um die nächste Stufe in unserem Leben erreichen zu können, weil wir sonst den Absprung nicht schaffen würden.

Merke: Trenne dich von unnötigem Ballast! Ballast kann materieller, aber auch immaterieller Natur sein: Auch alte, hemmende Glaubensmuster oder schlechte Gefühle sind Ballast.

Im Nachhinein habe ich festgestellt, dass das Universum und mein Unterbewusstsein diesen Bruch zugelassen haben. Und, dass ich die neue Stufe in meinem Leben, das neue Ziel nie erreicht hätte, wenn es nicht zu diesem Bruch gekommen wäre. Alleine hätte ich die Firma aus Bequemlichkeit und auch aus Zufriedenheit wahrscheinlich nie verlassen. Es war ja alles gut, wie es war. Irgendetwas hat also dazu geführt, dass es zu dieser Entscheidung gekommen ist. Meinen Verdienst konnte ich deutlich optimieren. Ich konnte Firmenbereiche ausbauen, die mich sehr interessierten, was vorher nicht möglich gewesen wäre. Auch meine Lebensqualität konnte ich nach dieser Veränderung um ein Vielfaches steigern. Bevor das jedoch eintreten konnte, musste es erst zu der Veränderung kommen. Wir müssen loslassen lernen, um neue Chancen wahrnehmen zu können. Wir müssen die Komfortzone verlassen, um zu wachsen.

Vielleicht noch ein Beispiel für ein Leben in der Komfortzone: Etwa acht Jahre lang war ich mit meiner Freundin zusammen. Wir waren am Ende fast wie Schwester und Bruder, es war eine sehr harmonische Beziehung, aber irgendetwas fehlte. Ziemlich abrupt kam es zu einem Ende. Der Bruch war nicht geplant, es passierte plötzlich und unerwartet. Wie das bei Männern mit dreißig so ist, denkt man natürlich, man werde nie mehr eine Frau finden. Es entsteht Angst vor dem Alleinsein. Wir waren sehr lange zusammen, jeder wusste den anderen einzuschätzen, kannte seine Stärken und Schwächen. Eine solch plötzliche Veränderung bringt automatisch auch Ängste mit sich. In meiner Lebensplanung hatte ich zudem festgelegt, dass ich mit dreißig heiraten wollte. Das Ende der Beziehung kam kurz bevor ich dreißig wurde.

Doch war das Ende dieser Beziehung schlecht für mich? Kurze Zeit später lernte ich meine heutige Frau kennen. Sie war da, ganz plötzlich stand sie in der Disco vor mir und lachte mich an. Wir verabredeten uns für den nächsten Tag und verbrachten vier Wochen miteinander. Es waren fantastische Wochen. Da sie aus Rumänien kam, musste sie zurück. Einige Wochen später reiste ich zu ihr. Wir verbrachten erneut vier Wochen zusammen, und sie kam mit einem Auto voller Sachen mit mir nach Deutschland. Sie musste alles zurücklassen: ihre Freunde, Familie, quasi ihr ganzes früheres Leben, um mit mir ein ganz neues Leben zu beginnen. Drei Monate später heirateten wir. Wir sind jetzt seit gut achtzehn Jahren zusammen und haben zwei fantastische Kinder. Wäre es nicht zu dem harten Schluss in meiner vorherigen Beziehung gekommen mit der Frau, mit der ich immerhin acht Jahre zusammen war, hätte ich meine heutige Frau wahrscheinlich nicht kennengelernt. Es war ja so schön bequem und augenscheinlich auch fast alles in Ordnung. Das Positive an der Trennung war aber, dass ich genau dadurch die nächste Stufe, das nächste Ziel erreichte. Als ich mir mit knapp zwanzig Jahren das Ziel setzte, mit dreißig Jahren zu heiraten, haben Bekannte gesagt, dass man so etwas nicht planen könne. Vielleicht kann man es nicht im Wortsinn planen, aber die Formulierung des Zieles trug sicherlich wesentlich dazu bei, dass es zu der Trennung kam und ich dann eine andere Partnerin finden konnte! Ich glaube nicht an Zufälle. So viele Zufälle auf einmal hätte es auch nicht geben können. (Wahrscheinlich wird es nicht dein Ziel sein, mit dreißig zu heiraten. Mit diesem Beispiel wollte ich dir nur noch mal vor Augen führen, wie stark eine klare Zielsetzung sich quasi selbst in deinem Leben verwirklicht.)

Ich habe es bereits zuvor gesagt: Deine Handlungen aus der Vergangenheit führen zu den Ergebnissen und dem Glück von heute. Mein Unterbewusstsein hat mich durch das gesetzte Ziel in der Vergangenheit zu bestimmten Handlungen veranlasst, die am Ende das Ergebnis beeinflussten und zu meinem Glück von heute führten.

Noch mal: Du erhältst immer das, was du denkst; das, worauf du deine Energie richtest.

10.4 Was bremst dich?

Um Veränderung zu akzeptieren und nach neuen Chancen schauen zu können, musst du dich von unnötigem Ballast befreien. Du must dich von allem, was dich bremst und zurückhält, was dich daran hindert weiterzukommen lösen! Das gilt auch für materielle Dinge. Lagere nicht alles. Vieles wirst Du im Leben nicht mehr brauchen. Manche Menschen bewahren ja wirklich alles auf. Man könnte es in zwanzig Jahren womöglich noch mal brauchen. Miste auch deinen Kleiderschrank aus! Entferne alles, was du seit mindestens vier Monaten nicht mehr angezogen hast. Du wirst es auch in der Zukunft nicht mehr anziehen. Das alles ist Ballast, von dem wir uns lösen sollten. Es geht hier nicht um die Sachen oder Kleider, es geht darum, dass du lernst, dich von Dingen zu trennen. Wenn du das bei solchen Artikeln nicht schaffst, wird es dir bei schwerwiegenden Dingen noch weniger gelingen.

Aufgabe

Es ist wieder mal Zeit für einen kleinen Zwischenstopp. Fange einfach mal an, dich von den ersten Dingen zu trennen, und räume auf. Das Buch wartet auf dich. Anschließend kannst du mit neuer Energie weiterlesen und wichtige Tipps noch besser aufnehmen. Mache es jetzt sofort! Gewöhne dich daran, Dinge sofort zu beginnen, sonst tust du sie gar nicht.

Wenn es plötzlich zu unerwarteten Veränderungen kommt, entstehen zunächst Traurigkeit, Angst und Sorge. Du musst erkennen, dass es vor jedem neuen Hoch zu einem Tief kommt. Manchmal kommt es mir vor wie eine Prüfung vom Universum, das einem eine Hürde auferlegt und quasi sagt: »Hey, jetzt musst du dich aber ordentlich anstrengen, um auch dein nächstes Ziel zu erreichen!« Wenn du diese Situation aufschreibst, wird dir bei der nächsten unerwarteten oder bevorstehenden Veränderung in einem Lebensabschnitt das Ganze nicht mehr so schwer vorkommen, weil du ja weißt, dass diese Veränderungen dich nach vorne bringen.

Viele Menschen führen ihr Leben lang eine Beziehung, die ihnen nichts mehr bringt. Wie oft sitze ich im Restaurant und sehe Paare, die sich nichts mehr zu sagen haben. Nur aus Bequemlichkeit und Angst vor Veränderung verfallen sie in eine Art Schockstarre. Wie willst du in solchen Situationen glücklich werden? Verstehe mich nicht falsch, ich bin ein Befürworter davon, für eine Beziehung zu kämpfen. Solange du kämpfst, verbesserst und optimierst, bewegt sich noch etwas und es besteht die Chance, dass ihr wieder zusammen glücklich werdet. Eine Beziehung ist eine stetige Veränderung. Man muss immer an ihr arbeiten. Wenn dies je doch nicht mehr passiert, man nur noch nebeneinander herlebt, dann ist es höchste Zeit für Veränderung.

In deinem Beruf gilt genau das Gleiche. Einen Beruf Jahrzehnte auszuüben, nur weil man Angst vor Neuem hat, macht dich nicht glücklich. Es frustriert. Du verbringst dreißig Prozent deines Lebens im Job. Hier gilt genau das Gleiche wie in der Beziehung, solange du kämpfst und verbesserst, sollst du deinen Beruf nicht leichtfertig aufgeben. Wenn du aber merkst, dass du nur noch widerwillig zur Arbeit gehst, dann ist es an dir, so schnell wie möglich eine Veränderung vorzunehmen. Veränderung ist nicht einfach, sie ist jedoch notwendig für deine Entwicklung.

10.5 Nutze deine Lebenszeit

In Deutschland beträgt die durchschnittliche Lebenserwartung rund neunundsiebzig Jahre für Männer und rund vierundachtzig Jahre für Frauen, das ist also ungefähr dein Zeitfenster. Es ist doch schade, diese Zeit nicht zu nutzen und Dinge zu tun, die einem keine Freude bereiten, oder in Beziehungen zu leben, die einen herunter ziehen oder sich mit Menschen zu umgeben, die einem nicht guttun.

Bitte beachte, dass es hier um langfristige Situationen geht. Natürlich gibt es Phasen in einer Beziehung oder einem Beruf, in denen es mal nicht gut läuft. Da gilt es, nicht gleich aufzugeben, sondern durchzuhalten und zu kämpfen.

Ebenfalls gehören zu jeder Beziehung und jedem Beruf auch Aufgaben, die dir vielleicht nicht so viel Freude bereiten wie andere, das gehört dazu. Gestalte dir diese Aufgaben so, dass sie für dich trotzdem Freude bringen. In meinem ersten Leben lernte ich Tischler. Damals musste ich eine Woche lang von morgens bis abends Schrauben sortieren. Ich sage dir: eine Riesen-Freude! Am zweiten Tag waren meine Finger ganz wund und schmerzten. Handschuhe konnte ich nicht tragen, weil ich dann die Schrauben nicht hätte fassen können. Ich habe mir dann den Arbeitsplatz angenehm gestaltet, ein Radiogerät mit meinem Lieblingssender mitgebracht, Plätzchen und einen bequemen Stuhl. Außerdem trug ich beim Sortieren kleine Wettkämpfe mit mir selbst aus. Alles Kleinigkeiten, die aber geholfen haben, sodass es fast schon richtig Spaß machte, Schrauben zu sortieren.

Du hast immer die Möglichkeit, etwas zu verändern. Kleine Annehmlichkeiten können Wunder bewirken. Mache das, was du tust, mit voller Freude, egal was es ist, auch wenn du es mal nicht magst. Suche das Positive!

Merke: Wenn du dich entscheidest, etwas zu tun, dann tue es mit vollem Herzen, stehe dazu. Setze dich zu hundert Prozent ein!

Ich habe dir bereits über den Unfall mit meiner Harley Davidson berichtet. Leider bekam ich die Information, dass das Motorrad einen Totalschaden erlitten hatte. Jetzt musst du wissen, dass ich extrem an dem Fahrzeug gehangen habe. Es wurde gehegt, gepflegt und poliert. Bereits beim Kauf hatte ich mich unsterblich in diese Maschine verliebt. Es war zudem noch eine Sonderedition, von der es weltweit nur fünfundsiebzig Stück gab. Und meine Maschine war die erste aus der Reihe. Du merkst, da steckte Herzblut drin. Nun kam die Nachricht, dass eine Reparatur nicht mehr möglich sei. Natürlich war ich traurig und habe mir die Zeit genommen ... na, nennen wir es mal zu trauern. Da sich die Situation jedoch nicht mehr verändern ließ, hieß es dann aber auch schnell wieder nach vorne schauen. Hinnehmen und nicht dem Vergangenen nachweinen, die Chance für die Zukunft nutzen und Ausschau nach neuen Möglichkeiten halten. Du musst lernen loszulassen und Veränderungen zu akzeptieren. Das ganze Leben besteht aus Veränderungen. Es liegt dabei allein an dir, ob es eher positive oder eher negative Veränderungen werden, ob du positiv loslassen kannst.

Aufgabe

Gehe nun an deinen Kleiderschrank, auf den Speicher, in den Keller, die Garage oder wo du sonst noch Gegenstände aufbewahrst, und löse dich von unnötigem Ballast. Trenne dich von Dingen, die du bei genauer Überlegung nicht mehr verwenden wirst. Du wirst die befreiende Wirkung schnell spüren.

Glücksmacherimpuls

Loslassen ist einfacher, als du im ersten Augenblick denkst, du musst dich nur einmal richtig darauf einlassen. Wie auch bei den meisten anderen Dingen, ist das Verlassen der Komfortzone ein Lernprozess. Übe dich in kleinen und steigere dich in größeren Dingen.

11.
Steig aus deinem Sorgenkarussell aus!

Das Leben hält immer Unvorhergesehenes für uns bereit. An solchen Prüfungen wachsen wir. Vielleicht würden wir das Leben sogar als langweilig empfinden, wenn es diese Hürden nicht gäbe. Im Kapitel *Komfortzone* hast du erfahren, warum es so wichtig ist, Veränderung zuzulassen und immer wieder Neues zu probieren und dich auf Wachstum einzulassen. Bei diesen Bemühungen werden wir häufig durch Sorgen eingeschränkt. Indem wir uns unnötig über Dinge Gedanken machen, die zu neunzig Prozent nie eintreffen werden, schüren wir Ängste, die uns daran hindern, die Komfortzone zu verlassen. Nicht nur unnötige Sorgen machen uns krank und blockieren unser Handeln. Sorgen beeinflussen uns negativ und verhindern unser Glücklichsein. Daher habe ich dem Thema ein eigenes Kapitel gewidmet.

11.1 Herausforderungen dienen dem Lernen

Wir brauchen diese Hürden zum Lernen, um uns weiterzuentwickeln und um Herausforderungen zu meistern. Positives Denken beschäftigt sich mit Ursache und Wirkung und führt zu logischer, konstruktiver Planung. Negatives Denken hat häufig Spannungen und Nervenzusammenbrüche zur Folge. Du bekommst das, was du verursachst. Es geschieht nichts in deinem Leben, das du nicht verursacht hast.

Wenn sich dir ein Problem in den Weg stellt, das dir sehr viele Sorgen bereitet, welches dich sehr unter Druck setzt, dann denke zuerst darüber nach: Was kann dir im allerschlimmsten Fall passieren, wenn die Situation eintrifft? In der Regel wirst du feststellen, dass es gar nicht so schlimm ist, wenn der schlechteste Fall eintritt. Meist wirst du es überleben oder neue Chancen bekommen.

Denn: Wenn eine Tür zugeht, geht meist eine neue Tür auf!

Welche weiteren Chancen würden sich ergeben, wenn die Situation eintrifft? Welche weiteren Möglichkeiten hättest du? Wenn du über diese Punkte nachdenkst, wird sich dein Zustand deutlich beruhigen. In aller Regel wirst du dann wieder mit einem klaren Kopf nachdenken können und findest in den meisten Fällen eine Lösung. Mache dich dann in Ruhe daran, nach besten Kräften zu ändern, was du ändern kannst.

Lebe im Jetzt, im Heute, lebe nicht in der Vergangenheit und auch nicht in der Zukunft. Dies bedeutet nicht, dass du nicht planen, nicht in die Zukunft schauen und gegebenenfalls aus der Vergangenheit lernen sollst. Nur sind die Sorgen von gestern eben Sorgen von gestern und nicht von heute, und die Sorgen von morgen sind noch nicht eingetroffen; du lebst heute. Wenn du den heutigen Tag, also jeden Tag, isoliert für sich angehst und in jeder Situation das Beste gibst, vollen Einsatz zeigst und glücklich lebst, dann gestaltest du damit deine Zukunft positiv.

Merke: Dein Leben spielt sich alleine am heutigen Tag ab!

11.2 Lass die Vergangenheit los, du kannst an ihr nichts ändern

Konzentriere dich auf das Jetzt, auf den Moment, den Ort, an dem du dich gerade befindest. Es gibt keine Vergangenheit, an der du etwas ändern kannst, sondern ausschließlich die Erinnerung daran. Und es gibt auch keine Zukunft, sondern ausschließlich den Gedanken daran. Negative Gedanken über die Vergangenheit und Sorgen in Bezug auf die Zukunft sind Gift für deinen Geist und deine Seele. Je besser du es schaffst, dich auf den Augenblick zu konzentrieren, umso mehr bist du im Gleichgewicht, und die Energie in dir kann fließen. Du steigerst deine Konzentrationsfähigkeit, indem du dich auf den Moment, auf das Jetzt fokussierst. Du bist dadurch zu hundert Prozent bei der Sache und wirst deutlich leistungsfähiger werden. Störende Ablenkungen aus der Vergangenheit oder Zukunft werden vermieden.

11.3 Multitasking lässt die Gedanken noch schneller rotieren

Wenn es dir gelingt, deine Gedankenkraft absolut auf die jetzige Aufgabe zu richten, dann wirst du deine ganze Energie darauf bündeln. Glaubst du, dass du damit eine bessere Wirkung erzielen wirst? Na, ganz sicher!

Gerade in der Zeit der Neuen Medien schaffen es viele Menschen nicht mehr, sich auf eine Sache zu konzentrieren. Sie verzetteln sich, konzentrieren sich nicht mehr auf den Punkt. Wenn du isst, dann iss, wenn du Auto fährst, dann konzentriere dich darauf, wenn du eine E-Mail schreibst, dann schreibe und wenn du mit jemandem telefonierst, dann sei ganz bei ihm. Konzentriere dich auf eine einzige Sache. Wir können Aufgaben nur nacheinander zu hundert Prozent verrichten. Du wirst dadurch schneller und besser zu einem Ergebnis kommen. Lass dich darauf ein und probiere es aus.

Ich muss zugeben, mir fällt das selbst auch nicht immer leicht. Ich sitze aufgrund meiner beruflichen Tätigkeit extrem viel im Auto. Da reizt es mich schon sehr, während der Fahrt mal schnell die Mails zu checken und sich mal kurz über Dinge zu informieren. Kennst du das? Du fährst im Auto und plötzlich fällt dir auf, dass du dich an die letzten Kilometer gar nicht mehr erinnerst? Erschreckend! In dem Moment wird dir wieder bewusst, dass du eine ganze Strecke gar nicht richtig wahrgenommen hast. Wir können uns einfach nicht vernünftig auf zwei Dinge gleichzeitig konzentrieren. In der Regel leiden beide Aktivitäten. Nehmen wir uns die Zeit und machen eins nach dem anderen und dann richtig, auch wenn es in der schnelllebigen Zeit nicht immer einfach ist! In Wahrheit verlieren wir aber gar nicht viel Zeit, vielleicht gewinnen wir sogar welche. Durch die Konzentration auf eine Sache steigern wir unser Glücksgefühl, weil uns ein besseres, ein intensiveres Gefühl erreicht. Wir haben die Handlung intensiver wahrgenommen und auf bestmöglichem Weg zu Ende gebracht.

Merke: In der Ruhe liegt die Kraft.

Es fällt uns immer schwerer, uns auf eine Sache zu konzentrieren und die anderen Gedanken ruhen zu lassen. Eine sehr gute Übung, um schnell wieder zur Konzentration zu kommen, ist das Jonglieren. Durch das Jonglieren werden beide Gehirnhälften beansprucht und es gelingt uns nicht (es sei denn du bist absoluter Profi), uns während des Jonglierens auf andere Sachen zu konzentrieren. Dadurch schalten wir ab und kommen in eine Erholungspause. Wenige Minuten reichen bereits aus. Danach wirst du deiner Lösung schneller entgegenkommen. Wenn du nicht konzentriert bist, passieren Fehler, du bist unaufmerksam und zerstreut.

Merke: Erledige immer eins nach dem anderen.

Aufgabe

Besorge dir drei Jonglierbälle und verwende diese regelmäßig für etwa drei Minuten, um deine Konzentrationsfähigkeit zu steigern. Wenn du am Anfang mit den Bällen nicht so gut zurechtkommst, kannst du mit drei Tüchern beginnen. Tücher zu jonglieren ist am Anfang einfacher. Es ist auch nicht schlimm, wenn dir die Bälle oder Tücher hinfallen und das Ganze noch recht holprig aussieht. Es geht ja nicht um einen Schönheitspreis, sondern lediglich darum, den Kopf wieder freizubekommen.

Merke: Gedankenhygiene – raus aus der Negativspirale

Es ist nicht leicht, aus der negativen Gedankenspirale herauszukommen. Aber es geht. Mach dir deine negativen Gedanken bewusst. Und dann unterbrich sie ganz bestimmt mit einem »Stopp«. Wende dich dann ganz bewusst von diesen Gedanken ab und einer positiven Idee zu. Du darfst das! Denn mit deinem Grübeln, deinen Sorgen oder deiner Trauer hilfst du niemandem weiter. Alles hat seine Zeit, auch das Grübeln und Trauern, aber du darfst es dann auch wieder unterbrechen. Vor allem die Grübelei und das Gedankenkarussell, das mit den immer gleichen Sorgen immer schneller in deinem Kopf rast. Stoppe es bewusst – und sende einen positiven Gedanken dazwischen. Es bringt dich nicht weiter, dir Sorgen zu machen. Denke in Lösungen. Wie lautet das Problem? Was ist die Ursache? Welche Lösungen sind möglich? Welche Lösung wählst du?

11.4 Du kannst das Leben und den Tod nicht kontrollieren

Die meisten Dinge, um die wir uns Sorgen machen, treten gar nicht ein. Mache dir erst dann Gedanken über etwas, wenn es eingetroffen ist. Was passiert, wenn meine Kinder groß sind? Werden sie ein glückliches Leben haben? Was ist, wenn ich diese Rechnung nicht begleichen kann? Was passiert, wenn morgen ein Krieg ausbricht? Was ist, wenn ich einen Autounfall habe? Solche Gedanken verursachen negative Gedanken und verhindern, dass man glücklich ist. Dabei weißt du nicht, ob überhaupt irgendetwas davon eintreten wird.

Man ist nur unglücklich, weil man Zeit hat zu überlegen, ob man unglücklich ist oder nicht. Beschäftigung verdrängt das Unglücklichsein.

Und mach dich von dem Gedanken frei, dass du dein Leben kontrollieren kannst. Oder das Leben anderer. Oder den Tod. So viel du auch sorgst und tust, du wirst es niemals unter Kontrolle haben. Dieses Wissen macht dich auch frei, es nimmt dir die Verantwortung, dass du immer alles hinbekommen musst. Dass du für alles sorgen musst. Du musst es nicht, denn du kannst es nicht, das kann niemand. Lerne, diese Kontrollsucht abzugeben.

Ärgere dich nicht über Dinge, die du nicht ändern kannst! Versuche nicht vergeblich, sie zu ändern! Dein Blut wird aus dem Gehirn in die Muskeln getrieben. Das Denkvermögen nimmt ab und die Aggression nimmt zu. Ärger entsteht häufig aus dem Wunsch heraus, dass die Menschen und die Welt so sein müssten wie du es dir vorstellst. Dies ist jedoch nicht der Fall. Es gibt die Faustregel, dass eine Stunde Ärgern so viel Energie verbraucht wie acht Stunden konzentriertes Arbeiten.

Glücksmacherimpuls

Wenn du dich zu stark sorgst, verursacht dies Krankheiten. Lasse dich darauf ein, mehr im Jetzt zu leben, jeden Moment intensiver wahrzunehmen und Herausforderungen, nenne sie auch ruhig Probleme, zu beseitigen und Lösungen zu finden, wenn sie wirklich entstehen.

12.

Liebe deine Einzigartigkeit

In der schwierigen Zeit während meiner Jugend kam mir immer wieder der Gedanke: »Du kannst nichts, du bist nichts, dich mag niemand, du bist nicht liebenswürdig.« Das war natürlich alles Quatsch. Lediglich meine eigenen Gedanken, die sich tief in mir verwurzelt hatten, suggerierten mir dies. Das führte jedoch unvermeidbar dazu, dass meine Gedanken zu Gefühlen wurden, und diese Gefühle zu Handlungen. Das bedeutet, dass ich mich entsprechend negativ verhalten habe. Da ich davon ausging, dass ich nichts konnte, ging auch einiges daneben und bekräftigte die eigene Wahrnehmung. Weil ich mir vorstellte, nichts zu können, konnte ich auch nichts – eine selbsterfüllende Prophezeiung.

Mach dir klar: Wie sollte dich jemand mögen, wenn du dich selbst nicht magst. Eigenliebe ist der Beginn von allem.

12.1 Die selbsterfüllende Prophezeiung des Verlierers

Wir haben es ja schon an anderer Stelle im Buch diskutiert: Wenn du nicht daran glaubst, dass etwas Positives eintritt, dann wird es auch nicht funktionieren. Umgekehrt kannst dich auch prima in die Negativ- und Verliererspirale reindenken und selbst reinquatschen.

Es war zwar ein langer und anstrengender Lernprozess, bis ich endlich verstand, dass alleine meine eigenen Gedanken für mein eigenes Unglücklichsein verantwortlich waren. Nicht komplett für das, was mir (vermeintlich oder tatsächlich zugestoßen war), aber für meine Verlierer-Gefühle, die ich zuließ und aufbaute. Die allererste Aufgabe für mich bestand darin anzufangen, mich selbst zu mögen und an mich selbst zu glauben. Diese Veränderung in der Einstellung kommt nicht von heute auf morgen, daran musst du arbeiten. Du musst lernen, dich selbst so zu akzeptieren wie du bist.

Das bedeutet nicht, dass du nicht an dir arbeiten sollst, dich optimieren, dich verbessern, dich konstant weiterbilden und ständig verändern sollst. Dies bedeutet, dass du dich akzeptierst und dich selbst von ganzem Herzen liebst. Denn du musst dein ganzes Leben mit dir leben, austauschen geht nicht, also lerne, dich selbst zu lieben. Ein gesunder Egoismus ist wichtig im Leben. Ich spreche nicht von Arroganz und Überheblichkeit. Es geht darum, dass du es schaffst, durch die Akzeptanz deiner selbst und deines Selbst ein selbstbewusstes Auftreten hinzulegen, und dass du davon überzeugt bist, ein wertvoller Mensch zu sein.

12.2 Eigenliebe ist nicht Eigennutz

Allein dass es dich gibt, ist ein kostbares Wunder! Daher darfst du dich annehmen und lieben – und diese Eigenliebe ist kein Eigennutz, sondern die Basis für eine größere Liebe des Lebens.

Liebe dich selbst! Wie soll dich sonst jemand anderes lieben? Halte dir immer wieder vor Augen, dass du einzigartig bist. Es gibt keinen zweiten Menschen genau wie dich. Mach dir klar, dass es ein Wunder ist, dass es dich gibt, dass es dich so gibt, dass du lebst. Millionen kleine Dinge mussten zusammenkommen, dass der Mensch entstand, der mit dir auf diese Welt kam. Ist das kein Wunder? Ist das nicht die Liebe wert? Geachtet zu werden? Gehegt und gepflegt und zum Positiven entwickelt?

Konzentriere dich mehr auf deine Stärken als auf deine Schwächen. Du wirst schneller zu Erfolgen gelangen und schneller ein gutes Selbstbewusstsein erhalten, wenn du es schaffst, deine Stärken zu stärken. Du kannst dann auch an deinen Schwächen arbeiten, aber sie dürfen nicht den Fokus auf sich ziehen. Als einzigartiger Mensch, der seine Stärken hat, bist du liebenswert. Wenn du das fest und tief verinnerlichst, wird sich deine Ausstrahlung verändern, und dadurch werden Menschen anders auf dich zugehen und dein Selbstbewusstsein wird sich deutlich stärken.

Wieder vertraue ich dir ein Beispiel aus meinem eigenen Leben an: Vor drei Jahren habe ich begonnen, Saxofon zu spielen. Das Musikinstrument hatte mich schon immer begeistert. Da ich keinerlei Noten beherrschte und zuvor auch noch nie ein Musikinstrument gespielt hatte, habe ich mir einen Lehrer genommen, der mich jede Woche unterrichtete. Diesem habe ich immer wieder gesagt, dass ich mich für sehr unmusikalisch halte und Töne nicht gut hören könne. Erst als er in einer Übungsstunde sagte, dass er das nicht so sehe, sondern dass ich sehr häufig hören würde, wenn er sich mal in der Note vergreife, wurde mir bewusst, dass mein ständig vorgetragener negativer Glaubenssatz letztlich zu einer selbsterfüllenden Prophezeiung führte, die mich bremste und schwächte.

Mir fiel ein, dass ich in meiner Schulzeit vom Musikunterricht teilweise ausgeschlossen wurde, weil die Lehrerin der Meinung war, ich könne nicht singen. Ich durfte dann im Chor nicht mitsingen. Mir wurde in der Schulzeit so sehr eingeredet, dass ich absolut unmusikalisch wäre, dass ich mein halbes Leben nicht in der Lage war, ein Instrument zu spielen. Es mag sein, dass ich nicht unbedingt ein Naturtalent im Bereich der Musik bin, das bedeutet aber noch lange nicht, dass ich unmusikalisch bin. Ich übe Saxofon seit zwei Jahren und bin in der Lage, Musikstücke mittlerweile mit guter Betonung zu spielen. Seitdem mich mein Lehrer auf diese falsche Einstellung hingewiesen hat und sie mir selbst bewusst geworden ist, fällt mir das Üben wesentlich leichter. Ich höre sofort, wenn ich mich verspiele und ob ich etwas anders betonen muss. Ich lerne in schnelleren Zügen, ich habe die selbsterfüllende Prophezeiung umgekehrt. Um an solche Erkenntnisse zu gelangen, brauchen wir oft einen Dritten. Wir sehen diese falsche Einstellung oft gar nicht selbst. So wie es in diesem Fall bei mir gewesen ist, obwohl ich seit über fünfundzwanzig Jahren andere Menschen trainiere. Mir ist selbst nicht aufgefallen, dass ich in dem Bereich eine negative Fokussierung hatte.

12.3 Negative Glaubenssätze hindern dich an der Eigenliebe

Negative Glaubenssätze sind es, die dich von guter Leistung abhalten. Sie verhindern, dass du schnell und erfolgreich zur Lösung kommst. Verabschiede dich von solchen negativen Glaubenssätzen, damit du dir nicht selbst im Wege stehst.

Aufgabe

Nimm dir jetzt wieder eine halbe Stunde Auszeit vom Lesen und denke ganz intensiv darüber nach, wo es bei dir zu sogenannten selbsterfüllenden Prophezeiungen kommt. In welchem Bereich redest du dir ein, dass du nicht gut bist oder es nicht kannst? Nimm dir die Zeit und denke drüber nach. Dir fallen sicher einige Punkte ein. Drehe dann diese negativen Gedankenstrukturen ins Positive.

Negative Gedankenzüge, die deine Leistung schmälern:

1.

2.

3.

4.

5.

6.

7.

8.

9.

10.

Wie könntest du diese ins Positive richten?

1.

2.

3.

4.

5.

6.

7.

8.

9.

10.

Ein sehr gutes Beispiel für einen solchen Fall sind Dieter Bohlen und Menderes Bağci. Beide sind, wie sie selbst von sich sagen, nicht die allerbesten Sänger. Beide haben aber so fest an sich geglaubt, dass sie für sich den richtigen Weg gefunden haben. Sie haben für ihre Überzeugung gekämpft und trainiert. Beide sind durch ihren Glauben, ihren Einsatz und ihre Einstellung auf ihre Weise sehr erfolgreich geworden. Ich werde in meinem Leben vielleicht nicht mehr der weltbeste Saxofonist, aber es wird reichen, um auf kleineren Bühnen, das ein oder andere kleinere Konzert geben zu können. Vielleicht auch nur im Bekanntenkreis, aber ich werde auf der Bühne stehen und spielen. Diese Glaubenssicherheit hätte ich mir in meiner Jugend nicht vorstellen können. Heute kann ich auf meinen Lebensweg zurückschauen und weiß, dass sich meine Glaubenssätze in Wirklichkeit verwandeln, wenn ich diese fest genug in mir verankere. Diese Sicherheit, die ich mit den Jahren erarbeitet und trainiert habe, ist ein echter Glücksmacher.

Der Erfolg beginnt in dir selbst. Alles, was von außen kommt, ist zerbrechlich. Achte darauf, dass du in dir gefestigt bist. Ob du zufrieden bist oder nicht, kommt aus dir selbst. Wir suchen immer wieder außerhalb von uns nach Hilfe und nach Antworten. Wir befragen Ärzte, Psychologen und Berater. Denke mehr an deine eigenen Träume, Ideen, vertraue auch mal auf deine innere Stimme. Natürlich ist es sinnvoll, sich den Rat von Fachkräften einzuholen. Der Rat soll jedoch ausschließlich dazu beitragen, deine eigene Meinung zu bilden und zu festigen, um dir ein Bild über die richtige Vorgehensweise machen zu können. Die letzte Entscheidung liegt alleine bei dir.

Du bist ganz alleine für dein Leben verantwortlich, niemand anderes. Das Abschieben der Verantwortung macht uns nicht stärker, es macht uns eher zu Opfern. Du denkst, was du bist; es ist deine Verantwortung. Ich erlebe immer wieder, wie Menschen ihre schlimme Kindheit für vieles verantwortlich machen. Ja, es gibt eine Menge Menschen, die sehr viel Schlimmes erlebt haben, es ist aber trotzdem deine Entscheidung, wie du damit umgehst und was du daraus machst. Es sind nicht die Umstände, die etwas zu dem machen, was es ist, sondern du bist es, deine Gedanken, deine Einstellung. Es gibt keine schlechten Kunden, keinen unfähigen Mitarbeiter, keinen Wettbewerbsdruck, kein falsches Produkt, kein schlechtes Wetter. Du musst nur die eigene Verantwortung für deine Einstellung begreifen und wahrnehmen. Erst du selbst machst aus einer Sache etwas Gutes oder Schlechtes, etwas Richtiges oder Falsches. Wir denken doch, solange es gut läuft, sind wir dafür verantwortlich, wenn etwas nicht gut läuft, dann sind es die Umstände. Dann schieben wir gern sofort die Verantwortung ab, anstelle uns dem zu stellen. Das Leben ist weder gerecht noch ungerecht.

Merke: Deine Einstellung, deine Gedanken, dein Glauben machen das Leben zu dem, was es ist.

Glücksmacherimpuls

Die Basis dafür, das Leben und andere Menschen und Lebewesen stärker lieben zu können, liegt darin, dass du dich in deiner Einzigartigkeit anzunehmen und zu lieben lernst. Natürlich hast auch du Schwächen, aber du kannst daran arbeiten. Deine Persönlichkeitsentwicklung liegt in deiner Verantwortung. Nehme für dich an, dass dein Glück in dir entsteht und du ganz alleine dafür verantwortlich bist.

13.
So lernst du, andere besser einzuschätzen

Jetzt hast du erfahren, warum es so wichtig ist, dich selbst zu akzeptieren, zu mögen und deine Gedanken zu steuern. Damit du im Leben glücklicher sein kannst, hilft es zunächst sehr, wenn du dich und damit deine eigene Persönlichkeit noch besser kennenlernst. Bis zu einem bestimmten Grad sind wir in der Lage, uns selbst einzuschätzen. Manchmal fehlen uns hier jedoch das Selbstverständnis und der unvoreingenommene Blick von außen. Nicht weniger bedeutsam für das eigene Glück ist es, andere Menschen richtig einschätzen zu können. Denn immer hängen der eigene Erfolg und das eigene Glück auch vom Umgang mit deinen Mitmenschen ab. Immer wenn wir mit anderen zu tun haben, bilden wir Erwartungen über sie. Das geschieht teilweise unbewusst und bisweilen in Sekundenschnelle. Liegen wir mit unserer Einschätzung richtig, fühlen wir uns bestätigt. Die Erfahrung meines Lebens und ein wichtige Botschaft für dich ist, dass dein Glück sehr stark davon abhängt, wie gut du mit deinen Mitmenschen umgehen kannst. Ein guter Glücksmacher ist immer auch ein Menschenkenner oder genauer formuliert ein Menschenerkenner.

Die Fähigkeit, Menschen zutreffend einzuschätzen und sich in Menschen richtig hineinzuversetzen, ist sehr hilfreich, weil wir dadurch besser auf andere zugehen können. Außerdem hilft sie uns, mehr Verständnis und Mitgefühl für den anderen aufzubringen. Wir können dann leichter verstehen, warum jemand so ist, wie er ist, oder zumindest, warum er sich so zeigt, wie er sich zeigt, und sich verhält, wie er es gerade tut. Dieses Verständnis macht uns das Leben nicht nur sehr viel einfacher – es spart auch Nerven. Wir müssen uns dann viel weniger über die vermeintlichen Macken des Gegenübers aufregen. Wir sind weniger enttäuscht oder einfach nur überrascht vom Verhalten unseres Umfeldes. Und weil wir viel weniger negative Emotionen im Umgang mit anderen Menschen erleben, nehmen wir die Welt dann nicht nur positiver wahr, wir werden dann auch für andere ein angenehmerer Zeitgenosse. Menschen mit Verständnis strömen mehr Gelassenheit aus, und das ist sehr attraktiv – auch für das Glück …

13.1 Lektion 1: Es gibt kein Richtig oder Falsch

Wenn uns andere Menschen begegnen, beginnen wir häufig damit, ihr Verhalten in gut oder schlecht, in richtig oder falsch einzuordnen. Dabei gibt es erst mal kein Richtig und kein Falsch. Zuerst gibt es verschiedene Verhaltensweisen, ganz wertfrei. Wir gehen häufig davon aus, dass die anderen so sein müssten wie wir. Sie sollen denken, wahrnehmen und fühlen wie wir. Denn so eine Sichtweise erscheint sehr naheliegend. Es fällt uns schwer, zu begreifen, warum jemand sehr oberflächlich oder eher unordentlich ist. Wenn du sehr ordnungsliebend bist und dein Partner tendenziell im Chaos versinkt, dann kann er sich zwar zusammenreißen und sich an eine gewisse Ordnung gewöhnen, es entspricht aber nicht seiner Natur und wird bei ihm kein Glücksgefühl auslösen. Du wirst ihn auch nicht komplett verändern können. Weil einfach ein gewisser Anteil an seinem Charakter (über die Höhe streiten sich die Forscher noch) genetisch bedingt ist und ein anderer sozial. Denke immer auch daran, dass du ihn angezogen hast, vielleicht um selbst ins Gleichgewicht zu kommen. Erinnere dich an das Qi der Shaolin. Gegensätze ziehen sich an, damit alles im Gleichgewicht ist. Die für dich im ersten Augenblick eher negative Eigenschaft deines Partners ist wahrscheinlich eine positive, um dich auszugleichen und dein Glück zu fördern.

Für dein eigenes Glücklichsein ist es wichtig zu akzeptieren, dass dein Partner nicht so ist wie du selbst, dass andere Menschen eben anders ticken als du. Eine solche Haltung ist eigentlich auch ganz naheliegend, schließlich sehen wir ja auch alle anders aus. Warum sollten also unsere Gehirne gleichgeschaltet sein, wenn uns schon unser Äußeres zu einzigartigen Wesen macht?

Die Unterschiede im Denken bei den Menschen sind genauso wichtig wie ein unterschiedliches Aussehen. Es macht uns als Menschen aus und im Laufe der Evolution hat sich diese Vielfalt ganz offensichtlich als hilfreiche Überlebensstrategie bewährt, sonst hätte die Natur sie lange aufgegeben.

Wenn du also ein Glücksmacher sein möchtest, dann gibt es für dich keine guten und bösen oder richtige und falsche Mitmenschen mehr. Es gibt ab sofort nur noch unterschiedliche Menschen. Menschen sind für uns verschieden aber als Glücksmacher, die ihre Umwelt möglichst gut erkennen möchten, bewerten wir diese Unterschiedlichkeit nicht länger mit gut oder böse.

13.2 Die Big Five – Mein Favorit unter den Persönlichkeitsmodellen

Durch meine Leidenschaft zum Verkaufen habe ich mich schon früh gefragt, wie sich möglichst gut erfassen lässt, wie andere ticken. Denn wer sein Gegenüber überzeugen möchte, kommt nicht umhin, sich in sein Gegenüber hineinzuversetzen und zu überlegen, welche Dinge einen möglichen Kauf wahrscheinlicher werden lassen und welche eher stören.

Unsere erste Erkenntnis, dass Menschen unterschiedlich sind, bringt uns noch nicht an Ziel. Hilfreich wäre es, wenn wir die Vielfalt menschlicher Charaktere auf ein überschaubares Maß reduzieren könnten. Das würde uns sehr helfen, beispielsweise die passenden Worte für eine Besprechung zu finden. Hierzu bietet die Psychologie eine wahre Fundgrube an Tools für Glücksmacher an. Die Psychologen gehen davon aus, dass alle Menschen unterschiedlich veranlagt sind, beispielsweise ist der eine introvertierter, also in sich gekehrt, der andere extravertierter, also mehr nach außen gekehrt. Manche Menschen sind genau bis pingelig, manche eher ungenau bis schluderig. Dann sind Menschen eher langsam oder eher schnell, eher laut oder leise. Diese Eigenschaften sind uns teilweise genetisch mit in die Wiege gelegt worden, ein großer Teil wird aber auch im Laufe des Lebens erlernt. Wir alle haben andere Anlagen, leben sie unterschiedlich aus. Das Einschätzen von uns selbst und von anderen hilft uns dabei, besser mit anderen umzugehen.

Es gibt eine ganze Reihe von Persönlichkeitsmodellen und Persönlichkeitsdiagnostiktools, die uns – richtig eingesetzt – dabei helfen können, uns selbst und andere besser einzuschätzen. Als Mensch der Praxis kann ich dir nicht sagen, welches Persönlichkeitsmodell dir am ehesten weiterhilft. Dazu gibt es zu viele Alternativen. Ich für meinen Teil habe in den letzten zehn Jahren sehr gute Erfahrungen mit der Verwendung des sogenannten Big-Five-Modells gesammelt. Dieser Ansatz hilft mir sehr, mich selbst, aber vor allem auch das Denken anderer besser zu erkennen und zu verstehen.

Du kannst natürlich auch ein anderes Modell wählen, wenn du andere und dich besser einschätzen lernen möchtest. Im Prinzip sind alle Modelle ähnlich, die die Denkgewohnheiten von Menschen nach bestimmten, möglichst dominierenden Eigenarten unterteilen und so zu wenigen Typen kommen, welchen sich dann alle Menschen zuordnen lassen.

Das sogenannte Big-Five-Modell (siehe beispielsweise: *https://de.wikipedia.org/wiki/Big_Five_(Psychologie))*, das auch als Fünf-Faktoren-Modell oder OCEAN-Modell bekannt ist, ist ein System fünf grundlegender Unterteilungsmöglichkeiten von Charaktereigenschaften. Die Entwicklung des Modells begann bereits in den 1930er-Jahren durch die US-Wissenschaftler Thurstone, Allport und Odbert. Das Modell wurde im Laufe der Zeit von vielen Studien belegt und geht davon aus, dass es fünf Hauptdimensionen der Persönlichkeit gibt, innerhalb derer sich die Persönlichkeit eines Menschen festigt. Diese fünf heißen im Englischen **O**penness to experience, **C**onscientiousness, **E**xtraversion, **A**greeableness und **N**euroticism, woraus sich eben das schöne Akronym OCEAN ableiten lässt. Im deutschsprachigen Raum sagen wir dazu: Offenheit für Erfahrungen, Gewissenhaftigkeit, Extraversion, Verträglichkeit und Neurotizismus. Auf diese Hauptdimensionen gehe ich gleich noch detaillierter ein.

Merke: Menschen sind unterschiedlich veranlagt. Lerne sie in ihrer Unterschiedlichkeit anzuerkennen und zu akzeptieren. Das macht dir das Leben sehr viel leichter.

Ich zum Beispiel strebe selbst sehr nach Perfektion. Ich habe einen sehr hohen Anspruch an mich und möchte alles so perfekt wie möglich machen. Aber ich bin von Natur aus ein sehr schneller Mensch, jemand, der eher wenig Geduld hat und Sachen sehr schnell nach vorne treiben möchte und umsetzen will. Ich bin also ein Macher. Mir fehlt die Geduld, um Sachen bis ins letzte Detail auszuarbeiten. Das sind natürlich Verhaltensmuster, die sehr gegensätzlich sind, denn Perfektion verlangt nun mal viel Zeit, Hingabe und Geduld – was mir eben genau fehlt. Diese Kombination führte in der Vergangenheit häufig dazu, dass ich mit mir selbst sehr unzufrieden war. Ich konnte Sachen schnell beginnen, konnte diese aber nie perfekt zu Ende bringen. Es fehlte mir immer das letzte Stück. Erst nachdem ich gelernt hatte, dass es unterschiedliche Menschentypen gibt, und jeder anders veranlagt ist, war ich in der Lage, das zu akzeptieren. Nun konnte ich entsprechend darauf reagieren. Ich habe dann Personen eingestellt oder mich mit welchen zusammengetan, die genau diese Eigenschaften mitbringen, die mir fehlten, zum Beispiel Geduld. Hätte ich diese Erkenntnis nicht erlangt, wäre ich wahrscheinlich konstant mit mir unzufrieden gewesen und hätte damit das Glücklichsein eher blockiert. Die Erkenntnis, dass wir alle unterschiedlich ausgelegt sind und es eben verschiedene Veranlagungen gibt, ist für das Glücksempfinden wesentlich. Denn wenn du nicht erkennst, warum etwas so ist, wie es ist, fällt es dir schwer, darauf zu reagieren und eine Veränderung auszuführen.

13.3 Gegensatzpaare bestimmen die Persönlichkeitsdimensionen

Schauen wir uns die Big Five genauer an. Jeder der Big-Five-Punkte besteht im Grunde aus zwei Gegensätzen. Bitte beachte, dass niemand zu hundert Prozent das eine oder das andere ist. Im Grunde sind die fünf Arten der Big Five auch keine Typen, sondern Achsen einer Skala. Jeder Mensch ist eine Mischform aus diesen Typen. Dabei hat jeder eine entsprechend unterschiedliche Ausprägung. Die Reihenfolge der Ausführungen hat für das Vorkommen der Eigenschaften keine Bedeutung. Jeden dieser fünf Punkte kannst du dir wie eine Linie von A bis B vorstellen. Wie der Schieberegler eines Mischpultes, den du von links nach rechts bewegen kannst. Bei jedem Menschen steht dieser Hebel auf einer anderen Position. Bei dem einen mehr links, bei dem anderen mehr rechts.

1. Big Five – Neurotizismus

Diese Eigenschaft beschreibt unsere Empfindlichkeit gegenüber negativen Einflüssen. Menschen, die zur Empfindlichkeit neigen, sind eher nervös, reagieren stark auf Stress und sind leicht beeinflussbar durch negative Gefühle. Bei Menschen mit niedrigem Neurotizismus spricht man von dicker Haut. Sie stehen stabiler im Leben und lassen sich von negativen Ereignissen nicht so schnell mitnehmen. Sie bleiben in Gefahrensituationen eher ruhig und gelassen. Sie lassen sich nicht schnell aus der Fassung bringen. Menschen mit starkem Neurotizismus reagieren eher emotional und ängstlich. Es fällt ihnen schwer, die eigenen Gefühle im Griff zu haben.

A) Hohe Ausprägung = Neurotizismus

Ein neurotischer Mensch ist eher ängstlich. Dritte würden ihn als freud-, lust- und interessenlos beschreiben. Er grübelt gerne und ist sehr sicherheitsorientiert. Er ist recht empfindlich und verletzbar, fühlt sich gerne angegriffen. Dieser Menschentyp lässt sich leicht emotional beeinflussen.

Er fühlt sich schnell unsicher und überfordert. Negative Einflüsse führen bei ihm rasch zu Niedergeschlagenheit und Hoffnungslosigkeit. Diese Menschen reagieren schnell unangemessen, ärgern sich schnell und sind empfindlich gegenüber Äußerungen. Anderen Menschen gegenüber sind sie eher einfühlsam und verständnisvoll. Sie achten mehr auf mögliche Gefahren, erkennen schneller Anzeichen wie drohende Konflikte oder Probleme. Ihre Empfindsamkeit kann schnell zu negativen Einflüssen auf das Glück in ihrem Leben führen.

Eigenschaften: Der Neurotiker verspürt häufig Sorgen oder Ängste, negative Gefühle überwältigen ihn öfter, er ist schnell gereizt oder emotional, kann gut mit anderen mitfühlen, die Probleme und Ängste haben, fühlt sich häufig nervös oder unsicher.

B) Niedrige Ausprägung = Emotional ausgeglichen

Ein emotional ausgeglichener Mensch geht eher locker und leicht durchs Leben. Er ist belastbar und behält die Ruhe, auch wenn es mal stürmisch wird. Ausdrücke wie genervt, traurig oder ängstlich kennt er nur sehr selten. Er hat einen hohen Widerstand gegenüber negativen Einflüssen. Emotional ausgeglichene Menschen beklagen sich selten und behalten auch in Stresssituationen und bei Problemen das Steuer fest in der Hand. Sie zeigen eine gute Widerstandsfähigkeit gegenüber Ängsten, Sorgen, negativen Gefühlen und anderen unbeabsichtigten Einflüssen. Ich vergleiche sie ganz gerne mit einem Stier, den man lange am Schwanz ziehen kann, bis er wirklich sauer und ungehalten wird. Die Gefahr für den ausgeglichenen Typ liegt in der Unterschätzung von Gefahren und im mangelnden Einfühlungsvermögen gegenüber mit Neurotizismus veranlagten Menschen. Sie verstehen deren Ängste häufig nicht.

Eigenschaften: Der emotional ausgeglichene Mensch verspürt selten Sorgen oder Ängste, lässt negative Gefühle selten an sich heran, ist nicht leicht aus der Fassung zu bringen, er versteht übermäßige Ängste und Sorgen von anderen oft nicht, fühlt sich meist ruhig und ausgeglichen.

2. Big Five – Extravertiertheit

Die Gruppe der extravertierten Menschen gehört zu den am meisten untersuchten. Man hat herausgefunden, dass diese Gruppe aktiver und kontaktfreudiger ist, weil diese Menschen starker den Drang nach Belohnung, Aufregung und positiven Gefühlen verspüren. Diese Eigenschaft kannst du am einfachsten und am schnellsten erkennen. Diese Menschen zeigen uns ihre Gefühle deutlicher. Die introvertierten Menschen sind zurückhaltender, weil bei ihnen dieser Drang nicht so ausgeprägt ist. Durch Geselligkeit ausgelöste Glücksgefühle sind bei ihnen nicht so stark. Extravertierte Menschen sind gerne unter Menschen, sind geselliger und erzählen gerne Geschichten. Sie richten ihre Energie nach außen, während der introvertierte Typ eher zurückhaltend ist, größere Menschenansammlungen meidet und seine Energie eher nach innen richtet.

A) Hohe Ausprägung = Extravertiertheit

Ein eher extravertierter Mensch ist gesellig und gerne mit anderen Menschen zusammen, er wirkt tendenziell gut gelaunt. Man könnte ihn als warmherzig und offen bezeichnen, einer, der meist froh gelaunt durchs Leben geht. Er erzählt gerne, ist kommunikativ. Er ist eher schwankenden Gefühlen ausgesetzt und richtet die Energie meistens nach außen. Seine Gefühle kann er gut zeigen und zum Ausdruck bringen.

Eigenschaften: Der Extravertierte ist kontaktfreudig, lernt schnell neue Menschen kennen, ist sehr aktiv und oft ruhelos, ist gesellig und gerne unter vielen Menschen.

B) Niedrige Ausprägung = Introvertierheit

Ein introvertierter Mensch ist eher zurückhaltend, unsicher und in sich gekehrt. Größere Menschenansammlungen meidet er lieber. Er würde von anderen nicht unbedingt als gesellig beschrieben werden. Seine Gefühlsregungen schwanken nicht so sehr, da er weniger begeisterungsfähig ist. Er wird seine Energie eher auf sich selbst richten. Seine Gefühle zeigt er weniger.

Eigenschaften: Der Introvertierte ist zurückhaltend, lernt vorsichtig neue Menschen kennen, ist ruhig und braucht oft Zeit für sich, hat lieber nur wenige Menschen um sich, redet wenig.

3. Big Five – Offenheit für neue Erfahrungen

Diese Dimension gibt den Forschern bis heute die größten Rätsel auf. Es ist nicht vollends geklärt, ob die intellektuelle Neugierde einer besonders tiefen Wahrnehmung entspricht oder etwas weniger Greifbares ist. Menschen mit hoher Offenheit denken sich gerne in neue und komplexe Dinge ein. Bei weniger ausgeprägter Neugierde bleiben die Menschen lieber bei herkömmlich Bekanntem. Der weniger offene Typ bleibt lieber bei dem, was er kennt, braucht nicht ständig Neues und stellt sich nicht gerne um. Der eher offene Typ interessiert sich für neue Sachen, möchte alles ausprobieren, ist interessiert an Kunst, Kultur, Wissenschaft.

A) Hoch ausgeprägt = Intellektuelles Interesse

Er ist ein sehr neugieriger Mensch, interessiert sich für Neues, ist liberaler eingestellt. Er ist offen für Veränderung und Abwechslungen. Er ist eher künstlerisch interessiert, hinterfragt bestehende Normen, er gilt als unabhängig in seinem Urteil. Er sucht die tiefere Bedeutung, die Interpretation von Dingen. Er geht nicht immer einfach den bekannten Weg; ist dafür aufgeschlossen, Neues zu probieren, andere Richtungen zu versuchen. Traditionellen Einstellungen steht er eher skeptisch gegenüber. Er liebt dagegen unkonventionelle Dinge und Menschen. Sein Verlangen nach

Neuem und Ungewöhnlichem wird von anderen oft als abgehoben und seltsam wahrgenommen.

B) Niedrig ausgeprägt = Intellektuelle Abschottung

Er hat nicht viele Interessen, ist starr in seinem Denken und mag keine Veränderungen. Er tendiert zur konservativen Einstellung: bevorzugt Bewährtes vor Neuem. Dieser Menschentyp ist eher schlicht und traditionell eingestellt. Er mag keine Veränderungen, hält an dem fest, was er kennt. Er bevorzugt Dinge mit praktischen Funktionen, die ihm bereits bekannt sind. Er liebt einfache und direkte Lösungen, daher mag er klare Antworten und eindeutige Meinungen. Er neigt dazu, alles abzulehnen, was er nicht kennt. Neuem gegenüber ist er verschlossen.

4. Big Five – Gewissenhaftigkeit

Diese Eigenschaft beschreibt unsere Selbstdisziplin und Zielstrebigkeit. Menschen mit niedriger Gewissenhaftigkeit lassen sich schneller ablenken als Menschen mit hoher. Sie lassen Dinge eher auf sich zukommen. Der Menschentyp mit höher ausgeprägter Gewissenhaftigkeit ist sehr zielstrebig, er achtet auf Details und arbeitet strukturiert. Gewissenhafte Menschen kommen in der Regel schneller an ihr Ziel, weil sie sich weniger ablenken lassen. Menschen mit gewissenhafter Ausprägung lieben die Ordnung und arbeiten eher strukturiert. Menschen mit eher nachlässiger Ausprägung können mit Ordnung auf dem Schreibtisch wenig anfangen, da herrscht eher das systematische Chaos.

A) Hohe Ausprägung = Gewissenhaft

Auf den gewissenhaften Menschen kannst du dich verlassen, er ist zuverlässig und ordentlich. Er verfügt über ein hohes Maß an Selbstdisziplin, ist gut organisiert, er plant und ist effektiv. Er überlegt, bevor er Entscheidungen trifft. Er bleibt bei der Sache und verfolgt seine Ziele. Er weiß genau, was er will und wie er dorthin kommt. Er verfolgt seine Ziele sehr beharrlich und hält sich dabei an Strukturen. Er schafft es gut, sich zu motivieren, auch wenn die Aufgabe eher unangenehm ist. Dieser Typ neigt zu Perfektionismus. Flexibilität gehört nicht zu seinen Stärken. Er braucht Struktur, um effektiv zu sein. Sein starker Drang zu Kontrolle und Genauigkeit kann bremsen und unflexibel machen.

B) Niedrige Ausprägung = Nachlässigkeit

Er handelt eher achtlos und schaut nicht auf Details. Er ist nicht gerade ordentlich und findet keine Struktur, er ist eher spontan und ungenau. Er lässt sich leicht vom Geplanten ablenken. Dieser Menschentyp ist locker und sprunghaft. Er lässt Dinge auf sich zukommen und wartet auf das, was sich ergibt. Pläne und Termine aufzustellen und sich daran zu halten, entspricht nicht seiner Natur. Er leidet gerne an Aufschieberitis. Er macht gerne Dinge gleichzeitig und achtet dabei mehr auf das Große und Ganze als auf die Details. Arbeit muss ihm Spaß machen, er handelt eher überstürzt und unüberlegt. Mit ganz genauen Vorgaben und Anweisungen kann er wenig anfangen, er braucht die Flexibilität und Freiheit. Er lebt gerne in den Tag hinein und schiebt sein Chaos dabei vor sich her.

5. Big Five – Verträglichkeit

Diese Eigenschaft beschreibt den Umgang mit anderen Menschen. Die Extravertiertheit gibt eher an, wie stark jemand nach Geselligkeit und Kontakten sucht. Die Verträglichkeit beschreibt im Gegenzug eher, wie wir uns im Umgang mit anderen Menschen verhalten. Menschen mit hoher Verträglichkeit weisen ein kooperatives und freundliches Verhalten anderen gegenüber auf. Bei niedriger Verträglichkeit geht der Menschentyp härter und unnachgiebiger mit Mitmenschen um. Sie sind eher Einzelkämpfer und stellen tendenziell ihre eigenen Interessen nach vorne. Wie bei allen Typen gilt auch hier, dass nur die zwei Extremen beschrieben sind. Jeder Mensch liegt jedoch irgendwo dazwischen mit entsprechend intensiver Ausprägung zur einen oder anderen Seite.

A) Hohe Ausprägung: Verträglichkeit

Mit dem verträglichen Menschen hat man gern zu tun, er ist gutmütig und nett. Er gilt als sehr vertrauenswürdig. Man bezeichnet ihn als Schwiegermutters Liebling. Dieser Menschentyp nimmt Rücksicht auf andere, er ist einfühlsam und hilfsbereit. Er legt Wert auf gute Beziehungen und ein harmonisches Umfeld. Eigene Interessen verfolgt er nur dann, wenn er niemand anderem damit schadet. Er sucht nach Kompromissen und Lösungen, um Konflikten aus dem Weg zu gehen. Er neigt dazu, sich zu viel gefallen zu lassen und dadurch seine eigenen Ziele nicht stark genug durchzusetzen.

B) Niedrige Ausprägung: Unverträglichkeit

Kein sehr freundlicher Geselle, er erscheint starrsinnig, streitsüchtig und man empfindet ihn als herzlos. Er gilt als egozentrisch und misstrauisch. Er ist kritisch und konfrontierend. Seine Meinung zählt, er hält nicht sehr viel von Kompromissbereitschaft. Nachgiebigkeit zählt für ihn als Schwäche, er möchte seinen Standpunkt durchsetzen, koste es, was es wolle. Rücksicht auf andere Menschen nimmt er dabei eher selten. Beim Durchsetzen seiner Ziele wirkt er gefühlskalt und rücksichtslos.

An diesen Big Five kannst du die verschiedenen Eigenschaften von Menschen erkennen. Mir ist wichtig, dich für die verschiedenen Ausrichtungen zu sensibilisieren, damit du erkennst, warum Menschen unterschiedlich ticken. Wissenschaftler fanden heraus, dass die Ausprägungen der einzelnen Varianten von Kindheit bis zum Studienalter recht stark schwanken. Ab dem dreißigsten Lebensjahr gelten die Eigenschaften als gefestigt und verändern sich nur sehr geringfügig.

Situationsbedingt können die Eigenschaften eines Menschen schwanken. Es kann also durch die äußeren Umstände dazu kommen, dass du vielleicht im Privaten eine andere Ausprägung hast als im Geschäftlichen. Vielleicht hast du einen sehr dominanten Chef, was dazu führt, dass sich dein eigener dominanter Anteil unterordnet. Die Kernpersönlichkeit bleibt dabei die gleiche, nur der Schieberegler verschiebt sich etwas. Auch deine Tagesform kann dazu beitragen, dass sich Eigenschaften verändern. Auch wenn du eher zurückgezogen bist, kann es zum Beispiel sein, dass du ein Fußballspiel – vielleicht bei der Ausrichtung von Turnieren wie der EM oder WM – lieber in geselliger Runde schaust. Wie der DJ sein Mischpult verändert, verändern sich auch die Eigenschaften in einem gewissen Maße situationsbedingt, dabei bleiben die Kernpersönlichkeit und die eigentliche Ausrichtung jedoch unverändert.

13.4 Der Umgang mit sich selbst und anderen

Warum ist das Wissen um diese Gruppierungen so wichtig, um glücklich zu sein? Meine Frau ist ein sehr extravertierter Mensch und ich bin sehr introvertiert. Wir sind also in dem Bereich absolut gegensätzlich. Sie umgibt sich sehr gerne mit vielen Freunden und ist sehr kommunikativ, geht ganz gerne zum Tanzen und macht Party. Ich bin genau das Gegenteil, bin gerne alleine oder lediglich im Kreise meiner Familie, unterhalte mich nicht so gerne und lasse niemanden so richtig an mich heran. Jetzt kannst du dir vorstellen, dass solche unterschiedlichen Charaktere im Zusammenleben Konflikte verursachen können. Meine Frau könnte von mir verlangen, geselliger zu sein, und jede Woche erwarten, dass ich mit ihr und einem Kreis von vielen Freunden Party mache. Dies würde allerdings komplett gegen mein Naturell verstoßen. Sie könnte zum Beispiel verlangen, dass ich mich ändere. Wenn du nun weißt, dass es verschiedene Menschentypen gibt und dass du diese Eigenschaften nur sehr begrenzt verändern kannst, dann hilft dies, den Partner besser zu verstehen. Du weißt, dass er es nicht böse meint, wenn er sich in der Gruppe nach einer Weile zurückzieht, um lieber seine Ruhe zu haben. Wenn du jedoch vermutest, dass er dies aus bösem

Willen heraus macht, dann wirst du sauer und verständnislos sein. Wenn du jedoch die grundlegenden Eigenschaften deines Partners kennst, dann wirst du wesentlich verständnisvoller damit umgehen. Vielleicht verstehst du daher auch dein eigenes Verhalten besser und akzeptierst, warum du bist, wie du bist. Natürlich ist es trotzdem möglich, Kompromisse zu finden, einen Ausgleich zu erzeugen, der beiden zugutekommt und die Bedürfnisse beider unterschiedlicher Charaktere befriedigt. Die Erkenntnis alleine, dass dein Partner dir nichts Böses will und nur ein anderer Persönlichkeitstyp ist, hilft dir, mit dieser Situation wesentlich lockerer umzugehen und vielleicht nach gemeinsamen Kompromissen und Lösungen zu suchen.

13.5 Das Wissen um die eigenen Persönlichkeitsdimensionen nutzen

Dafür wieder ein Beispiel aus meinem eigenen Leben: Als ich so etwa dreizehn Jahre alt war, spielte ich in einem Fußballverein. Spielen konnte ich nicht besonders gut, um es mal ganz vorsichtig auszudrücken: Ich hatte zwei linke Füße. Da aber alle meine Freunde dorthin gingen, hatte ich mich auch dazu entschlossen. In dieser Zeit gingen einfach alle in den Fußballverein. Ich musste feststellen, dass ich mehr auf der Ersatzbank saß, als dass ich spielen durfte. Meinen Beliebtheitsgrad konnte ich dadurch nicht gerade steigern, denn ein wirklicher Teamplayer war ich nicht. Kurz bevor ich die Lust komplett verlor, ergab sich die Gelegenheit, ins Tor zu gehen. Das war spitze, denn da erkannte ich meine Qualität. Ich war richtig gut und kam sogar in die Kreisauswahl, wurde also bester Torwart des Kreises. Ich sollte dann im Sommer in einer Auswahl in München spielen, hatte die große Chance, Profispieler zu werden. Das Problem war, dass mir das Ganze keinen Spaß gemacht hat, ich war zwar gut, hatte den starken Willen, der Beste sein zu wollen und verfügte auch über die nötige Einsatzbereitschaft. Aber ich hatte keine Lust, keine Freude an dem Spiel. Heute weiß ich, dass ich ein Einzelkämpfer und kein Teamplayer bin, ich bin also eher introvertiert als extravertiert. Ich kam einfach mit der Gruppe nicht richtig zurecht. Deshalb brachte ich im Tor viel bessere Leistungen. Denn da war ich deutlich mehr auf mich allein gestellt als im Feld. Letztendlich habe ich mich entschlossen, nicht in das Camp zu gehen.

An dem kleinen Beispiel erkennst du sehr gut, wie sinnvoll es ist, sich mit den unterschiedlichen Menschentypen auseinanderzusetzen. Wenn ich damals bereits die Kenntnis über die Charaktereigenschaften gehabt hätte, dann wäre mir sicher einiges erspart geblieben. Es ist nicht einfach, als Mensch und erst recht nicht als Kind, wenn du nicht weißt, warum etwas einfach nicht gelingen mag, obwohl du dich anstrengst. Wenn du die Hintergründe verstehst, dann ist es auch viel einfacher, es zu akzeptieren und zu wissen, dass du einfach andere Stärken hast.

Meine Eltern haben mich nie gezwungen, etwas zu machen. Natürlich haben sie versucht, positiv auf mich einzuwirken, mir mit Rat zur Seite zu stehen, mich davon zu überzeugen, dass ich eine Chance ergreifen sollte. Die Entscheidung haben sie aber immer mir überlassen. Das einzige, was sie immer vorausgesetzt haben, war, dass ich entweder etwas richtig machen und es von ganzem Herzen tun sollte oder dass ich es lassen sollte. Halbherzigkeit haben sie nicht zugelassen.

Wenn du die Hintergründe der Persönlichkeitsstrukturen kennst und verstehst, vereinfacht dies im Leben eine Menge an Entscheidungen. Und du kannst klarer sehen, wenn du um Rat gefragt wirst. Auch dafür ein Beispiel: Mein Sohn im Teenie-Alter, wie ich recht introvertiert, wollte von mir einen Rat haben. Er war in einer Basketballmannschaft und spielte Tennis, konnte sich aber aus zeitlichen Gründen nicht mehr beiden Sportarten widmen. Nun wollte er von mir wissen, was ich ihm empfehlen würde. Aufgrund meiner Erfahrungen und des Wissens über die Persönlichkeitstypen legte ich ihm das Tennis nahe. Da ich seine Charaktereigenschaften genauestens kenne, weiß ich natürlich, was ihm liegt und woran er die größere Freude haben wird. Die Entscheidung musste er alleine treffen. Er folgte meinem Rat. Es hat sich herausgestellt, dass er darin wirklich aufgeht und hervorragende Leistung erzielt. Für ihn war es also die richtige Entscheidung. Er ist kein Teamplayer, er ist ein Macher, der seine eigenen Entscheidungen umsetzen möchte. Das kann er beim Tennis deutlich besser.

Stärke deine Stärken!

Kritiker werden jetzt sagen, dass der Mannschaftssport für ihn auch für die Persönlichkeitsbildung und Teamförderung gut gewesen wäre. Das mag sein. Dafür nutzt er jedoch bereits andere soziale Gruppen. Ich stehe außerdem auf dem festen Standpunkt, dass wir die Stärken stärken müssen und uns auf unsere positiven Eigenschaften konzentrieren sollten. Dann werden wir im Leben nicht nur glücklicher, sondern auch erfolgreicher. Wir versuchen oft viel zu sehr, unsere Schwächen abzubauen, und verlieren unsere Stärken dabei aus den Augen. An Schwächen zu arbeiten und diese zu optimieren, ist nicht grundlegend verkehrt, ganz im Gegenteil, es darf nur nicht die höchste Priorität haben.

Nachdem du jetzt die Erkenntnis gewonnen hast, dass Menschen unterschiedlich veranlagt sind, verstehst du vielleicht besser, warum der eine mehr Schwierigkeiten dabei hat, an etwas zu glauben, als der andere. Warum jemand eher von negativen Gedanken belastet wird als jemand anderes. Warum der eine mehr Negatives anzieht als der andere. Das Glücklichsein besteht aus vielen Facetten, die sich wie ein Puzzle aus den einzelnen Bereichen zusammensetzen.

Versuche dich nicht krampfhaft zu verändern. Das soll nicht bedeuten, dass du konstant an dir arbeiten kannst und versuchen solltest, extreme Ausprägungen von eher negativen Eigenschaften zu optimieren. Wenn du selbst erkannt hast, wo deine größten negativen Beeinträchtigungen sind, dann kannst du diese durchaus optimieren. Du kannst nicht deine Persönlichkeit radikal verändern, aber du kannst dein Verhalten in diversen Situationen anpassen. Die Persönlichkeitsbetrachtung sagt selbst nicht aus, ob etwas gut oder schlecht ist. Sie weist nur die Eigenschaften auf. Erst eine zu starke Ausprägung kann zu eher negativen Ergebnissen führen. Jeder Menschentyp an sich hat seine Stärken und seine Schwächen, seine positiven und seine negativen Auswirkungen. Es liegt an uns, diese Extreme zu steuern und zu verwalten.

Glücksmacherimpuls

Beobachte dich und deine Mitmenschen mithilfe eines Persönlichkeitsmodells wie dem Big Five. Es gibt dazu hervorragende Bücher, einige davon habe ich dir im Literaturverzeichnis aufgelistet.

Die Möglichkeit, dich selbst und andere besser einzuschätzen, wird deine Haltungen und Vorstellungen positiv verändern. Du wirst andere besser wahrnehmen, wie sie sind, und es wird dir so der Umgang mit den Menschen besser gelingen. Das macht für dich so vieles leichter. Du machst dein Glück auch, indem du die Welt besser verstehen lernst.

14.
Finde deine Stärken im Leben

Im vorigen Kapitel haben wir uns mit den individuellen charakterlichen Stärken und der richtigen Wahrnehmung unseres Umfeldes beschäftigt, jetzt setzen wir uns mit den eigenen Fertigkeiten und Fähigkeiten, den sogenannten Hard Skills, auseinander. Denn auch diese sind für das Gestalten des eigenen Glücks wichtig. Ich gehöre zu den Menschen, die behaupten, dass das eigene Können, eigene handwerkliche und berufliche Stärken, seinen Beitrag zu einem positiven Leben liefert.

Nur durch die unterschiedlichen Fähigkeiten gibt es Ergänzungen und Balance im Leben. Dabei ist die Art der Fähigkeiten, die wir besitzen, nicht schlechter oder besser als andere. Die Fähigkeiten eines Schreiners sind nicht besser oder schlechter als die eines Arztes. Gebraucht wird beides. Die Fähigkeiten sind nur anders und werden teilweise in der Gesellschaft unterschiedlich bewertet.

14.1 Fertigkeiten werden oft unfair bewertet

Ich habe zuvor bereits von meinem recht schweren Motorradunfall berichtet. Ein Autofahrer hat mich beim Ausparken übersehen und mich von meiner Harley geholt. Die Folge waren ein Krankenhausaufenthalt und fünf gebrochene Rippen. Bewegung war für mich kaum möglich. Es gab nur sehr wenige Positionen, in denen ich mich aufhalten konnte. Liegen ging nicht, richtig sitzen auch nicht, ich war wirklich sehr eingeschränkt. Ich kann dir gar nicht sagen, wie froh ich war, dass es Krankenschwestern gibt, die ihren Beruf mit so viel Leidenschaft ausüben. Morgens konnte ich mich kaum bewegen und war auf die Hilfe beim Waschen angewiesen. Ich kann mir gut vorstellen, dass es für die Damen immer wieder eine Überwindung ist, fremde Menschen zu waschen und zu pflegen. Ich bin unheimlich dankbar dafür, dass es Menschen gibt, die das gerne und mit Freude machen. Wir brauchen unterschiedliche Menschen und Charaktere mit unterschiedlichen Fähigkeiten und Interessen. Das macht unsere Gesellschaft lebensfähig.

In Wahrheit gibt es in Bezug auf die unterschiedlichen Fähigkeiten kein besser oder schlechter. Innerhalb einer Fähigkeit gibt es natürlich deutliche Unterschiede. Ein Schreiner kann ein guter oder ein eher schlechter Schreiner sein. Ein Arzt ein guter oder ein schlechter. Die Erkenntnis, dass jede Art von Beruf extrem wichtig für die Gesellschaft ist, steigert nicht nur unser eigenes Selbstvertrauen, sondern auch den Respekt anderen Berufsgruppen gegenüber. Ein Müllmann ist genauso viel wert wie ein Arzt. Also gebührt ihm doch auch genauso viel Respekt – wenn er seinen Job gut und mit Erfüllung macht. Am besten erkennst du das im Falle von Streiks. Welches Müllchaos entsteht, sobald niemand bereit ist, die Abfälle ordnungsgemäß abzutransportieren!

Wieso maßen wir uns an, gewisse Berufszweige als minderwertig zu betrachten? Das ist unangebracht und führt nicht zu positiven Gefühlen. Lernen wir doch, jede Art von Beruf wertzuschätzen, und sagen auch mal Danke zu den Menschen, die Aufgaben verrichten, die wir vielleicht nicht machen möchten. Ein herzliches Danke zeigt Wertschätzung und bringt positive Energie. Ab und zu mal wahrzunehmen, was andere Menschen so leisten, kann uns ganz schön ins Staunen bringen.

Merke: Fähigkeiten an sich sind weder gut noch schlecht. Lerne, sie bei anderen Menschen zu erkennen und anzuerkennen.

Du hast einen wichtigen Job. Egal in welchem Berufszweig du tätig bist, du wirst in der Gesellschaft gebraucht. Gerade auch du als Hausfrau oder Hausmann erfüllst eine sehr wichtige Position, die bei Weitem nicht zu unterschätzen ist – aber meist sehr unterschätzt wird. Daher liebe ich die Werbung, in der die Dame sagt: »Ich manage ein kleines Familienunternehmen«, denn so ist es. Das bringt es genau auf den Punkt. Die klassische Rollenverteilung verschwindet immer mehr und verändert die Art des Familienlebens. Es ergeben sich daher neue Herausforderungen.

14.2 Wichtig: Stärke deine Stärken

In der Schule lernen wir, dass wir uns auf unsere Schwächen zu konzentrieren haben, denn in welchen Fächern bekommen wir Nachhilfeunterricht? Ja, natürlich in denen, in denen wir schlecht sind. Häufig wird das Fördern von Stärken stark vernachlässigt. Das mag in der Schulzeit auch richtig sein, um in den Fächern, in denen wir Schwächen haben, auch auf ein gutes Niveau zu kommen. Das erreichen wir durch entsprechende Nachhilfe. Es führt in uns allerdings zu einem falschen Selbstverständnis. Denn im Grunde ist es genau die falsche Fokussierung. Erst wenn wir anfangen, unsere Stärken auszubauen, werden wir gut, besser und später zum Experten. Erst als Experte wirst du richtig erfolgreich. Hinzu kommt, dass sich dein Selbstbewusstsein deutlich steigern wird, wenn du Sachen tust, die du sehr gerne tust und außerdem auch sehr gut kannst.

Natürlich kannst du an deinen Schwächen arbeiten, aber das solltest du in erster Linie nur tun, wenn es sich um sogenannte fatale Fehler handelt. Das Beratungsunternehmen Zenger | Folkman hat mit der Auswertung von hunderttausenden von Daten herausgefunden, dass Menschen – auch Führungskräfte – aufgrund ihrer besonderen Stärken beurteilt werden. Und dass es Menschen sehr viel erfolgreicher – manchmal damit auch glücklicher – macht, wenn sie sich darauf konzentrieren, ihre erkannten Stärken zur Meisterschaft zu entwickeln. Sich mit ihrer Expertise zu positionieren – ob im Beruf oder im privaten Leben. Dagegen müssen erkannte Schwächen nur soweit ausgeglichen werden, dass sie nicht zu fatalen Fehlern führen. Dass also nicht solche Lücken oder Schwächen entstehen, dass richtig schlimme Fehler das ganze Geschäft, den Ruf oder das Privatleben ruinieren.

Also fokussiere dich unbedingt darauf, deine erkannten Stärken weiter zu stärken, zur Expertise auszubauen. Dafür, wofür du dann im Arbeits-, Bekannten-, Freundes- oder Kollegenkreis besonders bekannt bist. Was sie an dir bewundern. Denn das macht dir auch Spaß, macht dir das Leben leichter, kann ein großer Schritt auf dem Weg zum Glück sein. Leichtigkeit bedeutet immer auch Glück.

14.3 Schaffe dir immer einen Ausgleich

Ein Trainerkollege sagte kürzlich zu mir, dass »Verkäufer nicht den Garten bearbeiten sollten, sie sollten sich dafür einen Gärtner nehmen!« Gemeint ist: Der Verkäufer verdient mehr, wenn er seine ganze Zeit in die Arbeit und die Kunden steckt und weniger teure Leistungen billigeren Arbeitskräften übertragen würde. Tja, mit der Aussage hat er grundsätzlich recht. Zum einen kann es der Gärtner wahrscheinlich viel besser als der Verkäufer, zum anderen wird der Gärtner weniger verdienen als der Verkäufer in derselben Zeit.

Wenn dein vorrangiges Ziel Reichtum und Erfolg ist oder du in der Aufbauphase bist, dann ist das auch der richtige Weg. Bei mir gilt das gleiche: Wenn ich an einem Samstag einen Vortrag halte, verdiene ich um ein Vielfaches mehr, als mich der Gärtner kosten würde. Allerdings macht mir die Gartenarbeit richtig Spaß. Sie ist für mich Erholung. Sie ist ein Ausgleich zu meiner Reisetätigkeit. Ich liebe meinen Beruf, ich könnte mir keinen schöneren vorstellen. Ich liebe aber auch den Ausgleich, mal etwas Einfaches tun, etwas, bei dem ich nicht so viel nachdenken, nicht so konzentriert sein muss. Ein Vortrag oder ein Seminar erfordert hundert

Prozent Konzentration, da ist die Gartentätigkeit ein schöner Ausgleich. Für mich gibt es kaum etwas schöneres, als wie ein kleiner Junge mit dem Rasenmähertraktor über die Wiese zu fahren. Es bedeutet Bewegung, Naturerleben, den Vögeln zu lauschen, die Blumen zu riechen, die Bienen zu beobachten. Manchmal sind das Schöne und das Glück so nah und greifbar. Okay, ich verdiene an einem solchen Samstag etwas weniger, als wenn ich meiner Expertise, meiner zur Stärke ausgebauten Fertigkeit als Speaker und Trainer nachgehen würde, aber ich fühle mich in dem Moment erfüllt und besonders glücklich. Leistung mit Leichtigkeit. Das richtige Gleichgewicht ist entscheidend.

Merke: Folge deinem Herzen und mach das, was dir wirklich Freude macht.

Finde für dich die richtige Balance. Erfolg bedeutet Einsatz und auch harte Arbeit, und ich liebe Erfolg. Ich bin bereit, Zeit für meinen Erfolg und meine Leistung zu investieren. Im Gegenzug habe ich jedoch auch gelernt, Dinge rundherum wahrzunehmen, Zeit zu genießen, Entspannung und Ausgleich zu finden. Deine Arbeit zu lieben und gerne zu tun, deinen Stärken nachzugehen bedeutet nicht, dass du nicht auch hin und wieder etwas ganz anderes machen kannst. Vielleicht auch mal etwas, wo deine Stärken nicht bei hundert Prozent liegen, einfach weil es gerade Spaß macht.

Das war genau das, was ich viele Jahre viel zu wenig gemacht habe. Ich habe mich so sehr auf meine Ziele konzentriert und bin dem Geld hinterhergejagt, sodass ich abgelenkt war und wesentliche Wege zum Glück nicht erkannt hatte. Ich musste erst lernen, auch Dinge rundherum wahrzunehmen und Balance zu schaffen. Erst als ich das erkannte, steigerte sich mein Glücklichsein extrem. Ohne ein funktionierendes Gleichgewicht in deinem Leben wird es sehr schwer, richtiges Glück zu empfinden.

Aufgabe

Überlege, was deine zehn größten Stärken und deine zehn größten Schwächen sind! Was kannst du auf der einen Seite ganz besonders gut, worin könntest du dich als Experte ausbilden, indem du diese Stärken weiter stärkst? Was sind im Gegenzug deine größten Schwächen? Wie kannst du diese minimieren, ohne direkt den Fokus drauf zu legen?

Meine zehn größten Stärken
1.
2.
3.
4.
5.
6.
7.
8.
9.
10.

Meine zehn größten Stärken
1.
2.
3.
4.
5.
6.
7.
8.
9.
10.

Konzentriere dich im Wesentlichen auf deine Stärken und baue diese konstant aus. Deine Stärken sind dein Kapital und sorgen für deinen Erfolg. Minimiere deine Schwächen, ohne dich zu sehr darauf zu konzentrieren. Die Hauptkonzentration bleibt immer bei deinen Stärken.

Diese Aufgabe ist wichtig, damit du dich besser kennenlernst, dich besser einschätzen kannst. Wenn du Sachen ausarbeitest, notierst und strukturierst, dann siehst du Dinge klarer und deutlicher, Manches wird einleuchtender. Erst wenn du dich richtig mit etwas befasst, nimmst du es intensiv wahr und kannst es einschätzen und darauf regieren. Du kannst die Liste auch von nahestehenden Personen ergänzen lassen und Personen deines Vertrauens nach ihrer Einschätzung fragen. Stelle deine Stärken und

Schwächen zur Diskussion, prüfe, wie die Einschätzung von deinen Freunden ausfällt. Stimmen die Fremd- und Eigeneinschätzungen überein?

Glücksmacherimpuls

»Was will der Dederichs denn jetzt?«, magst du denken. Erst schreibt er »Konzentriere dich auf deine Stärke!« Und dann schreibt er: »Mache auch mal etwas anderes, was dir nicht so liegt!« Das eine schließt das andere nicht aus.

Deine Kernbeschäftigung sollte im Bereich deiner Stärken liegen, daher musst du deine Stärken deutlich erkennen. Finde deine Stärken und bringe dich dort in die Gesellschaft ein, wo es dir gelingt und du Erfolgserlebnisse hast. Erfolgserlebnisse sind wichtig für die erlebte Selbstwirksamkeit und erlebte Arbeitszufriedenheit. Dazu gehört jedoch auch das Schaffen von Abwechslung: Gegenpole zu schaffen, Anspannung und Loslassen, Leistung und Leichtigkeit. Abwechslung bedeutet Balsam für deine Seele. Es kann wirklich Wunder bewirken und stärkt deine Freude und Gesundheit. Denke an die Balance.

15.

Achtsamkeit: Leb nach außen und innen bewusst

Lerne bewusster zu leben! Nimm deine eigenen Handlungen und dein Umfeld bewusster wahr! Achte auf eigene Empfindungen wie Signale deines Umfeldes. Werde dir dessen bewusst, wenn du jammerst, schimpfst, traurig oder fröhlich bist, wenn du dich freust. Achte darauf, wie du wann reagierst. Wann welche Gefühle in dir ausgelöst werden. Beobachte dich im Umgang mit dir selbst und im Umgang mit anderen. Nur wenn du alles registrierst, kannst du etwas verändern. Schau aber zuerst einfach liebevoll-neutral hin: »Aha! Das ist jetzt so und so, und ich fühle mich so und so.« Bewerte nicht. Schau einfach mit Achtsamkeit hin und erkenne an, was ist.

Merke: Du hast allen Grund zum Glücklichsein, einen besseren Lebensstandard als heute gab es noch nie!

15.1 Genieße das Glück, in dieser Zeit geboren worden zu sein

»Früher war alles besser«, hört man häufig. Das ist barer Unsinn! Besser und glücklicher als heute haben Menschen noch nie in Europa gelebt. Noch nie war unser Lebensstandard so hoch wie heute. Wenn ich bedenke, wie meine Großeltern lebten und welchen Luxus wir heute genießen, dann ist die positive Entwicklung gesamt gesehen beeindruckend. Trotzdem haben wir oft nichts Besseres zu tun als den ganzen Tag zu jammern und von der Vergangenheit zu schwärmen. Ja, die Welt verändert sich, und das ist auch gut so. Natürlich wird vieles jetzt schneller, anstrengender, digitaler, verwirrender, undurchschaubarer, herausfordernder. Aber es war noch nie einfach – und immer haben wir Menschen die Fähigkeiten entwickelt, mit den Herausforderungen der Zeit umzugehen! Wir entwickeln uns weiter. In Deutschland leben wir in einem der reichsten Länder der Welt. Wir haben die größtmögliche Freiheit, um uns zu entfalten. Wir können uns über viele Quellen umfassend informieren und unsere Meinung frei äußern, wir haben eine soziale Grundabsicherung und ein Gesundheitswesen, um das uns trotz aller Probleme die meisten Menschen in der Welt beneiden, wir leben in einem recht sicheren Land voller Naturschönheiten und können zudem reisen, wohin wir wollen. Uns stehen alle Türen offen. Warum gehören wir dann nicht zu den glücklichsten Ländern der Erde? Weil die meisten die Wege zum Glück einfach nicht kennen und beachten. Wir sind strukturiert und erfolgsorientiert und vernachlässigen dabei wichtige Glücksmacher.

15.2 Bist du ein Jammerer? Eigenbild und Fremdbild

Wenn du mal wieder negativ reagierst, wenn du bei Kleinigkeiten ungehalten bist, frage dich: Habe ich nicht im Großen und Ganzen Glück, hier und jetzt zu leben? Ist es notwendig, gerade in dieser Situation böse oder sauer zu sein? Bringt mich das in dieser Situation wirklich weiter?

Wenn du in Jammerstimmung bist, dann schlage ich dir folgendes Gedankenexperiment vor: Was würde passieren, wenn du deine Reaktion ins Positive verändern würdest?

Leider ist die achtsame Selbstbeobachtung bei vielen Menschen nicht besonders stark ausgeprägt. Uns fallen an uns selbst viele Aspekte einfach nicht mehr auf, weil wir uns selbst nicht achtsam anschauen und nicht achtsam nachfühlen, was gerade in uns los ist. Und noch viel weniger richten wir unsere Achtsamkeit dann bewusst darauf, Emotionen und Handlungen ins Positive zu kehren.

Das ist nichts Ungewöhnliches, denn es fällt uns nicht leicht, uns selbst zu beobachten und zu verbessern. Daher empfehle ich dir: Nimm dich selbst immer mal wieder mit Audio oder Video auf. Mit einem Smartphone oder sogar einem alten Handy ist das ja ganz einfach. Auf diese Weise siehst du dich aus einer anderen Perspektive – du erlebst dich auch mal aus der Fremdbild-Perspektive – und lernst dich schon wesentlich besser einzuschätzen. Um das Eigenbild, das du von dir hast, und das Fremdbild besser entwickeln, übereinbringen zu können und daraus zu lernen, musst du auch dem Feedback von anderen Achtsamkeit entgegenbringen! Frage Personen deines Vertrauens nach ihrer Einschätzung! Das alles hilft dir weiter.

15.3 In kleinen Dingen kann großes Glück verborgen sein

Kennst du Leute, denen es immer zu viel regnet oder denen es immer zu kalt ist, und wenn dann mal die Sonne scheint, ist es ihnen gleich zu heiß und zu trocken? Das Wetter ist, wie es ist. Wir können es nicht ändern, also nimm es hin und achte auf seine positiven Eigenschaften. Alles andere produziert negative Gefühle, und genau das wollen wir vermeiden. Wir wollen positive Gefühle, damit positive Handlungen entstehen.

Achte auf Kleinigkeiten! Auf Blüten am Baum, auf die Vögel, die morgens zwitschern, auf die Form der Wolken. Lege dich ins Gras und beobachte die Wolken, du wirst begeistert sein, was du am Himmel wahrnehmen kannst. Gerade diese Kleinigkeiten machen unseren Alltag fröhlich, wir sehen sie nur allzu oft nicht mehr.

Lebe im Hier und Heute! Lebe nicht in der Vergangenheit und auch nicht in der Zukunft. Dies bedeutet nicht, dass du nicht planen, nicht in die Zukunft schauen und gegebenenfalls aus der Vergangenheit lernen sollst. Packe jeden neuen Tag isoliert an und gib alles! So gestaltest du deine Zukunft positiv.

Um sich glücklicher zu fühlen, hilft es, andere Menschen stärker wahrzunehmen, achtsam zu sein und sich in ihre Situation zu versetzen. Das beginnt im Supermarkt an der Kasse und endet beim Briefträger. Schaue dir die Menschen an, beachte ihr Namensschild und sprich sie mit Namen an. Mache dir bewusst, dass auch sie ihr Kreuz zu tragen haben und in ihrem Sein wahrgenommen und angenommen werden wollen. Was aber meistens nicht passiert: Andere Menschen werden oft nur in ihrer beruflichen Rolle wahrgenommen, und nicht als der Mensch mit all seinen Kümmernissen und Hoffnungen, der hinter der Stellenposition steht. Führe Small Talks und nimm die Menschen als Persönlichkeiten wahr. Allein durch diese neue achtsame Wahrnehmung steigerst du die Zahl deiner Glücksmomente, das garantiere ich dir! Du wirst nicht nur viele wunderbare Menschen und Geschichten kennenlernen, du wirst auch viel weniger wütend und frustriert sein, weil du verstehen lernst, warum jener Postbote gerade so reagiert oder jener Mensch in der Kassenschlange vor dir gerade so umständlich ist oder jener Kollege gerade so ultragereizt und scheinbar unerträglich. Nutze hierbei auch die Big Five. Sie helfen dir dabei, Einschätzungen schneller und genauer treffen zu können.

15.4 Glück teilen heißt mehr Glück

Erzähle deinen Freunden und Bekannten von positiven Erlebnissen. Auf diese Weise erlebst du das Positive ein zweites Mal. Vermeide aus diesem Grund, über negative Erlebnisse zu sprechen. Konzentriere dich auf das Positive! Und wenn dir jemand etwas Positives berichtet, dann höre genau zu! Erlebe es in Gedanken mit! In dir werden positive Gefühle entstehen. Du kannst nicht negativ gestimmt sein, wenn dir jemand etwas Schönes erzählt und du ihm wirklich zuhörst. Versuche es einfach!

Gutes tun und kleine Geschenke machen erhöht unser Zufriedenheitsgefühl. Wir fühlen uns glücklich, wenn wir anderen etwas Gutes tun, sei es in Form von sozialem Engagement, Altruismus oder mit kleinen Geschenken. Der Wert spielt dabei keine Rolle, es geht um die Zuneigung, die man anderen entgegenbringt. Dies verursacht auch in dir ein Zufriedenheitsgefühl.

Glücksmacherimpuls

Verabschiede dich von dem antrainierten, aber schädlichen Automatismus, täglich mehrfach negative Nachrichten zu hören, zu lesen oder zu sehen. Natürlich sollst du dich informieren, nur höre nicht mehrfach am Tag immer wieder die gleichen negativen Meldungen.

Trainiere auch deine Achtsamkeit für positive Meldungen, für positive Nachrichten und für das Positive in den Menschen um dich herum. Öffne die Augen und sieh die Möglichkeiten, welche sich dir ergeben. Sie sind da, du musst nur die Augen aufmachen und deine Wahrnehmung verändern. Wenn du deine Achtsamkeit für das Sein der Menschen, für ihre und für deine Gefühle trainierst, kannst du viel kompetenter mit deinen Gefühlen umgehen, du bist ihnen nicht mehr ausgeliefert.

Tipp

Ich habe dir eine Vorlage für dein eigenes Glückstagebuch, ein Glückskonto, auf dem du die Glücksmomente, die du vermehren, aber auch die Jammermomente, die du ablegen willst, notieren kannst, zum kostenlosen Download eingestellt unter: *www.stefan-dederichs.de/bonus*

16.
Mood Management: Vermeide negative Gefühle

In meiner Jugend war ich sehr oft mit meinem Vetter zusammen. Er war für mich wie ein Bruder. Wir haben alles zusammen gemacht, hingen wie Pech und Schwefel aneinander. Jede freie Minute verbrachten wir zusammen. Auf der einen Seite schaute ich zu ihm auf, auf der anderen Seite war ich ein Stück weit eifersüchtig. Er war einfach besser und beliebter, hatte mehr Geschmack, führte ein freieres Leben, er war intelligenter. Innerhalb der Familie führten wir eine Art Konkurrenzkampf. Ich fühlte, dass meine Leistungen schlechter waren als seine, ich war eifersüchtig und auch neidisch. Erst viele Jahre später, als ich mit ihm darüber sprach, erfuhr ich, dass er auch eifersüchtig auf mich gewesen war. Auch er sah in mir Dinge, die er nicht hatte, die er gerne gehabt hätte. Wir hatten also beide genau dasselbe von dem anderen gedacht – und diese Gedanken waren nicht unterstützend und positiv, sondern negativ und neiderfüllt.

Vielleicht kennst du das auch?! Vielleicht hattest du eine Freundin, die – in deiner Wahrnehmung – jeden Schwarm (von dir) als festen Freund hätte haben können ... Aber vielleicht hat sie das gar nicht interessiert oder vielleicht hätte sie lieber ein Mädchen zur festen Freundin gehabt. Vielleicht hast du einen Kollegen, dem das berufliche Glück und eine finanziell superlukrative Karriere zuzufallen scheinen ... der sich aber in Wirklichkeit nach mehr Ruhe und mehr Zeit für seine Kids sehnt und des Leistungserfolgs und aller Statussymbole längst überdrüssig ist?

Es gab da in meiner Schulzeit ein Mädchen, das ich klasse fand. Sie hatte allerdings einen Freund, der um einiges älter war. Ich traute mich nicht, sie anzusprechen, denn sie war irgendwie eine Nummer zu groß für mich. Jeden Tag hoffte ich, sie auf der Straße oder im Bistro zu sehen. Mein Herz schlug jedes Mal ein wenig höher. Sie hatte lange braune Haare, ein hammer Lächeln und eine Wahnsinnsfigur. Sie war wie von einem anderen Stern. Was hätte ein solches Wesen schon von mir wissen wollen, mir, dem einfachen, ganz normalen Jungen! Etwas später lernte ich ihre Schwester kennen. Wie? Das weiß ich nicht mehr. Das Leben bringt uns einfach das, was wir brauchen. Die Schwester und ich wurden extrem gute Freunde. Wir unternahmen viel zusammen (Kino, Disco, Bistro) und natürlich war das wunderbare Mädchen häufig mit dabei. Anfangs war ich einfach viel zu schüchtern, später kannten wir uns dann zu gut. Ich hatte den Zeitpunkt verpasst. Wir sind nie zusammengekommen. Als ich sie jedoch näher kennenlernte, merkte ich, dass sie nicht von einem anderen Stern war. Verstehe mich nicht falsch! Sie war ein tolles Mädchen, lieb und begeisternd, aber eben nicht besser und nicht schlechter als ich. Dadurch dass ich sie besser kennenlernte, normalisierte sich meine Sichtweise. Sie hatte die gleichen Ängste, Sorgen und Probleme wie alle anderen auch. Vielleicht sogar ein wenig mehr. Es hatte gar keinen Grund gegeben, sie nicht anzusprechen, es war nur meine Wahrnehmung gewesen, die mich daran hinderte. Wir Menschen sind ähnlicher als wir oft glauben. Egal ob Prominente, König, Politiker oder einfach ein tolles Mädchen. Es gibt keinen Grund dafür, dass du dich kleiner oder weniger wert fühlst. Dies bedeutet nicht, dass du nicht Respekt oder Begeisterung zeigen sollst und kannst, es bedeutet nur, dass du deine Sichtweise anpassen und dadurch den Weg zum Glücklichsein weitergehen kannst. Die Dinge sind oft anders als sie im ersten Augenblick erscheinen.

16.1 Hinterfrage den Schein

Es ist oft nicht so, wie es scheint. Vermeintlich stärker wirkende Personen sind oftmals gar nicht stärker als du selbst; sie wirken nur so. Es sind ausschließlich unsere eigenen Gedanken, die uns zu Fehleinschätzungen führen. Wir hinterfragen unsere eigenen Vorurteile bezüglich der Situation eines anderen Menschen gar nicht, sondern setzen voraus, dass man doch so einfach glücklich sein muss. Das ist Unsinn! Das, was uns als Glück erscheint, muss den anderen Menschen überhaupt nicht glücklich machen!

Im Laufe meiner Karriere lernte ich viele Menschen kennen, die viel reicher und nach außen erfolgreicher waren als ich. Menschen, die in der Öffentlichkeit standen, Menschen, zu denen man aufschaut. Wenn man diese Menschen jedoch besser kennenlernt, dann merkt man, dass hinter dem ganzen blendenden Schein auch nur sensible Wesen stehen. Sie sind nicht anders als du und ich. Sie haben genau die gleichen Sorgen und Ängste, Probleme und Herausforderungen. Sie sind weder besser noch schlechter als andere. Also verbanne Hass auf sogenannte Eliten oder Menschen, die mit einem silbernen Löffel im Mund geboren worden sind, denen alles zuzufallen scheint, verbanne Neid und Eifersucht aus deinem Leben! Hass, Neid und Eifersucht führen zu keinen positiven Ergebnissen. Sie bringen dich in keiner Weise weiter. Sie verursachen ausschließlich negative Gefühle. Gönne anderen Menschen ihre Erfolge! Unterstütze sie dabei, Erfolg zu haben! Du wirst erfahren, dass dein Glücksgefühl deutlich größer ist, als wenn du missgünstig bist. Freue dich mit der Person zusammen über deren Erfolg. Wenn mein Freund sich ein neues Auto kauft, das größer und teurer ist als meines, dann freue ich mich für ihn. Vielleicht spornt es mich an, mehr zu machen. Ich gönne es ihm, denn ich weiß, er hat seinen Teil dazu beigetragen.

Wir sehen in der Regel nur den Erfolg, wir sehen aber nicht die harte Arbeit, die in Wirklichkeit dahintersteckt. Wir sehen nicht die Entbehrungen, die vor dem Erfolg standen. Wir sehen bei Dieter Bohlen nur den erfolgreichen Pop-Titan, aber nicht die Rückschläge, die er in den ersten Jahren erlitt. Wir sehen nicht, welches Durchhaltevermögen er brauchte, um dorthin zu kommen, wo er jetzt ist. Also gönnen wir ihm doch seinen Erfolg! Du wandelst auf diese Art negative Gefühle in positive um, und schon bist du wieder ein Schritt weiter.

Mood Management (Gefühlsmanagement) nennt die Psychologie das, wenn es uns gelingt, unsere Gefühle achtsam wahrzunehmen, neutral anzuschauen und anzuerkennen, zu benennen – und dann positiv zu steuern. Wir sind unseren Gefühlen nicht ausgeliefert, wir können lernen, sie zu steuern! Und das ist ein sehr guter Weg zum Glück!

16.2 Neid und Missgunst machen uns klein, Gönnen macht groß

Neid entsteht, wenn wir einem anderen einen Besitz nicht gönnen. Dabei bringt uns dieser Gedanken keinen Schritt nach vorne. Neid ist ein sicherer Weg zur Erfolglosigkeit. Du sagst deinem Unterbewusstsein, dass du nicht haben willst, was der andere hat. Gönne es ihm, und du drehst deine Gedanken komplett um. Du signalisierst deinem Unterbewusstsein, dass du das auch willst, und du wirst es bekommen. Es spielt in deinem Leben keine Rolle, was ein anderer hat, sondern nur, was du brauchst, um glücklich zu sein. Da du die gleichen Möglichkeiten hast wie jeder andere, kannst du auch das Gleiche erreichen. Neid ist da fehl am Platz. Du hast es nicht nötig, dich mit anderen Menschen zu vergleichen.

Es kann durchaus sinnvoll sein, Vorbilder zu haben. Vielleicht beobachtest du den Weg, den diese Menschen genommen haben. Das ist jedoch etwas anderes als Neid. Eine solche Beobachtung kann durchaus motivierend wirken. Vielleicht entdeckst du Wege, die auch dich voranbringen.

Hass ist eine sehr große negative Emotion, die schnell zu Handlungen führt, die du später bereust. Schlimmer ist jedoch, dass du dich mit dieser starken Emotion selbst belastest. Du vergiftest deinen Körper und Geist mit etwas, was es nicht wert ist. Was du aussäst, kommt auch auf dich zurück. Dein Hass führt zu Handlungen, die der andere erwidern wird. Du schwächst deine Konzentrationskraft und leitest deine Energie in eine negative Zone. Mit diesem Gefühl wirst du nicht zu einem Glücksempfinden gelangen. Das alles ist es nicht wert. Denn meistens schaukeln sich Hassempfindungen gegenseitig hoch. Du tust etwas, was den anderen trifft. Wie wird dieser reagieren? Klar, er tut etwas, was dich trifft. So setzt sich das Ganze fort, und du bist die ganze Zeit mit dem Groll und den negativen Emotionen im Herzen unterwegs. Deine Energie fließt nur in diesen Hass und in die Überlegung, wie du den anderen verletzen könntest. Wohin soll dies führen? Zumindest nie in eine positive, für dich zufriedenstellende Lösung. Dabei liegt die Wurzel des Ganzen in Wahrheit nur in deinen Gedanken.

Löse dich von dieser Person! Entweder schaffst du es, sie von einem anderen Blickwinkel zu betrachten, oder du verbannst sie aus deinem Leben. Lass es nicht zu, dass dich ein solches Gefühl beherrscht! Vergebung ist sicher ein großes Wort. Es ist jedoch immer besser, den ersten Schritt zu tun und über Ereignisse und Handlungen hinwegzusehen, als sich von diesen belasten zu lassen. Es geht um deine Zufriedenheit, dein glückliches Leben und am Ende um deine Gesundheit.

Möglicherweise gibt es in deinem genauso wie in meinem Leben eine Menge Menschen, auf die ich Hass oder Neid projizieren könnte. Menschen, die mir nicht wohlgesonnen waren oder Entscheidungen getroffen haben, die nicht zu meinen Gunsten waren. Ich verspüre hier aber keinen Groll. Ich überlege immer, aus welchem Antrieb heraus diese Menschen so gehandelt haben. Manchmal führt dies dazu, dass ich die Handlung nachvollziehen kann, manchmal denke ich, dass sie nicht angemessen war und manchmal finde ich sie so schlimm, dass ich mir über diesen Menschen keinen Gedanken mehr mache und ihn aus meinem Umfeld entferne. Meine eigenen Gedanken entscheiden, wie ich mit der Situation umgehe. Alles ist in Ordnung, nur Hass und Eifersucht führen zu keiner positiven Veränderung und sind den eigenen Zielen nicht förderlich und stehen damit deinem Glück im Wege.

16.3 Rache?! Nutze die Energie für etwas Liebevoll-Positives

Ähnlich verhält es sich mit Rache. Die Energie, die du aufbringen musst, um Rachefeldzüge zu starten, würde zu viel mehr Erfolg führen, wenn du diese Energie auf die Erreichung deiner Ziele richten würdest. Meist ist es den benötigten Energieeinsatz gar nicht wert. Was soll denn das Ergebnis sein? Was erzielst du mit der Rache? Okay, vielleicht verletzt du den anderen und erfährst Genugtuung. Erfolgt aber daraus wirklich ein gutes Gefühl? Glaubst du, dass daraus ein wirkliches Glücksempfinden für dich entstehen kann? In aller Regel wird dies nicht der Fall sein. Weiterhin wirst du dich direkt auf eine Retourkutsche einstellen können. Du brauchst eine Strategie, um dich zu verteidigen. Musst achtsam sein, wann der nächste Angriff kommt. Auch dafür blockierst du Energie. Je schneller du das Thema vergisst und dich positiven Dingen zuwendest, umso eher ziehst du auch wiederum Positives an.

Was hätte es mir gebracht, wenn ich dem damaligen Geschäftspartner gegenüber, der mich im Stich gelassen und dadurch in wirkliche Bedrängnisse gebracht hatte, nach Rache getrachtet hätte: nichts. Es hätte mich im Leben keinen Schritt nach vorne gebracht und glücklicher wäre ich dadurch ebenfalls nicht geworden. Ganz im Gegenteil, ich hätte meine Energie vielleicht jahrelang in Dinge investiert, die mich nicht wieder nach vorne gebracht hätten. So konnte ich mich sofort auf den Neuaufbau konzentrieren und meine gesamte Kraft auf eine positive Sache richten. Nur deshalb bin ich so schnell wieder nach vorne gekommen.

Glücksmacherimpuls

Lerne, andere Menschen bei ihren Vorhaben zu unterstützen, freue dich für ihre Erfolge. Du wirst schnell eine Veränderung in dir und im Umgang der anderen Menschen mit dir feststellen. Fange jetzt damit an, sofort. Achte auf dein Verhalten und korrigiere es sofort, wenn du wieder ins alte Muster verfällst.

17.

Lebe deine Wünsche und Träume

Diesen Glücksimpuls beginne ich wieder mit einer ehrlichen Bekenntnis von mir selbst – weil ich auch weiß, dass es vielen von euch ähnlich geht. Ich liebe meine Kinder sehr. Sehr! Und doch verbringen meine Frau und ich auch mal Zeit alleine. Das ist kein Egoismus, denn wir alle brauchen auch mal Zeit nur für uns, um die Energie (und damit Liebe) auftanken zu können, die wir dann wieder anderen geben. Du erinnerst dich, was wir im Kapitel *Eigenliebe* besprochen haben: Eigenliebe füllt auch die Tanks auf, die wir für die Hingabe an andere benötigen.

17.1 Zeit für dich und für euch als Paar

Was passiert, wenn die Kinder aus dem Haus sind? Ehepaare haben sich möglicherweise nichts mehr zu sagen. Das Haus ist leer, man fühlt sich einsam und weiß mit seiner Zeit nichts mehr anzufangen. Lebe dein Leben weiter! Liebe das Leben für dich, denn im Leben geht es auch um dich! Das bedeutet nicht, dass du deine Kinder nicht lieben sollst. Natürlich sollst du auch viel Zeit mit deinen Kindern verbringen, und deine Kinder sollten natürlich auch im Mittelpunkt deines Lebens stehen. Mir geht es hier darum, dass du dich nicht ganz vergisst und auch in die Zukunft schaust.

Merke: Du bist der Architekt deines Lebens. Dein Leben führst du in erster Linie für dich. Nicht als Egoist, sondern als ganzheitliches Wesen.

Gestalte dein Leben so, wie es dir guttut! Lebe deine Wünsche und Träume! Warte nicht, bis es zu spät ist. Wenn du immer auf den richtigen Moment wartest, dann wirst du nie mit etwas beginnen oder etwas umsetzen. Den richtigen Moment wird es aber nie geben. Du musst immerzu die Entscheidung treffen und es dann auch tun!

17.2 Zeit für dich bedeutet auch: Pläne für dein Leben

Das hört sich vielleicht einfacher an, als es ist, aber nur so geht es. Dein Leben führst du in allerester Linie für dich. Das soll nicht bedeuten, dass du als unausstehlicher Egoist durchs Leben gehen sollst, der keinerlei Rücksicht auf andere nimmt. Es bedeutet nur, dass du auf deine eigenen Belange achtest und deine Wünsche nicht komplett zurückstellst. Nimm dir ausreichend Zeit für dich!

Ich gehe abends gerne eine Runde ganz alleine mit dem Hund. Da ich auf dem Land wohne, bin ich gleich im Wald, wenn ich das Haus verlasse. Dort finde ich die Ruhe, die ich brauche, um Gedanken schweifen zu lassen. Dort kann ich über die vergangenen Tage und die Pläne der nächsten Tage nachdenken. Was ist gut und was ist weniger gut gelaufen? Was könnte ich ändern oder verbessern? Die Stille der Natur gibt mir sehr viel. Mein Kopf wird richtig frei. Dann fließen plötzlich die Gedanken, die Kopfblockade verschwindet.

Da hat sicher jeder sein eigenes Konzept. Entdecke deinen eigenen Weg, um dich vom Alltag auszuklinken und zu dir zu kommen. Dein Geist und Körper brauchen diese Phasen. Finde die richtige Balance zwischen Partner, Kindern, Freunden, Erfolg und deinen eigenen Bedürfnissen. Du wirst dadurch ausgeglichener und gelassener und bist weniger genervt. Das bewirkt auch eine bessere Atmosphäre innerhalb der Familie. Die Zeit mit den Kindern macht dir dann noch viel mehr Freude, weil du sie genießen kannst.

Wir sind oft in unserem Umfeld so gefangen, dass wir den Druck gar nicht spüren. Wir merken nicht, dass wir vor Aufgaben und Verantwortung fast keine Luft mehr bekommen. Oft merken wir es erst, wenn der Körper sich bemerkbar macht und die ersten Warnsignale durch Krankheiten sendet. Irgendwann stellen wir fest, dass irgendetwas auf der Strecke geblieben ist, dass wir unzufrieden sind. Es ist schwieriger, später aus dem Trott heraus zu kommen, als von vornherein auf eine gute Balance zu achten. Alles im Leben dreht sich immer wieder um die Balance, um das Gleichgewicht. Es ist besser, wenn du agierst und nicht reagieren musst.

Es gibt Situationen im Leben, in denen man sein eigenes Ich zurückschrauben muss. Vielleicht musst du dich um jemanden kümmern, der krank ist. Vielleicht gibt es finanzielle Sorgen, vielleicht braucht deine Firma oder deine Familie deine volle Aufmerksamkeit. Das ist alles in Ordnung, wenn es sich um eine absehbare Zeit handelt. Ansonsten musst du einen Weg finden, Zeiten für dich unterzubringen – Zeiten, in denen du ganz du sein kannst. Sonst bleibst du auf der Strecke und kannst deine Aufgaben nicht mehr erfüllen. Es gibt immer einen Weg, du musst ihn nur suchen und den ersten Schritt machen.

Oft werden Menschen erst dann wach, wenn es zu spät ist, wenn sich Krankheiten entwickeln und das Leben nachhaltig beeinflussen. Achte auf deine Gesundheit, indem du Zeit für dich einplanst. Der Mensch braucht diese Phasen zwischendurch, der eine mehr, der andere weniger. Außerdem wirst du produktiver und leistungsstärker. Die Zeit für dich ist ein wichtiger Glücksmacher. Unterschätze ihn nicht!

Aufgabe

Was sind die zehn Dinge, die du bisher immer mal machen wolltest, aber aus verschiedensten Gründen nicht gemacht hast?

1.
2.
3.
4.
5.
6.
7.
8.
9.
10.

Nimm dir nun ein festes Datum vor, bis wann du diese Punkte umgesetzt haben möchtest. Schreibe das Datum jeweils hinter den Satz und fokussiere es. Notiere dir zusätzlich, was dein Impuls für die Umsetzung ist. Warum möchtest du diese Dinge so gerne machen, was treibt dich dazu an? Lege diese Liste an einem Ort ab, wo du sie regelmäßig einsehen kannst. Prüfe, was du bereits umgesetzt hast oder welche Wege du beschreiten könntest, um diese Dinge umzusetzen.

Glücksmacherimpuls

Warte nicht bis irgendwann, das Leben ist (zu) kurz. Das Leben ist **jetzt**! Prüfe, welche Möglichkeiten du hast, mehr Zeit für dich zu finden. Möglichkeiten gibt es immer, du musst nur aktiv danach suchen und diese Zeit(en) in deinen Kalender eintragen. Sie müssen dir so wichtig und unaufschiebbar sein wie Business-Termine, also trage sie jetzt ein!

18.
Angst nutzen – Angst verlieren

Angst und Glück? Passt das zusammen?, wirst du vielleicht fragen. Ist Glück und vor allem das Schaffen des eigenen Glücks nicht eine Sache der Mutigen? Ich denke ja und gebe gerne zu, dass ich in meinem Leben oft Angst gehabt habe. Angst zu haben, ist erst mal ganz normal. Um es lustig zusammenzufassen: Wir sind die Nachfahren der ängstlichen Frühmenschen, denn die, die auf den Säbelzahntiger zugingen und sich nicht ängstlich in Sicherheit gebracht haben, hatten keine Chance mehr, ihr Erbgut weiterzugeben ... Angst zu haben, muss also nichts Schlechtes sein, ganz im Gegenteil. Im normalen Umfang ist Angst für uns überlebenswichtig, sie schützt uns vor Dummheiten, bewahrt uns vor Selbstüberschätzung und Situationen, in der wir umkommen könnten, warnt uns vor gefährlichen Tieren, Situationen, Menschen.

An anderer Stelle habe ich schon geschrieben, dass der Weg zum Glück immer auch über Krisen und schwierige Zeiten erfolgt. An Krisen wachsen wir als Persönlichkeit. Genauso ist es mit der Angst oder genauer gesagt mit dem Gefühl der Angst. Denn Angst ist eine Emotion aus unserem Unterbewusstsein. Wenn du also ein guter Glücksmacher werden möchtest, dann lasse auch den Weg über die Angst nicht aus. Es wird sich lohnen!

18.1 Angst als Schutzmechanismus nutzen

Wenn wir das Gefühl nicht spüren würden, würden wir uns wohl konstant in Lebensgefahr begeben. Angst bewahrt uns vor Fehlern und signalisiert: »Hey, aufpassen! Ab hier könnte es gefährlich werden!« Die Natur hat Angst als Schutzmechanismus eingeführt. Angst schützt uns vor Schmerz und Verletzungen. Angst muss nicht in jedem Fall als unangenehm empfunden, sie kann auch als lustvoll wahrgenommen werden, zum Beispiel bei Thrillern. Unterschiedliche Erfahrungen von aufregender Gefahrensituation und deren Bewältigung führt zu einer gewünschten Steigerung des

Lebensgefühls. Der sogenannte Kick kann dabei als Wendepunkt zwischen Anspannung und Befreiung aus der Angstphase gesehen werden. Gleiches erleben wir auch bei der Achterbahnfahrt oder beim Fallschirmspringen. Die Kombination von Anspannung und Loslassen versetzt uns in einen intensiven Glückszustand. Bei der Angst entstehen verschiedene körperliche Symptome, die unsere körperliche und seelische Unversehrtheit sichern sollen. Dazu gehören:

- erhöhte Aufmerksamkeit: Pupillen weiten sich, Seh- und Hörnerven werden empfindlicher
- erhöhte Muskelanspannung, erhöhte Reaktionsgeschwindigkeit
- erhöhte Herzfrequenz, erhöhter Blutdruck
- flachere und schnellere Atmung
- Energiebereitstellung in Muskeln
- körperliche Reaktionen wie Schwitzen, Zittern und Schwindelgefühl
- Blasen-, Darm- und Magentätigkeit werden während des Zustands der Angst gehemmt
- Übelkeit und Atemnot bei starker Angst
- Absonderungen, zum Beispiel von Schweiß

Bei Angst reagieren wir auf unterschiedliche Weise:

- Bei dem Vermeidungsverhalten versuchen wir, den Ereignissen oder Personen möglichst auszuweichen. Wir umgehen das Problem, statt uns damit zu konfrontieren. Wir versuchen bereits im Vorfeld zu vermeiden, dass die befürchtete Situation überhaupt eintreten kann.
- Beim Bagatellisierungsverhalten sind wir bestrebt, das als peinlich erlebte Angstgefühl vor sich und anderen herunterzuspielen. »Ach, das war doch gar nicht so schlimm, wie es eigentlich ausgesehen hat. So viel Angst hatte ich ja doch nicht. Ich habe mich da doch nur erschrocken.«

- Im Falle des Verdrängungsverhaltens wird versucht, das hinderliche Angstgefühl zu unterdrücken oder wegzuschieben. Wir verändern unsere Gedanken, versuchen an positive Ereignisse zu denken, statt an die eigentliche Gefahr.
- Bei dem Leugnungsverhalten werden Anzeichen von Angst aus dem Bewusstsein ausgeblendet oder versteckt. In diesem Fall wird die Angst zwar empfunden, soll aber nicht erkennbar werden. Wir geben nicht zu, dass wir Angst haben.
- Sicherheitsvorkehrungen werden zur Beruhigung der angespannten Gefühlslage beim Übertreibungsverhalten wiederholt und überzogen. Dies kann bis ins Krankhafte führen. Zum Beispiel verspüren Menschen immer und immer wieder den Drang zu überprüfen, ob das Wasser wirklich abgestellt ist oder ob die Haustür wirklich verschlossen ist.
- Im Generalisierungsverhalten stellen wir Angsterscheinungen als normal dar, um uns von der erlebten Ausnahmesituation zu befreien. Also nach dem Motto: »Jeder hat da doch Angst. Wer hat denn in einer solchen Situation keine Angst? Das würde doch jedem so ergehen.«
- Beim Bewältigungsverhalten bemühen wir uns um ein realitätsgerechtes Maß an Angst und um einen funktionierenden Umgang mit der Angst. Die Angst wird zugelassen, aber mit positiven Eindrücken kombiniert. »Was kann denn schon passieren? Im Grunde ist doch alles völlig sicher.«
- Im Falle des Heroisierungsverhaltens wird die emotionale Befindlichkeit der Angst angenommen und sogar gesucht, um sich als Held zu fühlen. Das Erlebte wird größer und übertriebener dargestellt, um die überwundene Angst in den Heldenstatus zu heben.

Um mit deinen Ängsten besser umzugehen, ist es wichtig, zu verstehen, woher Ängste kommen und wofür sie im besten Falle gut sind. Ängste sind nichts Unnatürliches. Wir empfinden sie alle lediglich in verschiedenen Situationen in unterschiedlichen Ausprägungen. Durch Erlebtes können sie sich verringern oder verstärken. Was bei dem einen Angst verursacht, erzeugt bei dem anderen möglicherweise keinerlei Angst.

Wie das so mit Kindern ist, wollen diese regelmäßig gerne in einen Vergnügungspark. Dort darf auch die Achterbahn nicht fehlen. Als meine Kinder noch etwas kleiner waren, musste ich sie als Elternteil bei der Fahrt begleiten. Okay, ich gebe zu, dass auch ich in diversen Situationen die Emotion der Angst verspüre. Eine Achterbahnfahrt gehört nicht wirklich zu meinen Vorlieben. Ich mag alles, auch gerne schnell, wenn es sich auf dem Boden bewegt und ich die Kontrolle habe. Mich aber unkontrolliert durch die Luft wirbeln zu lassen, erzeugt kein Glücksgefühl in mir. Nun blieb mir in dem Fall jedoch nichts anderes übrig, denn ich wollte den Kindern die Freude nicht verderben. Die Kinder verspürten nicht das geringste Angstgefühl, während mir das Herz in die Hose rutschte. Was also für den einen reines Vergnügen darstellt, ist für den anderen mit großen Ängsten verbunden. Wir empfinden alle sehr unterschiedlich, und das ist auch gut so.

Erst wenn Angst unser Leben belastet, wenn sie uns blockiert oder übermäßig wird, wird sie zur Gefahr. Es ist wichtig, unsere Angst immer wieder zu überwinden, dadurch wachsen wir und bekommen eine gute Dosis an Dopamin.

Nimm deine Ängste ernst und prüfe sie! Schaue, ob es lohnenswert sein könnte, diese zu überwinden. Liegen die Chancen höher als die Gefahren? Wäge sorgfältig ab.

Wenn du etwas von ganzem Herzen willst, dann können dich nur deine eigenen Ängste aufhalten.

Serio Bambaren

Jedes Mal, wenn ich einen Vortrag halte und kurz vor dem Auftritt hinter der Bühne stehe, verspüre ich Angst. Dieses Gefühl ist jedoch eine positive Begleiterscheinung. Es erzeugt in mir die nötige Anspannung und Konzentration. Sobald ich auf der Bühne die ersten Sätze gesprochen habe, kommt die Entspannung. Ich befinde mich dann in einem ganz speziellen Modus. Das ist wie in der Achterbahn, wenn sich die Anspannung während der Fahrt löst. Ein wohliges Gefühl, ohne in der Konzentration nachzulassen.

Merke: Mut haben bedeutet nicht, keine Angst zu haben, sondern diese zu überwinden.

Angst ist nur ein Gemütszustand. Wir unterscheiden sechs Lebenssituationen, vor denen viele Menschen Angst haben:

- Armut
- Kritik
- Krankheit
- Liebesverlust
- Alter
- Sterben (als vielleicht schmerzhafter Vorgang)
- Tot-Sein (als vielleicht nie-mehr-da-sein).

18.2 Sieh deine Ängste an – stelle dich ihnen

Diese Ängste tragen dazu bei, uns zu vergiften. Du bestimmst, ob du diese Ängste zulässt, wie häufig und in welchen Situationen. Die Shaolin-Mönche zeigen uns, dass wir unsere Ängste vollständig beherrschen können. Wenn du Herr deiner Gedanken bist, dann kannst du negative Emotionen aussperren. Viele Menschen wissen nicht, dass sie über diese Möglichkeiten verfügen und die eigenen Gedanken selbst beeinflussen können.

Unser Gehirn nimmt Gefahren über die Sinnesorgane wahr und schüttet den Botenstoff Adrenalin aus. Der ganze Körper wird aktiviert und auf Kampf oder Flucht vorbereitet. Kommt der Körper in einen Dauerstress-Zustand, kann er sich nicht mehr entspannen und bleibt konstant in Alarmbereitschaft. Es häufen sich Symptome, zum Beispiel Krankheiten. Zu Stress kann auch die heute vorhandene Reizüberflutung führen. Den ganzen Tag läuft das Fernseh- oder Radiogerät. Wenn nicht zu Hause, dann im Büro oder Auto. Oder wir sind mit dem Smartphone beschäftigt, welches uns konstant mit meist nicht gerade positiven Nachrichten versorgt. Nachrichten sind sowieso der Glücklichkeitskiller Nummer eins. Hast du schon einmal morgens auf dem Weg zur Arbeit Radio gehört? Wie oft bekommst du da die gleichen negativen Nachrichten wiederholt? Jetzt beobachte dies einen ganzen Tag lang. Achte darauf, wie oft du dieselbe Information immer und immer wieder erhältst. Es ist also durchaus hilfreich, den Konsum von Nachrichten einzuschränken.

Angst ist der Oberbegriff für eine unterschiedliche Anzahl von Gefühlsregungen, deren Gemeinsamkeit auf Verunsicherung des Gefühlslebens beruht. Der Psychoanalytiker Fritz Riemann unterscheidet zwischen Grundängsten: Angst vor Veränderung, Angst vor Endgültigkeit, Angst vor Nähe und Angst vor Ungeborgenheit und Isolierung (Selbstwerdung). Das Kapitel von den Ängsten auf dem Weg zum Glück muss ich aus Platzgründen hier enden lassen. Für die Leser und Leserinnen, die die Angst als Weg und Chance sehen, habe ich noch ein Unterkapitel angefügt.

Ein Zwischenstopp

Für dich, lieber Leser oder liebe Leserin, die du womöglich unter massiven, scheinbar lebensbedrohenden Ängsten leidest, kann ein Buchkapitel natürlich nicht genug, nicht hilfreich sein. Bitte wende dich in diesem Fall an ausgebildete Therapeuten respektive Therapeutinnen, in jedem EU-Land kannst du auf Hilfe zurückgreifen!

Im Akutfall wende dich an 0800-1110111 in Deutschland oder an die Telefonseelsorge Österreich unter 142 oder in der Schweiz an die 143.

Warum ich das schreibe? Weil Glücksratgeber auch von Menschen gelesen werden, die gerade gar nicht glücklich sind – die auf die längere Sicht wieder glücklich werden können, aber ganz kurzfristig vielleicht jemanden brauchen, der ihnen zuhört. Das kann ein Buch nicht leisten, aber ein seelsorgender Mensch am Telefon.

Und hiermit noch ein Dank an all die Menschen, die diese wichtige und glücksbringende Aufgabe übernehmen.

18.3 Verunsicherung zeigt uns Potenziale

Sobald wir herausgefunden haben, wie etwas funktioniert beziehungsweise eine Lösung dafür gefunden haben, wird die Angst beseitigt. In Phasen der Angst fällt es uns schwer, logisch zu denken und gute Lösungen zu finden. Es fehlt uns die Kreativität. Wir reagieren hektisch, aus dem Bauch heraus und unüberlegt. Im Zustand der Angst sind wir kaum noch in der Lage, gute Lösungen zu finden. Im geborgenen und sicheren Umfeld finden wir Lösungen am besten. Wir befinden uns in einem Dilemma: Auf der einen Seite können wir Ängste nur überwinden, wenn wir Lösungen finden, und auf der anderen Seite nur Lösungen finden, wenn wir keine Angst haben. Gemeinschaft mit anderen Menschen hilft uns über diesen Missstand hinweg. Wir fühlen uns geborgen. Auf diese Weise lassen sich Ängste besser überwinden.

Wäge Positives und Negatives sorgfältig ab. Denke darüber nach, was dir im schlimmsten Fall passieren kann, wenn du das Wagnis eingehst. In den wenigsten Fällen wird es um dein Leben oder um deine Existenz gehen. Meist wirst du feststellen, dass das Schlimmste gar nicht so schlimm ist, wie du im ersten Augenblick angenommen hast. Das Gefühl der Angst entsteht allein in dir, in deinem Kopf. Mache dir bewusst, dass es rein um deine Gedanken geht.

Deshalb: Stelle dir das Gefühl vor, welches du empfinden wirst, wenn du es geschafft hast, dein Vorhaben umzusetzen, also deine Angst zu überwinden. Versetze dich so bildhaft wie möglich in das positive Gefühl. Du musst das brennende Verlangen verspüren, dieses Gefühl zu erreichen. Lass dich nicht durch deine eigenen Gedanken von deinem neuen Vorhaben abhalten! Wenn du etwas von ganzem Herzen möchtest, dann wirst du es auch erreichen!

Bei einem Motivationstraining eines tollen Kollegen sollte man in einem Hochseilparcours seine Angst überwinden. Da ich unter absoluter Höhenangst leide, war das für mich eine gigantische Aufgabe. Ich schummelte mich in der Reihe immer weiter nach hinten. Irgendwann ging es nicht mehr. Ich war an der Reihe. Was machen? Mich bloßstellen vor allen, die es bereits geschafft hatten? – Nein, ich war es mir selbst schuldig, dies durchzuziehen. Zumindest einmal nach oben wollte ich. Mit größter Überwindung gelang es mir, den etwa fünfzehn Meter hohen Zugang am Seil zu erklimmen. Da stand ich nun, Blick zum Seil, das an den nächsten Gipfel gespannt war und welches ich zu überqueren hatte. Ein Seil unten, über das ich gehen musste, und von oben herabhängend immer zwei Meter lange Seile, die ich erreichen musste, um den nächsten Halt zu erlangen. Allein der Anblick brachte meine Beine zum Zittern. Mein Herz klopfte so stark wie noch nie. Was nun? Zurückgehen? Oder sich jetzt überwinden? Mein Wille war stark genug, ich wagte es: den ersten Schritt und dann los übers

Seil. Mit jedem Schritt wurde ich sicherer und die Angst wurde weniger. Am Ende angekommen, ein kräftiger Seufzer. Ich hatte es geschafft! Hammer Gefühle, kaum zu beschreiben. Es war Glücksgefühl pur.

Alles passierte nur im Kopf, ich war gesichert und alles getestet. Mir konnte nichts passieren, auch nicht, wenn ich abgerutscht wäre. Es lohnte sich, die Angst zu überwinden. Das zeigte mir wieder, zu was ich fähig bin, wenn ich es nur möchte und umsetze. Ein kleiner Schritt, eine kleine Aufgabe, aber eine wichtige Erfahrung im Leben, die es ermöglicht, auch künftige Ängste zu überwinden und im richtigen Moment auch mal etwas zu riskieren. Die Überwindung der eigenen Angst wird zum treibenden Glücksmacher.

Aufgabe

Welche zehn größten Ängste blockieren und hindern dich am meisten dabei, den nächsten Schritt zu machen? Notiere sie und überlege dir, wie du diesem Gefühl entgegentreten kannst. Wie kannst du diese Ängste überwinden?

1.

2.

3.

4.

5.

6.

7.

8.

9.

10.

Glücksmacherimpuls

Jeder Mensch hat Angste. Doch auch jeder Mensch kann mit eigenem Willen und dem richtigen Wissen Ängste überwinden. Trainiere in kleinen Stufen, steigere die Dosis langsam. Das Gefühl, welches du bekommst, wenn du Angst überwunden hast, wenn du etwas Neues ausprobiert und geschafft hast, ist unglaublich! Gebe deinem Gehirn immer wieder Gelegenheit zu lernen, dass es sich Ängsten stellen und diese überwinden kann. Solche Erinnerungen wird es als positive Lernerfahrung abspeichern. Lass dich von deinen Ängsten nicht fesseln und lähmen! Nutze sie, um positive (Glücks-)Gefühle zu erzeugen! Spiele mit der Anspannung und dem Loslassen!

19.

So bringst du die Glückshormone auf Trab

Glücklichsein kommt nicht von allein, das habe ich bereits mehrfach betont. Glücklichsein wird auch biologisch stark unterstützt. Auch eine Menge Botenstoffe im Körper sind Glücksmacher und tragen dazu bei, dass wir glücklicher sind. Die Wirkung ist nicht zu unterschätzen. Du solltest wissen, was da in deinem Körper vorgeht und das Glücklichsein biologisch unterstützt. Deshalb habe ich diesen Botenstoffen ein eigenes Kapitel gewidmet. Du brauchst jetzt nicht zum Biologen zu werden. Es ist aber hilfreich, ein bisschen über Prozesse in deinem Körper zu wissen. Ich möchte dir diesen wichtigen Weg zum Glück nicht verschweigen.

Hirnforscher, Neuro- und Molekularbiologen wissen, wie in unserem Körper Glücksgefühle ausgelöst werden. Glücklichsein ist gar nicht so einfach, wie man vielleicht vermuten würde. In unserem Körper muss eine ganze Menge passieren, damit wir glücklich sind.

So sind die Botenstoffe Dopamin, Noradrenalin, Serotonin, Beta-Endorphin, Neuropeptide wie Oxytocin und Sexualhormone wie Östrogene für unser Glück und Wohlbefinden verantwortlich. Beta-Endorphin, unser selbstproduziertes Morphium, macht zum Beispiel Unangenehmes weniger unangenehm, lindert Schmerz und erzeugt in hoher Dosis träumerische Glückseligkeit. Botenstoffe sind dafür da, um jede Art von Botschaft zu übertragen. Sie liegen allen unseren Emotionen, Gedanken, Gefühlen, Beurteilungen und Entscheidungen zugrunde. Unser Gehirn ist von ihnen abhängig. Die Zusammensetzung der Botenstoffe ist bei jedem Menschen unterschiedlich.

19.1 Dopamin

Dopamin ist vereint mit Noradrenalin der wichtigste Botenstoff für das Glücksempfinden. Tief im Mittelhirn liegt eine kleine Ansammlung von Neuronen, die den Botenstoff Dopamin produzieren und in den Nucleus accumbens und ins Fronthirn weiterleiten. Diese Neuronen feuern immer dann, wenn ein Ergebnis besser ausfällt als erwartet. Durch das Dopamin funktioniert das Frontalhirn besser, sodass du zum Beispiel effektiver denkst und lernst. Dopamin sorgt für Freude, Antrieb, Aufmerksamkeit und Vergnügen. Es treibt uns vorwärts in Richtung unseres Ziels in freudiger Erwartung auf Lust, Freude und Begeisterung – also alles, was wir als angenehm empfinden. Im Gegenzug passiert ohne Dopamin genau das Gegenteil: Wir machen nichts, werden lustlos, haben kein Interesse und keinen Antrieb. Menschen, die depressiv oder chronisch schlecht gelaunt sind, haben einen zu niedrigen Dopaminspiegel. Dopamin beeinflusst unsere Stimmung und unsere Gefühlslage. Eine Dopamin-Belohnung bestärkt jedes Verhalten durch schöne Gefühle. Der Botenstoff verringert auch den Drang zu essen, hält also schlank. Wenn wir glücklich sind, verspüren wir weniger Appetit. Daher kommt auch das sogenannte Frustessen.

Wenn meine Frau nachts mal an den Kühlschrank geht, frage ich sie gleich, ob ich etwas falsch gemacht habe oder warum sie schlechter Laune ist. Voraussichtlich wird es am Dopaminmangel liegen.

Dopamin gehört zu den wichtigsten Botenstoffen (Neurotransmittern) im Nervensystem. Es gibt Impulse zwischen den Nervenzellen weiter. Wenn wir zu wenig Dopamin freisetzen, verringert sich unsere Denkfähigkeit. Leichter Dopaminmangel bewirkt ein Nachlassen unserer Motivation und Leistung, es kommt zu Depressionen und Bewegungsstörungen. Dopamin hat damit in Verbindung mit Noradrenalin einen wesentlichen Einfluss auf unser Glücksempfinden. Es gilt als Glückshormon und löst eine Art Glücksrausch aus. Dies führt dazu, dass wir das Gefühl, wenn es einmal erlangt wurde, wieder haben möchten. Alleine schon die Erwartung, man werde etwas Schönes erleben, führt zur Ausschüttung des Dopamins und damit zu den Glücksgefühlen. Oft reicht Vorfreude bereits aus. Sie ist ebenso anregend wie Freude selbst.

Routine ist ein Feind inneren Glücks

Routine behindert die Dopaminproduktion. Alles, was man regelmäßig konsumiert und genießt, verliert mit der Zeit seinen Reiz und löst keine angenehmen Gefühle mehr aus. Nur das angenehm Neue, positiv Unerwartete und Überraschende führt zu einem Glücksgefühl. Genau hier kommt die Komfortzone wieder ins Spiel. Deshalb ist es so wichtig, die Komfortzone regelmäßig zu verlassen. Du siehst, wie alles immer zusammenhängt. Höre niemals auf, Neues zu probieren, egal in welchem Alter! Glücksgefühle und Wohlbefinden entstehen da, wo die Chemie stimmt. Der richtige Hormoncocktail steigert unser Glück.

Im Laufe der Jahre verringern sich die Dopaminzellen. Deshalb reagieren wir im Alter ruhiger und langsamer.

Mitreißende, wohlklingende Musik ist ein wahrer Dopamin-Treiber. Musik fördert die Produktion des Glücksboten und bessert somit unsere Stimmung. Je mehr die Musik nach unserem Geschmack ist, umso mehr kommt es zur Dopaminausschüttung. Musik unterstützt also unsere gute Stimmung und fördert das Glücklichsein. Es ist daher durchaus ratsam, genügend Musik zu konsumieren.

Es gibt keine Möglichkeit, Dopamin künstlich zu uns zu nehmen, zum Beispiel durch die Nahrung oder Tabletten. Unser Körper muss es selbst produzieren. Das macht er immer dann, wenn wir uns etwas Gutes tun, wenn wir zum Beispiel Süßes essen. Für mich war dies eine der besten Nachrichten.

Endlich hatte ich für meinen Hausarzt eine Ausrede, warum ich fast täglich eine Tafel Schokolade esse. Bitte Achtung! Alles in Maßen!

Auch beim Sex wird Dopamin ausgeschüttet. Also kannst du das ruhig weitermachen, es ist also eher förderlich als schädlich. Hier braucht man die Menge sicher nicht so einzugrenzen wie bei Schokolade. Die Nebenwirkungen dürften geringer sein.

Dopamin ist ein Belohnungssystem. Der Botenstoff wird stoßartig ausgeschüttet und gibt damit das Signal, dass etwas gut für uns ist. Wir erreichen unsere Ziele und Wünsche schneller und sicherer, da wir mithilfe des Dopamins motivierter, interessierter und aufmerksamer sind.

Da das Dopamin ein wichtiger Bestandteil des Glücklichseins ist, wäre es für dich interessant zu wissen, wie du dafür sorgen kannst, dass dieser Botenstoff von deinem Körper häufiger ausgeschüttet wird. Je mehr Neues du versuchst, je mehr freudige Erwartungen du für dich produzierst, je mehr du dich selbst belohnst, umso mehr Dopamin stellt der Körper her. Wenn du also den ganzen Tag nur auf der Couch sitzt und in den Fernseher schaust, mag das zwar für dich nach Belohnung aussehen, es wird aber wenig bis kein Dopamin erzeugen. Du erlangst wenig wirkliche Glücksgefühle.

Dopamin an sich ist sehr kurzlebig. Es verursacht kurzzeitige Impulse und Glücksgefühle. Es ist daher für unser Glücksempfinden förderlich, wenn möglichst häufig Situationen entstehen, welche die Dopaminausschüttung anstoßen.

19.2 Serotonin

Neben Dopamin ist auch Serotonin für unser Glücksempfinden verantwortlich. Es ist unser Wohlfühlhormon. Ohne diesen Botenstoff sind wir schlecht gelaunt, ängstlich und vielleicht sogar aggressiv. Serotonin nimmt an Prozessen im zentralen Nervensystem teil und wirkt sich auf unser Schmerzempfinden, unser Schlaf- und Sexualverhalten und unseren emotionalen Zustand aus. Der Botenstoff wirkt günstig auf das Erinnerungs- und Lernvermögen und auf die Appetitkontrolle. Wenn die Tage zum Beispiel wieder länger werden, dann übernimmt Serotonin die Führung und sorgt für mehr Elan. Serotonin erhöht Stresstoleranz und sorgt für erholsamen Schlaf. Der Botenstoff steigert die Konzentrations- und Merkfähigkeit. Er unterstützt ein ruhiges und ausgeglichenes Verhalten. Eine über einen längeren Zeitraum anhaltende Stressbelastung kann dazu führen, dass viel Serotonin verbraucht wird. Auch mit steigendem Alter scheint der Serotoninspiegel zu sinken. Heben kannst du den Serotoninspiegel durch gesunde Ernährung, Sport, helles Tageslicht und positive Gedanken.

Damit wir ein positives Gefühl haben, reichen also der Glaube und die Gedanken alleine nicht aus. Wir brauchen auch Aktivität, wir brauchen das Tun, damit Glücksstoffe produziert werden können. Das mag auch ein Grund dafür sein, dass Menschen im Alter schnell abbauen und krank werden, wenn sie nicht mehr sehr aktiv sind. Sie verlassen kaum noch ihre Komfortzone, setzen sich keine Ziele mehr, ihre Gedanken werden negativer, sie verhalten sich zunehmend passiv. Das alles führt zu Krankheit und Unzufriedenheit. Wir schieben das sehr gerne einfach auf das Alter. Das allein ist jedoch nicht richtig.

Serotonin bringt uns in bessere Stimmung, macht uns ausgeglichen, führt zur inneren Ruhe und Zufriedenheit. Es ist beteiligt an unserem Appetit und damit an unserem Sättigungsgefühl sowie an unserer Angstfreiheit. Im

Gegensatz zu Dopamin, das unser Gehirn in kurzen Zeitabschnitten ausschüttet, kommt Serotonin fast überall im Körper vor.

Serotonin ist der einzige Botenstoff, den wir durch Nahrungsaufnahme beeinflussen können. Kohlenhydrate und Tryptophan sind notwendig, damit unser Gehirn Serotonin herstellen kann. Die stärkste kohlenhydrathaltige Hirndroge ist Zucker. Alles, was zumindest ein wenig süßlich schmeckt, wie Nudeln, Getreide, Brot, Kartoffeln, Reis, Bananen und Schokolade, enthält eine Menge an Zucker und Tryptophan. Glücklich macht Schokolade dadurch nicht, sie optimiert lediglich die Stimmung.

Serotonin erhöht die Konzentration und Merkfähigkeit. Solltest du über einen Serotoninmangel verfügen, so kann es zu höherem Stressempfinden und zu Angst kommen. Bei Kindern zeigt sich dies häufig durch Prüfungs- und Versagensangst. Bei Frauen kann es nach dem Eisprung zu abfallendem Serotoninspiegel kommen, was kurz vor der Regelblutung zu Überempfindlichkeit, Stimmungsschwankungen und Reizbarkeit führen kann. Auch stärkeres Essverlangen oder Kaufrausch können eintreten. Zu wenig Serotonin erhöht die Schmerzempfindlichkeit. Längere Stressphasen können dazu führen, dass der Serotoningehalt stark abgebaut wird. Auch die Ernährung kann dazu beitragen. Daher essen Menschen in der dunkleren Jahreszeit mehr Süßigkeiten und Kohlenhydrate. Ohne Serotonin kommt es zu Schlafstörungen. Nachdem wir etwa dreißig Minuten geschlafen haben, bildet unser Körper aus dem vorhandenen Serotonin das Schlafhormon Melatonin. Dieses sorgt für den Tiefschlaf. Ohne ausreichend Serotonin gelangen wir nicht in den Tiefschlaf, was zu einer sehr unruhigen Nacht führen kann.

Du siehst, wie wichtig diese Botenstoffe für unser Glücklichsein sind. Wir müssen uns mit dem Thema auseinandersetzen, weil sie echte Glücksmacher sind. Sie sind wesentlicher Bestandteil für unser Wohlempfinden.

Wenn hier der Haussegen schief hängt, dann leidet dein Glück enorm. Genau dies gilt es zu vermeiden. Es ist also wichtig, dass du weißt, was in deinem Körper vorgeht und dich dabei extrem beeinflusst.

Glücksmacherimpuls

Freude leben wollen, gute Musik, belebender Sex, neue positive Erlebnisse – verlasse die Routine so oft du kannst, belohne dich: Damit kannst du deine Dopaminausschüttung verstärken. Helfe der Natur, dich glücklicher zu machen.

Übertreibe es nicht mit Diäten und achte auf deine Ernährung. Sie ist wichtig, damit Serotonin produziert werden kann.

20.
Glückspfade Bewegung und Sport

Okay, ich weiß, mir geht es nicht anders: Schon wieder das Thema Sport. Allein der Gedanke daran! Immer wieder diese Anstrengung und so! Es gibt doch echt schönere Themen. Muss das denn wirklich sein? Ja, es muss sein, du kommst um das Thema nicht herum, wenn du wirklich glücklich werden willst. Sport ist ein sehr wichtiger Glücksmacher, den ich auch hier im Buch nicht ignorieren oder vernachlässigen kann. Schließlich liegt mir dein Glücklichsein am Herzen. Für mich ist Sport ehrlich gesagt auch nicht der Lieblingsglücksmacher (bin ja auch nur ein Mensch). Es geht nicht darum, eine Modelfigur zu haben. Es geht darum, ein Gewicht zu haben, welches deiner Gesundheit förderlich ist. Um glücklich zu sein, musst du dich in deinem Körper wohlfühlen. Denn Gesundheit ist schwer zu erreichen, wenn du fettleibig bist. Gesundheit ist für dein Glücksempfinden besonders wichtig. Halte deinen Körper fit und erreiche ein Gewicht, mit dem du dich wohlfühlst! Sei da bitte ehrlich zu dir selbst! Ich traf kürzlich auf einen Herrn mit guten 180 Kilogramm bei einer Körpergröße von 1,75 Meter. Er wollte mir tatsächlich weismachen, dass er sich mit seinem Körper sauwohl fühlt. Sorry, das nehme ich ihm nicht ab. Sport kann echt Spaß machen, und wenn man einmal angefangen hat, fast schon zur Sucht werden. Vielleicht siehst du das Thema nach meinem Kapitel gelassener, freudiger und so richtig antreibend. Ich möchte auch hier noch mal betonen, dass es Krankheiten gibt, die Fettleibigkeit fördern, und bei denen du nur sehr begrenzt Einfluss auf dein Gewicht hast. Über solche Fälle spreche ich hier nicht. Auch das Wohlfühlgefühl wird bei jedem unterschiedlich sein. Es geht beim Glücklichsein nicht um Idealmaße, sondern darum, wie du dich wohlfühlst und akzeptierst.

20.1 Gutes Körpergefühl verhilft zum Glück

Um dein Selbstwertgefühl zu steigern und dein Selbstbewusstsein zu stärken, musst du dich rundum gut fühlen. Du musst dich akzeptieren, wie du bist. Dabei hilft eine angemessene Figur.

Ich möchte kein Moralapostel sein und dich ins Kloster schicken. Es geht mir nur darum, dass du einen Zustand erreichst, mit dem du absolut zufrieden und glücklich bist. Übermäßiger Alkohol- und Zigarettenkonsum schadet deiner Gesundheit und fördert den Alterungsprozess. Der erste Schritt zum Glücklichsein besteht darin, dass du deinen Körper akzeptierst. Bringe ihn deshalb in einen Wohlfühlzustand!

Manchmal hast du aus genetischen oder Krankheitsgründen keine Chance, viel zu verändern. In diesem Fall akzeptiere dich so, wie du bist. Hab die Gelassenheit, Dinge hinzunehmen, die du nicht ändern kannst. Du brauchst allerdings die Kraft, Dinge zu verändern, die du verändern kannst. Prüfe genau, ob eine Optimierung möglich ist. Wenn ja, zögere nicht, damit zu beginnen, einen Optimalzustand herzustellen. Du schuldest es deiner Gesundheit und deinem Selbstvertrauen.

Aufgabe

Am besten nimmst du dir jetzt wieder eine kleine Auszeit vom Lesen und stellst dich vor den Spiegel. Schaue dich an und prüfe, ob dein Gewicht für deine Gesundheit förderlich ist und ob es für dein Selbstvertrauen gut ist. Danach prüfe, ob du etwas verändern kannst.

Was ist änderungswürdig an deinem Äußeren?
1.
2.
3.
4.
5.
6.
7.
8.
9.
10.

Jetzt kannst du festlegen, was du verändern möchtest, und dir feste Ziele setzen. Suche nach Bildern deiner Idealfigur und hänge sie an deinen Badezimmerspiegel! Stelle dir vor, wie du dich fühlen wirst, wenn du diesen Zustand erreicht hast. Du weißt: Ziele müssen hoch, jedoch auch realistisch sein. Beachte dies bei deiner Zielplanung. Gib die Bestellung an das Universum, an dein Unterbewusstsein ab. Ab dem Moment konzentrierst du dich nicht mehr auf dein jetziges Gewicht, sondern auf dein Zielgewicht. In deinem Kopf gibt es ausschließlich dein Zielgewicht. Setze dir Etappenziele! Dies hilft dir beim Durchhalten, da du immer wieder kleine Erfolgserlebnisse verspüren wirst. Jedes Mal, wenn du in den Spiegel schaust, stellst du dir dich mit deinem Zielgewicht vor. Denke nie »Ich bin zu dick!« Damit fokussierst du dich aufs Dicksein und nicht auf dein Idealgewicht. Und genau das sollst du ja vermeiden. Denn du ziehst das an, was du denkst.

Nun überlege, wie du dein Ziel erreichen könntest. Welche Schritte, welche Aktivitäten könnten zielführend sein? Verfalle nicht in einen Hungerstreik. Suche nach Ernährungsmöglichkeiten, die dir Freude bereiten, die dir einen gewissen Grad an Freiheit lassen. Vielleicht ist die Umstellung auf veganes oder vegetarisches Essen für dich gut und denkbar. Vielleicht gibt es andere Wege. Vergiss nicht, dich auch zwischendurch zu belohnen! Ganz auf Zucker und Kohlenhydrate zu verzichten fördert nicht deinen Serotoninspiegel. Daher halte ich nichts von Nulldiäten. Eine ausgewogene und gute Ernährung, die auf deinen Körper eingestellt ist, ist die einzige langfristige Lösung für dein Idealgewicht. Binde am besten einen guten Ernährungsberater oder Arzt ein.

20.2 Sport macht Spaß und macht glücklich

Gleiches gilt für den Sport. Suche dir Aktivitäten, die dir Spaß machen! Nur wenn du an dem, was du tust, Freude hast, wirst du damit erfolgreich werden.

Viele Menschen scheitern allein aus dem Grunde, weil sie die falsche Ernährung beziehungsweise den falschen Sport gewählt haben. Auch hier solltest du dich von einem Arzt beraten lassen.

Bitte deine Familie und Freunde, dich bei der Umsetzung zu unterstützen! Vielleicht sind ja einige bereit, sich an deinem Ernährungs- und Sportplan zu beteiligen. Zusammen geht vieles einfacher und macht zudem auch mehr Freude.

Vielleicht bist du eher ein Sportmuffel. Ich bin auch keine Sportskanone. Sport ist nicht meine große Leidenschaft, und beim Essen lässt meine Disziplin auch zu wünschen übrig; damit bist du nicht alleine.

Ich musste auch eine ganze Weile suchen, bis ich für mich die richtige sportliche Bewegung gefunden habe. Ich gebe zu, Laufen liegt mir gar nicht. Ich schaffe es einfach nicht, mich regelmäßig zu motivieren, da es mir keine Freude macht.

Da ich sehr viel unterwegs bin, brauchte ich natürlich einen Sport, den ich überall ausüben kann. Für mich haben sich Golf und Inlinerfahren bewährt. Manche mögen der Meinung sein, dass Golf kein Sport ist. Aber es ist immer noch besser, als auf der Couch zu liegen. Ich gehe morgens um sieben Uhr möglichst als Erster und alleine auf den Platz und bewältige diesen in kürzester Zeit. Dabei gehe ich zügig und konzentriere mich bei den Schlägen. Eine Runde ist immerhin rund zwölf Kilometer lang. Sie fordert von mir Konzentration, also Anspannung, und Entspannung. Für mich ist das der richtige Ausgleich aus Entspannung und Sport. Meine Inliner habe ich immer dabei. Dieser Sport macht mir Freude und verbessert meine Ausdauer. Außerdem bewege ich mich so viel wie irgendwie möglich. Ich gehe oft zu Fuß und scheue körperliche Arbeit nicht. Soweit es meine Zeit erlaubt, verrichte ich Dinge am Haus und Garten selbst. Es macht mir große Freude und kräftigt meinen Körper. So erspare ich mir das Fitnessstudio.

20.3 Bewege dich einfach so viel und oft es geht

Es müssen nicht immer die großen Dinge sein, oft reichen die vielen kleinen in Kombination. Sich im Alltag zu bewegen und einfach etwas auf die Ernährung zu achten, hilft oft schon mehr, als sich mit Gewalt zu Sport und Diäten zu zwingen. Ich höre zum Beispiel immer auf zu essen, wenn ich satt bin. Egal wie lecker es ist, satt ist satt. Okay, kleine Ausnahmen gibt es natürlich bei Käsesahnekuchen. Finde für dich die richtige Balance, dann hast du etwas, was nicht nur kurzfristig hält, sondern im besten Fall dein Leben lang.

Merke: Sport und die richtige Ernährung machen dein Hirn und deinen Körper glücklich! Sie steigern auch die Dopamin- und Serotoninproduktion.

Auch Sport führt zu einer Anhebung des Dopamin- und Serotoninspiegels. Bereits nach zwanzig Minuten lockeren Laufens steigt der Dopaminspiegel merkbar an. Bei hochintensiven Sportarten steigt das Dopamin bereits nach wenigen Minuten. Das macht uns wacher, konzentrierter und fokussierter. Du hast mehr Spaß an dem, was du tust. Weil uns dieser Zustand gefällt, wollen wir ihn wieder verspüren. Daher kommt auch die Aussage, dass uns etwas fehlt, wenn wir nach regelmäßigem Sport eine Zeit lang keinen Sport machen können. Je mehr wir trainieren, umso mehr Dopamin wird ausgeschüttet. Der Sport wird nahezu zur Sucht, dies liegt daran, dass der Körper das einmal erhaltene Dopamin und damit das erhaltene Glücksgefühl wieder haben möchte. Deshalb strebt er danach, es erneut zu erleben.

Dopamin treibt uns zu Höchstleistungen an. Die Wirkung dieses Glücklichmachers begrenzt sich jedoch nicht nur auf die Zeit des Sportes. Wenn du regelmäßig trainierst, so steigert dies deine Konzentration, dein Glücksempfinden und deine Zufriedenheit dauerhaft. Sport hilft dir also nachhaltig auf dem Weg zum zufriedenen Leben.

Der Mensch ist auf Bewegung ausgelegt. Sport hilft dir daher gleich auf mehrere Arten, glücklicher zu sein. Er steigert deinen Glücklichmacher Dopamin und hält dich fit und gesund. Am besten ist Sport immer noch in der freien Natur. Denn zusätzlich zur Fitness regt die direkte Sonneneinstrahlung die Vitamin-D-Bildung an, welche wichtig für unser psychisches Wohlbefinden ist. Unsere Gene sind immer noch die Gleichen wie die unserer Vorfahren, die sich als Waldläufer, Jäger, Hirten und Bauern konstant in der freien Natur aufhielten. Nutze die Möglichkeiten, in die Natur zu gehen, und bewege dich, wann immer du kannst!

Wenn du den ganzen Tag im Büro am Schreibtisch sitzt, dann nutze (soweit es möglich ist) einen zusätzlichen Stehtisch. Ich habe an meinem Schreibtisch ein Stehpult montiert. Das ist ideal. Ich kann dort kleine Besprechungen halten. Das hat den Nebeneffekt, dass diese viel kürzer sind, wenn man sie im Stehen führt. Außerdem kann ich mich beim Telefonieren an das Stehpult stellen. Bei wichtigen Telefonaten ist es hilfreich, diese im Stehen zu führen. Denn das wirkt sich positiv auf unsere Stimme aus. Der Nebeneffekt ist, dass du dich wieder bewegst. Ich vermeide es zum Beispiel auch, mit dem Aufzug zu fahren. Stattdessen nehme ich die Treppe. Okay, ich gebe zu: In einem Hotel mit fünf Etagen werde ich auch schon mal schwach und nehme den Aufzug.

Darum geht es aber auch nicht. Es geht darum, dich zu sensibilisieren, damit du darauf achtest, wann du dich mehr bewegen kannst. Beruflich bedingt sitze ich lange Strecken im Auto. Die Pausen an der Tankstelle nutze ich für kleine Dehnübungen, auch wenn die anderen Pkw-Nutzer etwas irritiert schauen. Du erinnerst dich: Was interessiert es den Löwen, was die Schafe denken? Es ist nicht wichtig, wie wer schaut, es geht um dich und darum, dass du glücklich bist. Durch Sport und Bewegung wirst du glücklicher, also lasse dich durch niemanden behindern oder aufhalten. Der einzige, den du besiegen musst, ist dein innerer Schweinehund, dein Geist, deine Gedanken, also du selbst.

20.4 Bewegung bewegt – auch im Hirn

Ist doch alles nicht so schlimm wie zuerst befürchtet, oder? Du siehst, dass du mit etwas Disziplin und Freude richtig Spaß an der Bewegung bekommen kannst. Oft ist weniger mehr, nur das Machen ist wichtig. Ich hoffe, du hast genügend Impulse von mir bekommen, die dich nun antreiben, deinen Schweinehund zu bekämpfen und loszulegen. Der erste Schritt ist der schwierigste. Manchmal ist es auch der zweite Tag, wenn der erste Muskelkater auftritt. Ich verspreche dir jedoch: Wenn du eine Weile durchgehalten und nicht jedes Mal eine andere Ausrede gefunden hast, die dich an der Bewegung gehindert hat, dann wirst du Lust auf mehr haben. Deine Dopaminausschüttungen beim Sport werden dich dabei unterstützen. Schon nach wenigen Wochen wirst du etwas vermissen, wenn du dich wenig bewegst. Denn der Mensch ist ein Gewohnheitstier und unser Gehirn liebt Routinen. Viele Menschen, die mit mehr sportlicher Aktivität begonnen haben, berichten mir, dass mit der körperlichen Bewegung auch in Kopf und Gemüt etwas in Schwung kommt. Du wirst schnell bemerken: »Bewegung bewegt«! Nicht zufällig kommt die moderne Medizin zu dem Ergebnis, dass Menschen, die sich mindestens zwei Kilometer pro Tag bewegen, seltener krank werden, eine bessere Stimmungslage haben und aktiver ihr Leben wahrnehmen. Auch dein Geist bewegt sich an der frischen Luft. Das ist einer der Gründe, warum beispielsweise berühmte Politiker oder Gelehrte oft miteinander spazieren gehen (oder gingen): Dabei lösen sich Blockaden, der Atem fließt und damit fließen auch die Ideen!

Aufgabe

Welches Ziel setzt du dir für den Bereich der Bewegung? Was nimmst du dir vor, für dich zu tun? Wie möchtest du deinen Körper in Schwung bringen? Mache dir Gedanken und starte möglichst schnell mit der Umsetzung.

1.
2.
3.
4.
5.
6.
7.
8.
9.
10.

Glücksmacherimpuls

Was könnte dein Bewegungs- und Sportplan sein? Auf welche Weise könntest du dich zu mehr und regelmäßiger Bewegung motivieren?

21.
Schätze deine Gesundheit

Sport und Gesundheit liegen ganz nah beieinander, darüber habe ich im vorherigen Kapitel bereits berichtet. Gesundheit ist unser höchstes Gut. Wir können noch so erfolgreich und vermögend sein, wenn wir nicht gesund sind, hilft uns das alles nichts. Da rauchen Menschen ihr Leben lang sehr stark und wundern sich, wenn sie im Alter Lungenkrebs bekommen. Andere achten kein bisschen auf ihre Ernährung, sind fettleibig und wundern sich über Herzinfarkte und andere Folgekrankheiten. Genauso verhält es sich mit Hektik und Stress. Wenn du deinem Körper keine Ruhephasen gönnst, dann wird er sich irgendwann beschweren. Es ist notwendig, Signale, die dir dein Körper sendet, zu erkennen und vor allem darauf zu reagieren.

21.1 Glück trägt zur Gesundheit bei

Verhalten und Entscheidungen aus der Vergangenheit führen zu dem, was heute ist. Sehr viele Krankheiten werden von uns selbst produziert. Oft sind sie auch Warnsignale unseres Körpers. Ich möchte noch einmal betonen, dass es Erbkrankheiten und Schicksalsschläge gibt, auf die wir keinen Einfluss haben, diese meine ich hiermit nicht. Das sind jedoch die allerwenigsten Fälle. Sorgen, die wir uns jeden Tag immer wieder machen, können ebenfalls zu Krankheiten führen.

Merke: Über neunzig Prozent der Sorgen, die wir uns Tag für Tag machen, treten gar nicht ein, belasten uns jedoch nachhaltig.

Glücklichsein trägt zur besseren Gesundheit bei. Dies gilt nicht nur mental, sondern auch körperlich. Entsprechende Hormone im Blutkreislauf fördern die körperliche Gesundheit. Das Immunsystem ist gestärkt. Man zieht sich seltener Ansteckungskrankheiten wie Erkältung, Grippe oder Schnupfen zu. Weiterhin leiden glückliche Menschen seltener an Diabetes und Herz-Kreislauf-Krankheiten.

Sehr häufig werden Krankheiten durch Missstände in unserem Leben verursacht. Wir selbst erkennen diese jedoch sehr häufig nicht. Wenn du wiederholt an unterschiedlichen Krankheiten leidest, solltest du vertraute Personen fragen, was ihnen an deinem Leben auffällt. Vielleicht erkennen sie negative Einflüsse, die die Krankheiten fördern könnten.

Wir können uns oft selbst nicht so gut einschätzen. Daher kann die Wahrnehmung von Außenstehenden sehr helfen. Wenn du jedoch jemand anderen um seine Meinung bittest, musst du dir vorher darüber im Klaren sein, dass du diese Meinung auch annehmen möchtest. Ich meine damit nicht, dass du blind aufnimmst, was derjenige zu dir sagt. Du solltest anhören und analysieren und das Gehörte für dich genau durchleuchten. Ich erlebe immer wieder, dass sich Krankheiten durch die Veränderung der Einstellung, der Lebenseinflüsse, des Glaubens wie von selbst auflösen. Ich betone hier ausdrücklich, dass es immer erforderlich ist, bei Krankheiten einen Arzt um Rat zu bitten. Die Wirkung der Schulmedizin kann durch mentale Veränderungen lediglich verstärkt und unterstützt, aber nicht ersetzt werden.

Du hast großen Einfluss darauf, dein Leben gesünder zu gestalten. Was hilft alles Glück, alles Geld dieser Erde, wenn du nicht gesund bist? Es ist das höchste Gut und deine Pflicht, dich darum zu kümmern. Achte auf die Warnzeichen, die dir dein Körper gibt, reagiere darauf und verändere dein Leben frühzeitig, wenn dies erforderlich sein sollte.

Ein Bekannter hat seinen dritten Herzinfarkt erlitten, aber glaubst du, dass er an seinem Leben irgendetwas verändert? Nein, er macht kurz nach seinem Infarkt genauso weiter wie zuvor. Wie lange mag das gut gehen? Es ist nur eine Frage der Zeit, bis er es nicht überleben wird. Wenn du nicht auf deinen Körper hörst, dann bist du selbst schuld. Mache nicht den Fehler und übergehe Warnsignale einfach. Du hast nur dieses eine Leben, du bekommst keine zweite Chance. Wenn dein Körper dir signalisiert, dass es reicht, dass du etwas ändern musst, dann höre darauf und wage den Schritt der Veränderung. Es gibt immer Wege zum Glück. Du hast es sonst nicht anders verdient. Nur mache nicht andere dafür verantwortlich. Es liegt immer ganz alleine in deiner Hand.

21.2 Psychosomatik: Der Glaube an die Gesundheit

Vorsorgeuntersuchungen gehören genauso zur Gesunderhaltung wie Erholung, Sport und Ernährung. Sie dienen dazu, mögliche Krankheiten frühzeitig zu erkennen. Sie können Schlimmeres verhindern und dir das Leben retten. Auf der anderen Seite sind sie auch eine gute Möglichkeit, in regelmäßigen Abständen einen Überblick über Vorwarnungen zu bekommen, über Anzeichen, die dir signalisieren, was du möglicherweise im Leben verändern solltest.

Ich selbst bin ein Macher, ein Anpacker, kann meine Füße nicht stillhalten. Ich muss nach vorne kommen und etwas bewirken. Dies schließt jedoch den Blick auf den Körper und die eigene Gesundheit nicht aus. Meine Tochter fragte mich kürzlich, warum ich eigentlich nie krank wäre. Selbst wenn die ganze Familie mit Grippe flachliegt, bleibe ich in den meisten Fällen gesund. Es liegt an der Einstellung, an dem Glauben, an dem grundsätzlichen Umgang mit meinem Körper und an meinem Verhalten. Während meine Tochter mit ihrer Freundin kuschelt, wenn diese eine dicke Erkältung hat, halte ich mich etwas entfernt und wasche mir sorgfältig die Hände. Ein bisschen Achtsamkeit hilft bei vielem. Außerdem weiß mein Körper, dass ich fürs Kranksein gar keine Zeit eingeplant habe. Der Glaube ist bereits die halbe Miete. Ich sorge dafür, dass ich immer genug Abwehrkräfte habe. Ich bewege mich oft in der Natur.

Es gibt noch eine weitere Eigenschaft, die glückliche Menschen in Bezug auf ihre Gesundheit voraushaben. Sie leben länger, und das gesund. Glückliche Menschen leben siebeneinhalb bis zwanzig Jahre länger, dabei fühlen sie sich deutlich wohler. Dies ist nicht nur auf die geistige, sondern auch auf die körperliche Gesundheit bezogen.

Die Glücksforschung beschreibt sechs wesentliche Faktoren, die zu einem längeren Leben führen:

1. ausgewogene Ernährung
2. normalgewichtiger oder mäßig übergewichtiger Körper
3. nicht rauchen
4. Alkohol nur in Maßen
5. ausreichend Bewegung oder Sport
6. mentale Gesundheit, Glücksniveau

Sechs Punkte, die dir siebeneinhalb bis zwanzig weitere gesunde Jahre bringen können. Ich weiß nicht, wie du das siehst, aber für mich sind das echte Argumente. Das Schöne ist jedoch, dass es keine unrealistischen Punkte, sondern umsetzbare Dinge sind. Man liest das und sagt: »Ja, ist okay, das mache ich!« Morgen denkst du aber schon nicht mehr daran. Wenn du etwas verändern willst, dann mache es jetzt, nicht irgendwann. Alles, was du nicht innerhalb von zweiundsiebzig Stunden beginnst, wirst du höchstwahrscheinlich nicht mehr angehen. Die Chance, dass du es dann noch machst, sinkt auf 1:99. Fange jetzt an, dir Ziele zu setzen, dir Gedanken zu machen, wie du diesen Sechs-Punkte-Plan für dich umsetzen kannst. Mache jetzt sofort eine Pause mit dem Lesen und lege fest, wie du starten willst.

Wie wirken sich unsere Gedanken auf unsere Gesundheit aus? Das tun sie nämlich noch viel mehr, als wir uns vorstellen können. Mittlerweile belegen eine Menge Studien, dass wir durch positives Denken auch schwerste Krankheiten besiegen können. Sehr häufig entstehen Krankheiten erst durch unsere Gedanken und Handlungen, daher ist es auch naheliegend, dass wir sie durch eigene Gedanken wieder korrigieren können. Ich möchte an der Stelle noch einmal ganz deutlich betonen, dass es nicht darum geht, die Allgemeinmedizin zu ersetzen, sondern ausschließlich darum, sie zu ergänzen und zu unterstützen.

Die Kraft der Gedanken können wir bereits an unseren Kindern erkennen. Wenn eines meiner Kinder eine Wunde hat, dann puste ich und schicke den Schmerz ins Universum. In den meisten Fällen dauert es nicht lange und das Kind springt freudestrahlend und lachend wieder auf und spielt weiter. Wenn du Kinder hast, kennst du dieses Phänomen sicher – bei meinen Kindern jedenfalls hat dies immer wunderbar funktioniert.

Kopfschmerztabletten wirken, sobald man sie eingenommen hat, obwohl die Wirkstoffe den Magen noch gar nicht passiert haben. Dieser Placebo-Effekt wurde bereits in vielen Untersuchungen nachgewiesen. US-Chirurgen teilten Herzkranke mit Angina Pectoris in zwei Gruppen ein. Bei der einen Gruppe wurde eine Arterie am Herzen verschlossen, um die Beschwerden zu lindern. Bei der zweiten Gruppe wurde zwar auch der Brustkorb geöffnet, jedoch keine Arterie verschlossen. Niemand wusste, ob er scheinoperiert worden war oder nicht. Das Erstaunliche: In beiden Gruppen ging es etwa gleich vielen Patienten erheblich besser. Einige Placebo-Operierte waren sogar körperlich belastbarer als vor ihrer Schein-OP. Vieles passiert in unseren Gedanken, sie unterstützen den Heilungsprozess ungemein. Das alles sind keine Wunder, sondern es ist die Kraft der Gedanken (viele weitere Beispiele in: Dispenza (2016)).

Die größte Herausforderung ist in so schweren Zeiten an das Positive und an die Genesung zu glauben. Die Kraft zu finden, die Energie nicht auf das Negative, sondern auf das Positive zu richten.

21.3 Ein bisschen Stress ist gut

Wenn wir uns Gefahren ausgesetzt sehen, mobilisiert der Körper alle Kräfte und schüttet Adrenalin aus. Der ganze Körper wird in Anspannung, in Alarmbereitschaft versetzt. Doch auch der Stress selbst kann für uns zu einer Gefahr werden, und zwar, wenn man ihm ständig ausgesetzt ist. Der Körper kann sich dann nicht mehr erholen. Ist dieser Zustand kombiniert mit schlechter Ernährung und mangelnder Bewegung, dann ist das Entstehen von Krankheiten vorprogrammiert. Ständiger Stress, Unruhe und Reizüberflutung zum Beispiel durch Fernseher, Radio, Social Media, Verkehrslärm, Sorgen, negative Gedanken, Ängste und Aufregungen schaden der Gesundheit, da sie unter anderem das Immunsystem massiv schwächen.

Stress entsteht häufig dadurch, dass dein Unterbewusstsein negative Zukunftsbilder erhält. Oder es fällt uns schwer, uns an neue Gegebenheiten anzupassen, dies setzt uns unter Stress. Auch wenn dir dein Umfeld nicht gefällt, wenn du unglücklich bist im Beruf oder in der Partnerschaft, kann das zu Stress führen. Im Grunde genommen liegt ein gestörtes Verhältnis zwischen Spannung und Entspannung vor. Wir haben häufig den Eindruck, dass wir zu wenig Zeit haben, und setzen uns unter Druck. Dabei schaffen wir uns diesen Stress eigentlich oft selbst durch falsche Prioritätensetzung, mangelhafte Zeitplanung und schädliche Glaubenssätze wie »Ich muss alles perfekt machen, und wenn es die ganze Nacht dauert« oder »Ich mache es lieber selbst als es zu delegieren, dann wird es gleich richtig gemacht«.

So etwas Ähnliches wie in meinem nächsten persönlichen Beispiel kennst du sicher auch: Ich bin mit einem Ehepaar seit langer Zeit eng befreundet, auch wenn wir uns oftmals über längere Zeiträume nicht treffen. Beide sind selbstständig in einer eigenen Firma, sehr erfolgreich. Wir haben uns kürzlich nach fast sechs Jahren wieder getroffen und verbrachten einen wunderschönen gemeinsamen Abend. Die beiden erzählten mir von den vergangenen Jahren. Sie berichteten, wie positiv sich die Firma entwickelt habe, dass die Mitarbeiteranzahl deutlich gesteigert werden konnte. Sie hätten aber unheimlich viel Arbeit und Stress. Sie litt an Krankheiten, die sich nicht richtig auskurieren ließen. Ich fragte dann meinen Freund, der mir vor etlichen Jahren freudig erzählt hatte, dass er künftig weniger arbeiten wollte, also höchstens noch vier Tage in der Woche, was aus diesem Plan geworden wäre. Er sagte, dass er das auch mache, dass er freitags in der Regel nicht mehr arbeite. Gleichzeitig erzählte er aber auch wieder von dem unsagbaren Stress, unter dem beide zu leiden hätten. Im Laufe des Gesprächs wurde mir immer deutlicher, dass er ein wirklich gutes Leben führte. Er hatte Zeit genug, um seinen Hobbys nachzugehen. Er hatte Geld genug, um seinen Leidenschaften nachzugehen. Beide setzten sich nur durch ihre Einstellung unter Druck und lebten in dem Gedanken, vor Stress fast keinen Fuß auf den Boden zu bekommen. Dabei hatten sie alles erreicht. Sie könnten entspannt und gesund leben, wenn sie ihre Einstellung ändern würden. Der Stress, den sie erleb(t)en, stammte nahezu ausschließlich aus ihren Gedanken. Ich bin fest davon überzeugt, dass die Krankheiten der Freundin durch eine positive Veränderung ihrer inneren Einstellung verschwinden würden. Fast wie bei einem Nocebo: Das dauerhafte Festhalten an der Vorstellung »Ach, was müssen wir für ein stressiges Leben führen« raubte Kraft, Freude, innere Ressourcen und schwächte das Immunsystem und schließlich den Körper.

Es ist nicht wenig Zeit, die wir haben, sondern es ist zu viel Zeit, die wir nicht nutzen.

Seneca

Wir sollten keine Zeit verschwenden. Ich meine damit nicht, nie in Ruhe in der Sonne sitzen und nichts tun zu dürfen. Sondern ich meine, sich über Sorgen, Angst, Zorn, Ärger, Hass, Neid, Eifersucht, Selbstmitleid, Schuldgefühle Gedanken zu machen. Konzentriere dich auf positive Dinge! Verbanne diese negativen Gedanken aus deinem Geist!

Stress ist von uns selbst produziert. Er entsteht in unseren Gedanken. Du verursachst ihn ganz alleine, nicht die anderen sind schuld. Du entscheidest, ob du zu jeder Tages- und Nachtzeit ans Handy gehst, ob du deine E-Mails alle zwei Minuten überprüfst. Ob du die Nachrichten in den Sozialen Medien ständig abrufst. Auch hier gilt: Finde für dich die richtige Balance!

21.4 Stress ist auch eine Frage der Einstellung

Auch wenn du einen sehr vollen Terminkalender hast, bedeutet dies nicht, dass du in Stress geraten musst. Du entscheidest, wie du Situationen empfindest und wie du deine Erholungspausen einsetzt. Je mehr Spaß du an dem hast, was du tust, umso weniger Stress wirst du verspüren. Achte aber darauf, dass dein Geist und Körper trotz allem ihre Erholungsphasen bekommen.

Ich habe dir bereits berichtet, dass ich keinen Stress erleide und ein ausgeglichenes, glückliches Leben führe. Nicht weil mein Leben nicht mit vielen Aktivitäten ausgefüllt wäre. Ich bin ein sehr ehrgeiziger Mensch, und wenn ich etwas vorhabe, dann engagiere ich mich extrem dafür. Auch wenn es Phasen gibt, in denen ich kaum zu Hause bin und es schwer ist, alle Aufgaben an einem Tag unterzubringen, bedeutet dies für mich keinen Stress. Das, was ich mache, tue ich gerne, es erfreut mich. Ich empfinde es nicht als anstrengend. Ich habe ein perfektes Zeitmanagement erlernt. Mir ist bewusst, dass ich immer nur eine Sache nach der anderen erledigen kann. Also arbeite ich auch nur eine Sache nach der anderen ab. Meine Mitarbeiter wissen, dass es Zeiten gibt, in denen ich eine offene Tür habe. Es gibt jedoch auch Zeiten, da ist die Tür verschlossen. Dann muss ich sehr konzentriert arbeiten. Du bist einfach nicht effektiv, wenn du ständig aus deinen Gedanken herausgerissen wirst.

Viele neigen dazu, ihren Terminkalender so vollzustopfen, dass sie in extreme Engpässe geraten, wenn etwas Unvorhergesehenes dazwischenkommt. Dafür sollte man Leerzeiten einplanen. Verplane immer höchstens achtzig Prozent des Tages, damit dir jederzeit bewusst ist, dass noch Luft vorhanden ist und du nicht unter Druck gerätst, wenn du unerwartet reagieren musst.

Alle Termine und Aufgaben sind bei mir genauestens geplant. Genauso trage ich auch mein Golfspielen oder andere private Termine in den Kalender ein. Wenn ich einen Termin geplant habe, egal ob privat oder geschäftlich, dann wird der nicht verschoben, es sei denn, es ereignet sich etwas wirklich Unvorhergesehenes. Wenn du so nicht vorgehst, dann kommen das Private und deine Erholung immer zu kurz, weil es zu oft etwas scheinbar Wichtigeres geben wird. Deine Privatzeit wird das Erste sein, was du von der Liste streichst, wenn es mal eng wird.

Auf einer Messe traf ich einen alten Freund, Mikel. Wir waren in der Jugend sehr gut befreundet und hatten viel gemeinsam unternommen. Wir unterhielten uns so gut, dass wir uns unbedingt in Kürze noch einmal treffen wollten. Da wir beide leidenschaftlich gern Golf spielen, lag es nahe, dass wir uns zu einer Golfrunde verabredeten. Er ist mittlerweile in seinem Beruf sehr erfolgreich und hat einen sehr vollen Terminkalender. Da auch ich immer mehrere Wochen lang ausgebucht bin, war es nicht einfach, zeitnah einen Termin zu finden. Wir konnten jedoch aufgrund der bei uns beiden vorhandenen Freiräume für Unerwartetes einen Termin in drei Wochen einplanen. Wenige Tage vor dem Termin musste Mikel den Termin absagen, weil etwas dazwischengekommen war. Okay, das kommt vor. Wir stimmten einen neuen Termin ab, dieser lag wiederum drei Wochen in der Zukunft. Eine Woche vor dem Termin kontaktierte ich meinen ehemaligen Jugendfreund, um ihn an unser Treffen zu erinnern. Mikel antwortete mir, dass ihm leider wieder etwas dazwischengekommen sei. Nun war es jedoch so, dass ich sechs Wochen lang keine größeren Freiräume hatte, um mit ihm eine Golfrunde einzuplanen. Also vergingen seit unserem Treffen insgesamt drei Monate bis zu unserer Verabredung.

Wenn ich einen privaten Termin einplane, ist dieser für mich genauso wichtig wie ein geschäftlicher Termin. Deshalb wird er nicht verschoben. Du musst immer daran denken, dass auch dein Terminpartner die Zeit reserviert hat. Dieser hätte den Termin auch anders belegen können. Wenn du einen Termin absagst, signalisierst du: »Hey, da ist mir etwas anderes wichtiger!« Es zeugt von Respekt dem anderen gegenüber, auch private Termine einzuhalten. Verstehe mich nicht falsch! Es kann immer etwas dazwischenkommen. Wenn dir aber das Vorhaben so wichtig ist, dass du dafür Zeit einplanst, dann verschiebe den Termin nur, wenn es gar nicht anders geht.

21.5 Mache Privates (mindestens) so wichtig wie Berufliches

Die richtige Zeitplanung und Setzen deiner Prioritäten führt dazu, dass du entspannter an alles herangehst. Wenn du die Rücksicherung hast, dass du zwanzig Prozent Freiraum für Ungeplantes hast, wenn du dir Zeiten blockst, in denen du nicht gestört werden willst und wenn du deine privaten Bedürfnisse genauso einplanst wie Geschäftliches, dann vermeidest du Stress. Das Wichtigste ist jedoch: Tue das, woran du Freude hast.

Bringe deine Gesundheit in Ordnung! Schaffe das schon mehrfach betonte Gleichgewicht! Achte auf dich und deinen Körper! Du brauchst ihn, um ein glückliches Leben führen zu können. Du kannst in deiner Gesundheit nicht alles beeinflussen, aber eben sehr viel, und genau das solltest du nutzen. Optimiere, was möglich ist, und vermeide Krankmacher, denn deine Gesundheit ist eine der wichtigsten Glücksmacher.

Glücksmacherimpuls

Stress passiert nur in deinem Kopf. Du setzt dich selbst unter Druck. Du brauchst Lücken, in denen du zur Ruhe kommst. Hart arbeiten, sich für seine Ziele einsetzen bedeutet nicht gleichzeitig Stress. Du kannst auch viel zu tun haben und trotzdem nicht unter Stress leiden. Organisiere dich gut und finde das innere Gleichgewicht! Belaste dich nicht mit Unnötigem und du bist bereits auf dem richtigen Weg.

22.
Freu dich: Freunde verlängern dein Leben

Oft wird der Wert von Freundschaften für das Glücklichsein und das Lebensglück unterschätzt. Viele konzentrieren sich auf die Liebe zu dem einen wahren Lebenspartner – dem dann leider oft aber auch die Bürde auferlegt wird, alle Bedürfnisse und Wünsche des Lebens zu erfüllen. Und wenn die oder der eine dann weg ist, bricht alles zusammen. Das ist Quatsch – und zwar aus doppeltem Grund: Zum einen überfordern wir regelmäßig einen Menschen, wenn wir alles von ihm erwarten, wenn er unser Seelenpartner und bester Freund und Liebhaber und Schachpartner und Sportbuddy und kunstbegeisterter Konzertbesucher und am-selben-Strang-ziehender Erzieher unserer Kinder und beruflicher Sparringpartner und kreativer Geschichtenerzähler und Im-Urlaub-immer-das-Gleiche-wie-man-selbst-Wollende und Einkaufsberater und und und sein soll. Zum anderen berauben wir uns oft selbst der Wunder und der Energie, der neuen Ideen und des emotionalen Rückhalts, die gute Freunde mit ihren ganz andersartigen Erfahrungen und Perspektiven in unser Leben bringen.

Freundschaften können auch pausieren. Letztes Jahr traf ich einen guten Freund aus der Jugend. Wir merkten schnell, dass die Chemie noch/wieder passt, und seither treffen wir uns wieder regelmäßig und tauschen uns aus. Geschäftlich sind wir absolute Wettbewerber, was der Freundschaft aber nicht schadet, wenn man beides voneinander trennen kann. Wir verbringen tolle Momente, und für mein Leben ist die erneute Freundschaft eine Bereicherung. Es ist nie zu spät und immer wichtig, offen zu bleiben. Jeder gute Freund ist ein echter Glücksmacher. Es geht mir nicht alleine nur um Freundschaften, sondern um das gesamte soziale Umfeld. Familie, Freunde, Bekannte, gute Nachbarn, Kollegen und so weiter – der positive Umgang und Kontakt zu anderen Menschen ist ein absoluter Glückstreiber.

22.1 Erwiesen: Freundschaft macht glücklich

In der Jugend unterstützen uns Freunde bei der Ausbildung unserer Persönlichkeit und Identität – ganz abgesehen davon, dass sie oft unsere engsten Gefährten bei der Entwicklung wichtiger Lebenskonzepte oder -schritte sind. Doch später vernachlässigen viele ihre Freunde: Jeder fünfte Deutsche besitzt gar keinen guten Freund (Quelle: *http://www.focus.de/wissen/mensch/psychologie/psychologie-alle-menschen-brauchen-freunde_aid_188762.html*; dokumentiert Mai 2017), viele Menschen fühlen sich – auch in Beziehungen – oft oder hin und wieder einsam ... und das dürfte auch in Zeiten von Social Media, in denen alle um Aufmerksamkeit und (virtuelle) Zuwendung, um Gesehen- und Wahrgenommen-Werden, um Likes und Shares buhlen, nicht weniger geworden sein.

Wir alle brauchen Menschen, mit denen wir ab und zu über alles sprechen und die wir um Rat fragen können. Menschen, auf die wir uns verlassen können (übrigens können auch Familienmitglieder Freunde sein oder werden – es hängt davon ab, dass wir ihnen diesen Status zuerkennen). Menschen, die uns auch ungeschönt die Wahrheit sagen, weil sie es wirklich gut mit uns meinen und nicht nur bei schönem Wetter für uns da sind. Wir alle brauchen diese Menschen, die wir nachts um drei Uhr anrufen können, weil es uns gerade nicht so gut geht. Oder weil wir an sie denken, weil es ihnen vielleicht gerade nicht so gut geht – denn auch ihnen zu helfen, macht uns glücklich. Und wir tun gut daran, diese Menschen und diese Freundschaften ein Leben lang hoch zu schätzen und zu pflegen! Und immer neue Freundschaften einzugehen – dazu ist man nie zu alt! Die Forschung weiß schon lange, dass Freundschaft das Leben verlängern kann, während Einsamkeit so krank macht wie Rauchen (Quelle: *https://www.welt.de/gesundheit/article8679130/Gute-Freunde-verlaengern-das-Leben.html*; dokumentiert Mai 2017).

Ich kenne viele Menschen, die der Meinung sind, dass sie keine Freunde brauchen und die sich keine Zeit für die Pflege von Freundschaften nehmen. Das ist keine gute Entscheidung, wenn man glücklich sein will.

22.2 Freundschaft zieht nach oben, nie nach unten

Große Freude mit deinen Freunden zu teilen, macht sie noch größer. Und über Probleme zu sprechen, entlastet dich; manchmal reicht der kommunikative Austausch mit Freunden aus, um für deine Probleme eine Lösung zu finden. Kennst du folgende Situation? Du findest für etwas keine Antwort. Du wendest dich an jemanden, um ihn um Rat zu bitten. Während du die Situation schilderst, fällt dir schon selbst die Antwort ein. Alleine das Aussprechen und das Formulieren deines Problems führten zur Lösung. Freundschaften geben Geborgenheit und Sicherheit. Aber Achtung! Nicht selten erwarten wir von Freunden zu viel. Freundschaft ist keine Verpflichtung, jeder gibt das, was er geben kann. Wichtig ist, dass Freunde dann für einen da sind, wenn man sie wirklich braucht.

Ich habe sehr viele Bekannte – aber nur eine Handvoll wirklich guter Freunde. Menschen, auf die ich mich jederzeit verlassen kann. Das beruht auf Gegenseitigkeit. Ich bin jederzeit für meine Freunde da und setze mich für sie ein, nur so kann es funktionieren. Es gab etliche Situationen in meinem Leben, da war ich sehr froh, dass es Menschen gab, die an mich glaubten und zu mir standen. Die Kraft, die du daraus ziehen kannst, ist unglaublich wichtig.

Freundschaft darf kein Zwang sein, es muss dir Freude bereiten, dich mit der Person zu treffen und Zeit mit ihr zu verbringen. Ein falscher Freundeskreis kann dich daher auch blockieren und eher in eine negative Richtung treiben. Lasse dich nicht negativ beeinflussen! Achte darauf, dass Freunde dich weiterbringen und nicht bremsen! Bleibe bei deinen Überzeugungen. Es ist hilfreich, sich mit Menschen zu umgeben, die etwas weiter sind als wir selbst. Sie ziehen uns tendenziell nach oben und spornen uns in unserem Tun an.

In der Regel umgeben wir uns automatisch mit Menschen, die in einer ähnlichen Lebenslage sind wie wir. Schau mal in deinen Freundes-/Bekanntenkreis. Wahrscheinlich wirst du feststellen, dass diese sich in einer ähnlichen finanziellen Situation befinden wie du. Die fünf Menschen, mit denen du dich am meisten umgibst, spiegeln dein Leben.

Freunde, die dich demotivieren, bevormunden, dich negativ beeinflussen oder nach unten ziehen, verhindern, dass du glücklich bist. Überprüfe deine Freundschaften – sind sie lohnenswert, also nach beiden Seiten positiv und unterstützend? Wenn nicht, dann löse dich von diesen Menschen. Du brauchst Freunde, auf die du dich verlassen kannst. Die dir auch mal die Meinung sagen, die dich auf Missstände aufmerksam machen. Sich von Menschen oder sogar von einem gesamten Umfeld zu trennen, ist ein sehr schwerer Weg. Er ist aber manchmal notwendig. Um voranzukommen, müssen wir lernen loszulassen. Loslassen kann befreien und uns offen machen für den nächsten Schritt.

Mit Menschen Zeit zu verbringen, die gleich gesinnt sind, die die gleichen Hobbys haben, gleiche Interessen verfolgen, bringt dir große Entspannung und Freude. Die Energie, die dann freigesetzt wird, hilft dir bei der Bewältigung von Herausforderungen. Es ist ein wenig wie eine Tankstelle. Du tankst Energie. Achtung, noch mal der Hinweis: Freundschaften können sowohl positive als auch negative Einflüsse mit sich bringen. Achte zwingend darauf, dass du dich nicht in die falsche Richtung ziehen lässt! Löse dich frühzeitig von negativen Einflüssen!

22.3 Gruppenzwang ist nicht gleich Freundschaft

Ich lebe auf dem Land in der Eifel. In unserer Region organisieren sich Jugendliche in Junggesellenvereinen. Die Aufnahme in diese Klubs ist mit Aufnahmeritualen verbunden. Die Jugendlichen werden dazu genötigt, ordentlich Alkohol zu konsumieren. Natürlich möchte jeder gern zu der Gruppe gehören, keiner will ein Außenseiter sein oder als Weichei dastehen. Wer hat da als Jugendlicher schon die Kraft, dem Gruppenzwang zu widerstehen und zu sagen: Das mache ich nicht? Wer möchte schon als Einzelgänger ohne Freunde dastehen, wenn alle mitmachen? In sogenannten Junggesellenolympiaden messen sich einzelne Vereine. Diese Wettkämpfe veranstalten abwechselnd jeweils andere Vereine. Die meisten Wettkämpfe sind wiederum mit dem starken Konsum von Alkohol verbunden. Heranwachsende werden hier in frühen Jahren zum Alkohol gebracht. Sich hier zu widersetzen, ist für den Einzelnen fast unmöglich. Einmal in dem Kreis eingebunden, geht es weiter. Es folgt der Besuch der Kirmes mit Alkoholkonsum.

Wie soll sich ein ganz normal heranwachsender Jugendlicher dem entziehen? Er gerät quasi unweigerlich in diesen Sog. Ich liebe Traditionen und möchte Junggesellenvereine oder Vergleichbares nicht als grundlegend schlecht darstellen. Das liegt mir fern, denn sie fördern durchaus soziale Kompetenzen, die Gesellschaft und Freundschaften. Ich prangere lediglich den Umgang mit dem Alkohol in diesen Gruppen an. Mir ist wichtig, dir Wege zu deinem Glücklichsein zu zeigen. Übermäßiger Alkoholkonsum gehört einfach nicht dazu.

Diese Situation ist ein Beispiel dafür, wie Gruppenzwang entstehen kann. Er zeigt recht deutlich, wie schwierig es ist, sich von falschen Freunden zu trennen. Wenn alle dabei sind, alle mitmachen, ist es extrem schwierig, sich abzusondern und einer anderen, für sich besser geeigneten Gruppe anzuschließen. Dazu muss man aus dem Sog der Gruppendynamik erst einmal herauskommen. Dazu benötigst du ein starkes Selbstvertrauen, den Glauben an dich und deine Überzeugungen. Du brauchst unheimlich viel Kraft und musst zu deiner Einstellung stehen. Am Anfang kann es durchaus Einsamkeit mit sich bringen. Mit der Zeit wirst du jedoch neue Menschen finden, die besser zu dir passen, näher an deinen Überzeugungen liegen.

Bleibe bei deinen Überzeugungen und kämpfe für sie! Setze dich dafür ein und löse dich rechtzeitig aus Umgebungen, die dich nicht nach vorne bringen. Alkohol, Drogen, Gewalt und Verbrechen sind nie gute Ratgeber. Sie werden nie dazu führen, dir ein glückliches Leben zu bescheren. Sie verhelfen dir nie zu Erfolg. Dies bedeutet nicht, dass du kein kühles Bier oder keinen guten Wein genießen sollst. Wenn es aber zu zwangsartigen Besäufnissen führt, dann blockiert dies und führt nie zum Glücklichsein. Drogen und Alkohol führen nur kurzzeitig zu scheinbarem Glücksempfinden, aber nie dauerhaft zu einem glücklichen Leben.

Glücksmacherimpuls

Mache dir jetzt einmal ganz klar, wer (mit Namen) deine besten Freunde und Freundinnen sind. Was bedeuten sie dir, was haben sie für dich getan – und was hast du für sie getan? Freundschaft ist keine Einbahnstraße! Und nun frage dich, ob die Menschen, mit denen du dich umgibst, die Menschen sind, die zu deinen Träumen und Zielen passen. Schau dir einzelne Personen an und vergleiche sie mit dem, was du erreichen möchtest. Sind es Treiber, also Menschen, die dich nach vorne bringen, die dich dabei unterstützen können, die nächste Stufe im Leben zu erreichen? Sind es vielleicht eher Menschen, die dich bremsen, die dich blockieren am Weiterkommen und am Glücklichsein? Wie leben die Menschen, mit denen du dich umgibst? Spiegeln sie deine Wünsche?

23.
Lebe und steuere deine Emotionen

In unserer Gesellschaft wird oft die Emotio unter die Ratio gestellt. Der Verstand wird der Emotion übergeordnet. Vielen Dingen kannst du dich aber nicht mit dem Verstand nähern – es ist sowieso immer die Emotio, die dich – im Unterbewusstsein – erheblich steuert. Doch in Schule und Ausbildung werden Ratio und Logos, Verstand und Lehre, für eine positive Lebensgestaltung bemüht. Kinder sollen vernünftig sein. Erwachsene sollen wohlüberlegt handeln. Für Emotionen gibt es wenig Platz.

In Wikipedia wird Emotion mit dem kurzen Satz: »Eine Gemütsbewegung im Sinne des Affektes« beschrieben. Das Wirtschaftslexikon bezeichnet es als »innere Empfindung, die angenehm oder unangenehm empfunden und mehr oder weniger bewusst erlebt wird, zum Beispiel Freude, Angst, Kummer, Überraschung Furcht, Liebe, Glück«.

Wir können nicht entscheiden, keine Gefühle zu haben. Emotionen und Gefühle sind einfach da. Ein erster und wichtiger Schritt ist es, Gefühle als das anzuerkennen, was sie sind: Es sind Signale des Unterbewussten. So kann Angst oder ein flaues Gefühl im Magen erst einmal wertfrei akzeptiert werden. Sie sind natürlich. Die gute Botschaft für Glücksmacher ist, dass wir lernen können, mit unseren Gefühlen besser umzugehen. Im Gegensatz zu Gefühlen sind Emotionen oft nach außen hin sichtbar. Im Vergleich zu Stimmungen sind Emotionen meist kurz und intensiv. Allerdings eben nicht immer.

Die Wissenschaft unterscheidet zwischen Emotion und Gefühl. Beide Begriffe werden in der Praxis aber häufig gleichbedeutend verwendet. Das Gefühl drückt aus, was wir fühlen und wahrnehmen. Also etwas von außen, das sich nach innen manifestiert. Es sind Impulse und Empfindungen, die über die Sinnesorgane in unser Bewusstsein gelangen und dort in Gefühle umgesetzt werden. Dazu gehören Wärme, Kälte, Hunger, Angst, Gerüche, Schmerz. Ein Gefühl ist zunächst wertneutral, es ist zunächst weder gut noch schlecht, angenehm oder unangenehm. Es geht beim Gefühl um das Aufnehmen, die Hingabe und Wahrnehmung.

23.1 Emotionen drücken Gefühle aus: Gefühlsregungen

Emotion kommt von innen nach außen. Hier geht es um Ausdruck, Handlung und Beurteilung. Durch Emotionen werden Gefühle ausgedrückt, deswegen sagen wir auch Gefühlsregungen. Also im Grunde genommen ist die Emotion das Ausdrücken von Gefühlen. Emotionen spiegeln sich häufig in unserer Mimik, dabei werden acht Elemente unterschieden: Überraschung, Interesse, Freude, Wut, Furcht, Ekel, Scham und Angst.

Die Bewertung der Gefühle ist von Mensch zu Mensch unterschiedlich. Jeder nimmt äußere Einflüsse anders wahr. Was für den einen angenehm ist, muss es für den anderen nicht sein. Vielleicht magst du die Wärme und empfindest sie angenehm, ein anderer schwitzt sehr schnell und empfindet die Wärme als unangenehm. Die Empfindung ist subjektiv. Auch du selbst kannst Gefühltes zu unterschiedlichen Gegebenheiten anders empfinden.

Menschen neigen dazu, Emotionen anderer Menschen aufzunehmen und zu adaptieren. Also wenn dir jemand von einer schlimmen Krankheit berichtet oder von einem schweren Verlust, dann leiden wir mit und übernehmen die Emotionen des Gegenübers.

In dem Zusammenhang solltest du zwischen Mitleid und Mitgefühl unterscheiden. Beim Mitleid nimmst du die Emotion des Gegenübers auf und verspürst diese in dir. Beim Mitgefühl nimmst du den Schmerz des anderen wahr, ohne diesen selbst zu empfinden. Die Unterscheidung ist umso wichtiger, wenn du in einem Beruf arbeitest, in dem du konstant mit dem

Unglück anderer Menschen zu tun hast. Wenn du die Emotionen zu nah an dich heranlässt, also Mitleid verspürst anstelle von Mitgefühl, kann dich das mit der Zeit extrem belasten. Du brauchst Abstand.

Unverarbeitete Emotionen in dir selbst werden irgendwann zu Stress. Das frisst Energie. Weiterhin benötigst du zusätzliche Energie, um diese Gefühle zu verarbeiten und über Emotionen nach draußen zu lassen. Um ein glücklicheres Leben zu führen, ist es daher erforderlich, dass du negative Wahrnehmungen verarbeitest und nicht in dich hinein frisst.

Warum unnötig Energie verschwenden, die du zum Erreichen deiner Ziele viel sinnvoller verwenden könntest? Nimm dir ruhig die Zeit, in dich hinein zu schauen, ob es verborgene negative Gefühle gibt, die dich blockieren. Vielleicht kannst du diese verarbeiten und somit Energie für positive Erfahrungen frei setzen. Das fängt schon bei ganz kleinen Dingen an. Wenn ich sauer bin und mich unheimlich über etwas geärgert habe, weil wieder mal etwas nicht funktioniert hat, dann suche ich mir eine Stelle, wo man mich nicht hören kann. Ein Zimmer, einen Platz im Wald oder wo auch immer. Dann schreie ich den ganzen Frust so laut es geht aus mir heraus. Es ist absolut befreiend und verändert sofort meine Stimmung. Dann lache ich herzlich und bin bereit, über eine Verbesserung nachzudenken.

23.2 Gib den positiven Emotionen Vorrang

Unsere Gefühle werden von positiven und negativen Emotionen gesteuert. Über diese Emotionen steuerst du dein Unterbewusstsein. Die meisten Emotionen bleiben uns verborgen. Sie befinden sich im Unterbewusstsein. Wie bei einem Eisberg kommt nur ein kleiner Teil an die Oberfläche. Emotionen betreffen nicht nur das tatsächliche Erleben, sondern auch die Reaktionen auf bestimmte Reize, die uns auf ein Verhalten vorbereiten und zum Handeln bewegen. Die Emotionen dienen nicht nur zur Bewertung und Verarbeitung von Gefühlen, sondern sie koppeln körperliche und mentale Prozesse. Grundsätzlich lassen sich Emotionen schwer unterdrücken. Besonders in der Mimik schlagen sich diese unbeabsichtigt nieder und lassen sich am geringsten beeinflussen. Wir können sie nur schwer unterdrücken. Dies ist auch der Grund, warum sich immer mehr Menschen mit dem Lesen von Gesichtsausdrücken beschäftigen.

Die wichtigsten positiven Emotionen sind	Die wichtigsten negativen Emotionen sind
Verlangen, Glaube, Liebe, Hoffnung, sexuelle Erregung, Begeisterung, Romantik	Angst, Eifersucht, Hass, Rachsucht, Gier, Aberglaube, Ärger

Du kannst entscheiden, wem du den Vorrang gibst

Positive und negative Emotionen kommen nicht gleichzeitig vor. Versuche, die negativen Emotionen möglichst aus deinem Geiste zu verbannen und gewöhne dich an positive Emotionen. Die Macht der Gewohnheit leistet dir die größte Hilfe.

Unsere Emotionen steuern unsere Handlungen. Positive Emotionen führen zu positiven Handlungen und negative Emotionen zu negativen Handlungen. Wenn du Eifersucht oder Hass empfindest, kann daraus keine positive Handlung entstehen. Pass also auf, was du denkst und fühlst, es entscheidet darüber, welches Ergebnis du bekommst.

Um ein glücklicheres Leben zu führen, ist es nicht erforderlich, einzelne Glücksmomente stärker oder schwächer zu empfinden. Es geht nicht um die Intensität, sondern um die Häufigkeit. Um ein glücklicheres Leben zu führen, reicht es aus, wenn du mehr angenehme als unangenehme Empfindungen verspürst. Angenehme Emotionen sind zum Beispiel Gelassenheit, Hoffnung, Zuneigung, Stolz, Glücksgefühle.

Lass Emotionen zu! Es ist nicht immer ganz einfach, Emotionen zu zeigen. Aufgrund der unterschiedlichen Veranlagung der Menschen fällt es dem einen leichter als dem anderen. Emotionen machen uns sympathischer und bringen uns in Schwingung. Als ich kürzlich mit meiner Ex-Freundin darüber sprach, dass ich dieses Buch schreibe, redeten wir auch über das Thema Emotionen. Sie meinte, dass ich früher auch nicht gerade zu den Menschen gehört hätte, die ihre Emotionen auf der Zunge liegen hatten. Da muss ich ihr leider recht geben, so schwer mir das fällt. Es ist wesentlich besser geworden. Ich habe gelernt, Emotionen deutlich besser zu zeigen als früher. Hier spielen unsere Gene eine große Rolle. Dem einen fällt es leichter und dem anderen schwerer. Ja, Asche auf mein Haupt! Da habe ich auf jeden Fall Verbesserungspotenzial.

Emotionen helfen, den Körper und Geist besser in Schwingungen zu bringen. Das wiederum hilft uns beim Glücklichsein.

Glücksmacherimpuls

Lasse Emotionen ganz bewusst zu. Überwinde deine geschaffene Mauer. Überprüfe, wodurch die Mauer entstanden sein könnte. Umso mehr Emotionen du zulässt, umso mehr fängt der Schutzwall an zu bröckeln. Es braucht Überwindung – wie immer wenn du deine bisherige Komfortzone verlassen und dir ein neues, besseres Verhalten auf dem Weg zum Glück zulegen willst.

24.
Liebe ist eine Quelle der Kraft

»Die Liebe ist ein seltsames Spiel« – so heißt es bereits im berühmten Lied der Künstlerin Connie Francis aus dem Jahre 1964. Himmelhochjauchzend oder zu Tode betrübt. Die Liebe ist ein Drahtseilakt. Unbestritten ist in Literatur und Wissenschaft jedoch, dass sie eine der stärksten Antreiber und Motivatoren für den Geist ist. Die Kraft, die wir aus der Liebe ziehen können, ist unbeschreiblich. Es gibt aber auch einen Pferdefuß, den ich selbst in meiner Jugend erlebt habe und der mich fast in den Tod getrieben hat. Der Schmerz und Verlust, den wir erleiden, wenn wir einen geliebten Menschen verlieren, sei es durch Tod oder Trennung kann genauso unbeschreiblich sein. Ich konnte lange Zeit nicht damit umgehen. Doch aus meinen positiven wie negativen Erfahrungen mit der Liebe ist die Überzeugung gewachsen, dass ein Leben und damit auch ein Glücklichsein ohne Liebe nicht vorstellbar ist. Es bleibt also nur der Weg zu lernen, mit beiden Gefühlsausprägungen umzugehen, so schwer das sein mag. Wenn du mit aller Kraft liebst, ist das ein riesiger Baustein zu deinem Glücklichsein. Lasse dich auf das Gefühl ein! Der Vorteil, den du daraus ziehst, ist um ein Wesentliches größer als die Gefahr der Verletzung. Außerdem bekommst du das, was du denkst. Positive Gedanken führen zu positiven Auswirkungen.

24.1 Liebe hat Phasen, in denen sie entsteht

Die Anfangsphase einer neuen Beziehung ist häufig das Verliebtsein. Das Ganze ist altersunabhängig, wobei sich die Art und Weise des Erlebens mit den Jahren verändern kann. Dies ist auf die gemachten Erfahrungen und Lebenseinflüsse zurückzuführen. Aufgrund von Erfahrungen und Verletzungen fällt es einigen Menschen schwer, sich fallen zu lassen und das Gefühl des Verliebtseins vollkommen zu spüren beziehungsweise zuzulassen. Diese Anfangsphase dauert in der Regel drei bis sechs Monate.

Ich erinnere mich noch sehr genau daran, wie ich diese Phase mit meiner Frau erlebte. Wir konnten uns keine zwei Minuten trennen, wollten nur zusammen sein. Wir saßen noch nachts um zwei Uhr bei klirrender Kälte eng umschlungen auf einer Parkbank in Köln. Die Kälte spürten wir nicht, auch nicht, dass es angefangen hatte zu regnen. Wir saßen dort stundenlang. Wir sind morgens um sechs Uhr spontan nach einer durchfeierten Nacht zum Frühstücken nach Paris gefahren. Wir hatten keine Ersatzkleidung, keine Zahnbürste mit. Müdigkeit verspürten wir nicht. An unseren Geruch hatten wir uns anscheinend gewöhnt. Die Gefühle spielten nahezu verrückt, wir waren nicht immer Herr unseres Tuns. Ich war selbstständig und hatte meine Arbeit in dieser Zeit extrem vernachlässigt. Es gab eben keinen anderen Gedanken.

Diese Phase verändert sich mit der Zeit. Die Verliebtheit wandelt sich in Liebe. Es wird ruhiger. Wir können auch mal einen Tag ohne den Partner überleben. Die Bindung bleibt eng, sie gelangt auf eine andere Stufe. Jeder hat sein eigenes Leben, wir freuen uns aber trotzdem immer wieder aufeinander. Wir verlassen uns aufeinander und fühlen uns wohl. Bei einigen Paaren ist das die Phase, in der man feststellt, dass der Partner mit Socken ins Bett geht oder den Toilettendeckel offenlässt. Die erste Euphorie ist verflogen. Man sieht die ersten negativen Eigenschaften am Partner. Um dies zu vermeiden und den Rückzug meiner Frau zu verhindern, heirateten wir gleich innerhalb der Verliebtheitsphase, also innerhalb von drei Monaten. Manchmal muss man einfach auf Nummer sicher gehen. Das geht nicht immer gut. Bei uns hat es funktioniert. Wir sind seit achtzehn Jahre verheiratet und immer noch glücklich miteinander. Es gab herausfordernde Zeiten und es gab Phasen, in denen wir sehr an unserer Beziehung arbeiten mussten. Wir Menschen ändern uns mit der Zeit, Interessen ändern sich. Aber all das gehört zum Leben, und am Ende festigt es einen. Beziehung ist eben ein Prozess. Sie verläuft nicht nur geradlinig.

Wenn du die Beziehung auf Dauer halten möchtest, dann musst du dauerhaft daran arbeiten. Du musst die Beziehung immer wieder beleben und deinen Partner wahrnehmen. Du brauchst immer mal wieder großartige Momente. Das können Theater- oder Kinobesuche sein, auch mal Zeit für einander ohne Kinder, Zweisamkeit. Hier und da mal ein liebes Wort, mal zuhören, mal für den anderen da sein. In meinem Bekanntenkreis sehe ich immer wieder Ehepaare, bei denen das Eheleben mit dem ersten Kind nahezu aufgehört hat. Dabei ist es extrem wichtig, auch die Zeit als Paar weiter zu genießen. Irgendwann ziehen die Kinder aus und leben ihr eigenes Leben. Wenn du dann versäumt hast, deine Beziehung lebendig zu halten und Zeit auch noch zu zweit zu genießen, dann kann sich dies später negativ auswirken.

Es ist erforderlich, dass du in deiner Partnerschaft begreifst, dass auch dein Partner eine eigenständige Persönlichkeit ist, seine eigene Einstellung und Meinung hat. Ein glückliches Zusammensein besteht aus Abstimmung und auch aus Kompromissen, ohne die eigene Persönlichkeit verbiegen zu müssen.

Eine stabile Partnerschaft ist einer unserer Anker, der Ruhepol im Leben, der Hafen, in den wir zurückkehren können, wenn es mal stürmisch ist. Im Partner finden wir Halt in schwierigen Zeiten. Gegenseitig füreinander da zu sein gibt uns Halt und Kraft. Die klassische Verteilung zwischen Mann und Frau ist heute immer weniger gegeben, daher bedarf es einer gefühlvolleren Abstimmung und mehr Rücksichtnahme aufeinander.

Auch in der Partnerschaft gibt es Höhen und Tiefen. Wer viele Jahre zusammenlebt, macht auch unterschiedliche Ereignisse miteinander durch. Jeder hat gute und weniger gute Tage. Es gibt Ereignisse, die man gemeinschaftlich bewältigen muss.

Ob es sich immer lohnt, an einer Beziehung zu arbeiten und dafür zu kämpfen? Bei einer Scheidungsrate von derzeit 40,82 Prozent muss man sich die Frage stellen, ob Beziehungen manchmal auch leichtfertig aufgegeben werden (Quelle *https://de.statista.com/statistik/daten/studie/76211/umfrage/scheidungsquote-von-1960-bis-2008*; dokumentiert Mai 2017). Zum Vergleich: Die Rate lag im Jahr 1960 bei gerade mal 10,66 Prozent. Natürlich war dies eine andere Zeit mit einem völlig unterschiedlichen Menschenbild. Mir geht es hier auch weniger darum, konservativ zu wirken, sondern darum, dich dafür zu sensibilisieren, dass eine Partnerschaft auch Einsatz bedeutet. Dieser Einsatz lohnt sich häufig. Statistisch ist belegt, dass Menschen innerhalb einer Beziehung im Durchschnitt deutlich glücklicher sind als Singles. Robert Cochrane veröffentlichte in England bereits im Jahr 1988 (unter anderem beschrieben hier: *http://www.gluecksforschung.de/Liebe_Sex_feste_Partnerschaft_und_enge_Freunde.htm*; dokumentiert Mai 2017) eine Studie über den Zusammenhang zwischen Familienstand und der Häufigkeit eines Krankenhausaufenthalts. Nach dieser werden Verheiratete seltener stationär behandelt. Das Interessante an seiner Studie ist, dass der größte Anteil an Krankenhausaufenthalten bei geschiedenen Patienten gezählt wurde.

Paare sind im Durchschnitt glücklicher, gesünder und wohlhabender. Es wurde weiterhin in Studien belegt, dass Ehepaare, die zuvor unglücklich waren und sich nach fünf Jahren nicht getrennt hatten, im Nachhinein glücklicher geworden sind als die Menschen, die sich getrennt hatten. Dies weist ebenfalls darauf hin, dass es sich durchaus lohnen kann, für die Erhaltung einer Beziehung zu kämpfen.

Es gibt natürlich auch genau das Gegenteil. Wenn du alles versucht hast und du der Überzeugung bist, dass die Beziehung dich eher belastet als fördert, dann ist es genauso wichtig, sich schnellstmöglich zu trennen. Genauso wie viele Paare sich viel zu früh trennen, halten auch viel zu viele

Paare zu lange an der Beziehung fest. Beides ist dem Glücklichsein nicht förderlich. Habe Mut zur richtigen Entscheidung!

Eine Freundin kämpft seit vielen Jahren mit Gleichgültigkeit in der Beziehung, sie leidet oft unter Migräne, verbringt die meiste Zeit ohne den Mann. Das Paar hat zwei Kinder und ein Eigenheim. Der Mann interessiert sich nicht für ihre Belange, zusammen unternehmen sie kaum etwas und sprechen auch nicht über sich. Sie ist todunglücklich, ist aber nicht bereit, sich aus dem Hamsterrad zu befreien. So weitermachen, noch viele Jahre? Das kann doch nicht der Weg sein, zumindest nicht ins Glück. Es gibt nur zwei sinnvolle Wege. Entweder sie schafft es, mit ihrem Mann ihre Probleme zu beseitigen, die Liebe neu zu entfachen, vielleicht sogar durch einen Berater/eine Paartherapie, oder sie trennt sich von ihm. Die Hilfe von außen kann Wunder wirken, kann dazu führen, dass man Sachen ausspricht, die man sonst vielleicht nicht aussprechen würde. Vielleicht wird einem durch solche Gespräche einiges klarer. Manchmal braucht man den besagten Ruck von außen. So etwas funktioniert jedoch nur, wenn sich beide darauf einlassen. Wenn dies nicht möglich ist und man wirklich alles versucht hat, dann muss man über die Trennung nachdenken. Sicher ist das nicht einfach, gerade wegen der Kinder und des Eigenheims. Nur: Welche Alternative hat sie denn? Jahrelang unglücklich sein? Natürlich wird sie nach einer Trennung nicht von heute auf morgen glücklich und läuft freudestrahlend durchs Leben. Sie hat aber dann die Möglichkeit dazu, etwas zu verändern und neu aufzubauen. Diese Chance hat sie jetzt nicht. Vergeude dein Leben nicht dadurch, dass du dich vor Entscheidungen drückst! Denke sorgfältig nach, suche nach Lösungen und treffe eine Entscheidung! Keine Entscheidung zu treffen und einfach nichts zu verändern ist immer der schlechteste Weg.

24.2 Positive Energie kehrt zu dir zurück

Die Liebe bezieht sich jedoch nicht nur auf die Partnerschaft, sondern auch im übertragenen Sinne auf deinen Umgang mit Mitmenschen. Wenn du zu anderen Menschen eher Liebe anstelle von Hass empfindest, dann führt dies zu positiven Gefühlen und begünstigt dein Glücklichsein. Du verhinderst auf der einen Seite den starken negativen Einfluss und begünstigt im Gegenzug die positive Beeinflussung. Sende Liebe und Freude aus und es kommt zu dir zurück. Du weißt schon: Säen und ernten ... Wie es in den Wald ruft, so schallt es auch heraus.

Dadurch, dass du stärker das Gute in anderen Menschen siehst, befassen sich deine Gedanken mit positiven und nicht mit negativen Dingen. Es liegt an dir, wie du andere Menschen wahrnimmst und welche Einstellung du ihnen gegenüber hast. Offenherzig auf andere zugehen ermöglicht dir, die guten Eigenschaften in anderen Menschen zu sehen.

Wir bilden unsere Meinung von jemandem innerhalb der ersten drei Sekunden, also extrem schnell. Es ist schwer, diese Meinung im Laufe des Gespräches zu korrigieren, weil sich diese erste Meinung sehr in uns festgesetzt hat. Die Menschen sind es jedoch wert, dass wir etwas tiefer in sie hineinblicken, dass wir schauen, was in ihnen steckt. Das, was wir im ersten Augenblick wahrnehmen, ist nicht immer das, was den Menschen wirklich ausmacht.

24.3 Auf das Gute im Menschen fokussieren lernen

Wenn du deinen Blickwinkel mehr auf das Gute in den Menschen richtest, wirst du automatisch mehr Positives sehen und anziehen. Du wirst plötzlich viel mehr netten und freundlichen Menschen begegnen. Man wird sich dir gegenüber ganz anders verhalten. Das ist wie ein Kreislauf. Dadurch, dass du dich anders verhältst, verhalten sich andere auch anders. Du bist der Magnet, der dein Leben steuert, nicht die anderen. Du entscheidest über Gut und Böse, über Positiv und Negativ.

Mir fällt es selbst heute noch sehr schwer, anderen Menschen gegenüber offen zu sein, sich wirklich für andere zu interessieren.

Wenn wir alle mehr versuchen würden, den anderen und seine Beweggründe besser zu verstehen und dabei vielleicht sogar Liebe empfinden würden, dann sähe es an manchen Stellen unserer Erde anders aus. Fange doch im Kleinen damit an! Verbessere deine Lebenssituation, indem du deine Einstellung zu anderen veränderst! Versuche die Menschen positiver zu betrachten! Lass dich nicht sofort auf eine Provokation deines Nachbarn ein! Versuche zu verstehen, warum er so reagiert! Warum ist dein Kollege unfreundlich und unkollegial? Wenn du dein Gegenüber besser verstehst, kannst du vielleicht anders auf ihn zugehen. All dies verbessert dein Glücksempfinden. Es geht darum, dass du glücklicher lebst. Du kannst dich nicht von jedem Menschen sofort lösen. Wenn du einen unausstehlichen Nachbarn hast und im Eigenheim lebst, dann ist es einfacher, den Nachbarn zu verstehen und hinzunehmen beziehungsweise zu versuchen, die Situation zu verändern, als dein Haus zu verkaufen und umzuziehen. Deine Reaktion auf Provokationen entscheidet, wie es weitergehen wird. Belaste dein eigenes Leben durch solche negativen Einflüsse nicht!

24.4 Gutes heißt nicht Gleiches

Stimmt es, dass Gleiches Gleiches anzieht und Gegensätze einander abstoßen? Oder ziehen sich Gegensätze an? Das eine schließt das andere nicht aus. Wir mögen, was uns ähnlich ist. Ähnliches ist uns vertraut, wir fühlen uns auf Anhieb wohler. Es gibt immer wieder dieses nette Beispiel mit Mensch und Hund. Wir Menschen legen uns Hunde zu, die zu uns passen, teils optisch und teils vom Charakter. Unsere Freunde werden sich meist in gleichen Kreisen bewegen. Unser Partner wird häufig in Details uns ähnlich sein. Wir sehen in einigen Teilen eine Ähnlichkeit, eine Vertrautheit. Allerdings muss alles im Gleichgewicht sein. Wenn ich zum Beispiel extrem pünktlich bin, dann kann es mein Partner in der Regel nicht sein. Es gleicht sich aus. Wenn ich sehr ordentlich und strukturiert bin, dann wird es mein Partner meist nicht sein. Alles im Leben braucht Gleichgewicht, daher ziehen sich auch Gegensätze an. Das eine schließt also das andere in keiner Weise aus. Ich bin ein sehr schneller und eher hektischer Mensch, fahre jedoch sehr gerne Harley, also eher langsames Cruisen. Es gleicht sich aus. Im Kapitel über die Ansätze der Shaolin-Mönche haben wir bereits gesehen, dass sich unser Körper und Geist im Gleichgewicht befinden müssen. Das gilt nicht nur für uns selbst, sondern für alles im Leben. Am Ende braucht alles sein Gleichgewicht.

Glücksmacherimpuls

Das Gefühl von Liebe verursacht in dir ein wohliges, wohlwollendes Erlebnis. Verliebtsein kann man nicht lernen, das ist ein Gefühl, welches einen überkommt.

Doch das Lieben an sich lässt sich lernen. Es kommt aus der inneren Einstellung zu anderen Menschen. Achte darauf wie du andere Menschen siehst und mit ihnen umgehst – es ist ein wesentlicher Schlüssel zu deinem Glück.

Tipp

Gerne begleite ich dich regelmäßig mit Impulsen und kleinen Glücksbotschaften – diese findest du kostenlos in meinem *Glücksmacher*-YouTube-Kanal: *https://www.youtube.com/channel/UCNJC1Hqna-UUnPZVG7Ofd6Q*

25.
Energiesauger:
Meide negative Menschen

Steigen wir gleich mit einem persönlichen Beispiel ein – das du so oder ähnlich sicher auch kennst: Eine Person, die mir sehr nahesteht – nennen wir sie Ute – redet fast nur negativ. Ute merkt es im Grunde gar nicht selbst. Es war bei ihr schon immer so, und es wird wahrscheinlich auch eher mehr als weniger werden. Sie merkt nicht, dass sie damit die Menschen, die ihr nahestehen, eher verletzt und negativ beeinflusst. Das Ganze geschieht ungewollt, unbewusst und ohne Absicht. Es ist einfach so in ihr drin. Doch durch dieses ständige negative Reden wird Nervosität gesteigert, werden Krankheiten und das Unglücklichsein gefördert. Negative Äußerungen fressen sich tief in uns hinein.

Vor Kurzem kam Ute aus dem Urlaub zurück. Von ihrem Mann erfuhr ich, dass sie eine schöne Zeit hatte. Die Erzählungen, welche Ute aus dem Urlaub mitbrachte, waren jedoch überwiegend negativ. Nichts Wesentliches, zum Beispiel, dass der Kaffee schlecht war. Also Sachen, die im Verhältnis zu den vielen sicher positiven Erlebnissen absolut geringfügig waren. Aber statt von den positiven Erlebnissen zu berichten, sprach sie nur von ihren negativen Eindrücken. Wenn man ihren Worten lauschte, musste man davon ausgehen, dass es ein schrecklicher Urlaub war. Positives kam kaum über ihre Lippen. Solche negativen Erzählungen führen dazu, dass auch eher das Negative hängenbleibt und erneut für das Gehirn (auch das von Ute) negativ erlebt wird. Das Erzählen von positiven Erlebnissen würde eher positive Gefühle beim Erzählenden verursachen. Ute werde ich in diesem Leben wohl leider nicht mehr ändern können. Mein Eindruck ist, dass sie sich selbst nicht verändern will. Sie fühlt sich vielleicht nicht unbedingt wohl in ihrer Rolle als Jammertante, doch Meckern ist bei ihr das bevorzugte Verhaltensmuster und Veränderungen sind auch nicht ihre Sache. Das ist sehr schade; wie könnte Ute ihr Leben erleben, wenn es ihr bewusst wäre, was sie in ihrem Leben ändern könnte und sie dann die Entscheidung treffen würde, es auch zu versuchen. Gewiss, es ist immer schwer neue Verhaltensmuster anzunehmen und vor allem alte abzulegen, doch wäre es das eigene Glück nicht wert?

Wer nach dem Haar sucht, dem entgeht die Suppe!

Bert Hellinger

Aufgabe

Wie ist das bei dir? Beobachte mal ganz genau, ob du eher negativ oder eher positiv sprichst. Von welchen Erlebnissen erzählst du?

Wenn deine Ausdrucksweise häufiger eher negativ als positiv ist, dann beginne, deine Ausdrucksweise ins Positive zu drehen und beobachte, wie sich alles bei dir verändern wird. Hast du Menschen in deinem Umfeld, die nur negativ reden? Kannst du sie darauf hinweisen, ohne ihnen auf die Füße zu treten? Dann mach das! Wenn du dich von ihnen nicht lösen kannst oder nicht lösen willst – zum Beispiel Menschen, die dir sehr nahe stehen und die du sehr magst – dann brauchst du ein sehr starkes Selbstbewusstsein, um dich nicht selbst von ihren negativen Signalen beeinflussen zu lassen.

25.1 Energiefresser loslassen

Meine Empfehlung ist: Wenn es dir möglich ist, dann löse dich von negativen Menschen in deinem Umfeld. Wir treffen im Leben immer wieder auf Menschen, die den ganzen Tag nur jammern und von morgens bis abends nur Negatives zu sagen haben. Das sind Menschen, die in ihrem Leben selten zu etwas kommen. Sie schimpfen über den Staat, über die Politik, die Arbeit, die Freunde, einfach über alles. Diese Menschen haben leider die Eigenschaft, dass sie dich auch nach unten ziehen. Sie stabilisieren dich nicht und sie motivieren dich nicht, sondern sie belasten dich immer wieder mit negativen Gefühlen. Von solchen Menschen müssen wir uns lösen und uns so gut wie möglich von ihnen fernhalten. Umgebe dich mit Menschen, die zu dir passen, die positiv denken, die dich aufbauen! Menschen, die dich nach vorne bringen, die vielleicht auch ein Stück weit erfolgreicher sind als du. Diese ziehen dich nach oben. Sie treiben dich an. Es ist immer wichtig, ein Stück weit nach vorne und nicht nach hinten zu schauen.

Lasse dich nicht von deinen Ideen, deinen Träumen und deinen Zielen abbringen! Wenn du von etwas felsenfest überzeugt bist, dann setze es um! Wichtig ist nur, dass du an dich und an deine Leistungen glaubst. Es ist gut, wenn du Rückhalt hast, das stärkt. Doch das kann ich aus eigenem Erleben versichern: Es geht aber auch ohne.

Merke: Es ist nicht deine Aufgabe, die Erwartungen anderer an dich oder das Leben zu erfüllen.

Lass dich von negativen Bemerkungen anderer nicht beeinflussen und lähmen. Es ist für deine persönliche Entwicklung sehr wichtig, mit welchen Menschen du dich umgibst. Wenn dich Menschen verunsichern und eher nach unten ziehen, dann betrachte sie als Trainingspartner für eine positivere Einstellung.

Es ist nicht deine Aufgabe, die Erwartungen anderer zu erfüllen. Erfülle lediglich deine eigenen Erwartungen an dich selbst.

Wenn ich mit meinen Kindern zum Arzt gehe und im Wartezimmer sitze, dann höre ich den älteren Menschen immer wieder bei ihren Erzählungen zu. Du kennst diese Situationen vielleicht auch. Hier wird nur über Krankheiten gesprochen. Jeder ist schlimmer dran als der andere. Sie steigern sich regelrecht hinein in ihr Mitteilungsbedürfnis. Ich habe manchmal das Gefühl, dass diese Menschen nur zum Arzt gehen, um mit andern über ihre Krankheiten zu sprechen. Es mag sein, dass die Personen einsam sind und sich mitteilen möchten, dies ist verständlich. Es hilft nur nicht beim Glücklichsein, wenn man sich vornehmlich über negative Dinge austauscht. Es verbessert gerade bei Krankheiten auch die eigene Situation nicht und ändert nichts an der allgemeinen Lebenssituation. Im Gegenteil wird der Fokus auf die Krankheit lediglich verstärkt und eine Genesung verhindert. Denn für eine Genesung wäre es aus medizinischer Sicht hilfreicher, sich über positive Ereignisse auszutauschen. Freude, Begeisterung und Zuversicht sind nicht nur angenehme Gefühle, sie führen auch zur Aktivierung von Glückshormonen und stärken so die Selbstheilungskräfte des Körpers.

25.2 Sei selbst die Veränderung ins Positive!

Beteilige dich nicht an Gesprächen, die sich ausschließlich um Krankheiten, schlechtes Wetter und das Schlechte auf dieser Welt drehen. Diese negativen Einflüsse verursachen negative Gefühle und blockieren dein Glück. Nicht falsch verstehen – du sollst nicht mit Scheuklappen durchs Leben laufen und die Augen vor allem verschließen. Es geht um die Dosierung. Drehe die Gespräche ins Positive! Das Jammern übers Wetter ändert nichts an der Situation. Oder scheint plötzlich die Sonne, weil du dich über den Regen beschwerst? Warum beschweren wir uns, wenn die Sonne scheint, dass es zu warm ist, und wenn es regnet, dass es für die Jahreszeit wieder viel zu nass ist? Wir könnten es doch auch genau umgekehrt machen. Also bei Regen uns darüber freuen, dass die Blumen und Bäume gut getränkt werden und wachsen können oder dass wir einen gemütlichen Tag am Kamin verbringen können. Wenn die Sonne scheint und es heiß ist, freuen wir uns über die Möglichkeit eines Sonnenbads. Der Blickwinkel ist nur ein anderer, und schon ändert sich unsere gesamte Stimmung. Es liegt an dir, wie du das Ganze betrachtest und wie du darüber sprichst.

Wenn du dich darauf konzentrierst, Gespräche in eine andere Richtung zu lenken, dann wird sich hier wiederum das Gesetz der Anziehung bemerkbar machen. Gespräche werden immer positiver verlaufen und es werden sich neue Gesprächspartner ergeben.

Ein positiver, lösungsorientierter Blickwinkel ist auch bei dem Blick auf Probleme elementar. Du kannst so begreifen, dass Probleme in Wahrheit keine Probleme sind. Probleme sind zu deinem persönlichen Wachstum da. Es sind Aufgaben, die du lösen sollst. Ansonsten kommen sie immer und immer wieder. Hast du deine Probleme gelöst, schickt dir das Universum neue von größerer Qualität. Wäre das nicht der Fall, wäre kein Wachstum möglich. Wenn Menschen eine Firma gründen, denken sie am Anfang sehr häufig, dass sie keine Probleme mehr haben würden, wenn sie die Anfangsphase überstanden hätten. Dies ist jedoch nicht der Fall, denn mit dem Wachstum der Firma werden auch neue Probleme kommen und diese werden eine höhere Qualität besitzen. Es kommt daher immer darauf an, wie du mit den Dingen umgehst. Herausforderungen sind dafür da, damit wir an Ihnen wachsen.

Wer keine Probleme mehr hat, der liegt auf dem Friedhof.

Christoph Bischoff

Das Leben schickt uns Herausforderungen. Das können wir nicht verhindern. An diesen Herausforderungen wachsen wir. Es hilft nichts, Probleme ständig vor dir her zu schieben, sie zu ignorieren. Probleme verschwinden nur, wenn sie gelöst werden.

Glücksmacherimpuls

Mach dich von dem Gedanken frei, dass du negativ eingestellte Menschen verändern oder gar retten musst. Das ist oft nicht möglich. Das ist nicht in deiner Verantwortung. In deiner Verantwortung ist es, selbst ein Energiespender, ein positiver und unterstützender Mensch zu sein oder dich dahin zu entwickeln!

Dein Leben ist zu kurz, um dich mit Menschen zu umgeben, die dir nicht guttun. Es gibt genügend Menschen, die dich vorantreiben und dich nach vorne bringen. Du musst diese Veränderung nur zulassen und nach diesen positiven Menschen Ausschau halten.

26. Anerkennung und Lob fallen auf dich zurück

Wenn du wartest, bis du ein Lob von anderen bekommst, kannst du unter Umständen warten, bis du schwarz wirst. Der Mensch strebt nach der Anerkennung anderer. Das ist ein Grundmotiv unseres Handelns und soll unser Zusammenleben in der Gemeinschaft sichern. Doch meine Selbstständigkeit hat mich gelehrt: Lobe und belohne dich regelmäßig selbst. Wer kann dich mehr schätzen und dir mehr Anerkennung ausdrücken als dein bester Freund: du selbst! Du steigerst dein Selbstvertrauen, wenn du deine eigene Leistung würdigst, es hilft deinem Gehirn, wenn es erleben darf, dass es sich lohnt, wenn es etwas gut gemacht hat. Gewöhne dir an, den Kauf einer neuen Sache, einen Ausflug, ein schönes Essen, einen Kinobesuch mit einer guten Leistung zu verknüpfen. Verbinde beides miteinander und nimm es als Belohnung wahr. Du schlägst damit zwei Fliegen mit einer Klappe. Zum einen erkennst du deine positive Leistung durch die Belohnung an, und zum anderen wirst du die Aktivität automatisch als noch positiver empfinden, weil es ja eine Belohnung ist. Du wirst es noch mehr genießen. Ah, wichtig, es klingt ausgesprochen zwar wie Lob, aber es geht um Anerkennung. Lob klingt nämlich oft von oben herab à la »Ich darf dich loben«. Anerkennung aber ist immer auf Augenhöhe: direkt vom Ich zum Du.

26.1 Anerkennen macht glücklich, loben erhöht

Noch vorteilhafter wäre es, wenn du nicht nur anfängst, dich selbst zu loben – oder besser: dir Anerkennung auszusprechen –, sondern auch den Menschen in deinem Umfeld. Am Anfang könnte dies durchaus zu leichter Verwunderung führen, du wirst den positiven Effekt jedoch sehr schnell bemerken. Auch hier hast du wieder zwei Effekte: Deine Beliebtheit wird sich steigern und dein Gegenüber wird die Verpflichtung verspüren, auch dich bei Gelegenheit zu loben.

Weiterhin wirst du selbst ein gutes Gefühl durch das Loben verspüren. Überhaupt wirst du erkennen, dass sich bei dir eine ganze Menge verändert, wenn du deine Leistung und die anderer häufiger anerkennst.

Nimm nicht alles als selbstverständlich hin! Auch Kleinigkeiten sind der Anerkennung wert. Lob schmerzt nicht, es bedarf nur ein wenig Überwindung, weil wir es nicht gewohnt sind, andere und vor allem uns selbst für gute Leistung anzuerkennen. Indem du jemanden lobst, gibst du ihm Wertschätzung und ein gutes Gefühl. Dieses Gefühl spiegelt sich sofort in seinem Gesicht. Was passiert im gleichen Moment? Du lächelst auch. Also erhältst auch du ein Glücksgefühl. Versuch mal zu lächeln und gleichzeitig negative Gedanken zu haben. Das geht nicht. Indem du also andere mehr lobst, bekommst du selbst regelmäßig Glücksgefühle. Ist doch klasse, oder?

Genau den gleichen Effekt erzielst du auch, wenn du dich selbst lobst. Auch dann bekommst du automatisch ein Lächeln. Meine Frau sagt immer: »Du hast da so ein Schmunzeln im Gesicht, hast du dich wieder gelobt?« Ja klar habe ich, was sonst?

Glücklichsein besteht nicht aus einem Patentrezept, es setzt sich aus ganz vielen einzelnen kleinen Bausteinen zusammen. Jeder positive Impuls ist ein kleiner Baustein auf dem Weg ins glücklichere Leben. Je mehr Bausteine zusammenkommen, umso größer wird das Glück sein. Loben ist da ein besonders brauchbarer Baustein. Wenn du darauf achtest, wirst du feststellen, wie viele Möglichkeiten es zum Loben gibt.

26.2 Welch Glück – auch Anerkennung fließt zurück

Indem du darauf achtest, ziehst du solche Momente sogar an. Vielleicht kennst du den Effekt mit den schwangeren Frauen. Als meine Frau mit unseren Kindern schwanger war und sich die ersten Züge des Babybauches abzeichneten, sah ich überall nur noch schwangere Frauen. Vorher waren diese mir gar nicht aufgefallen. Es schien, als wäre eine fruchtbare Phase übers Land gezogen. Oder du interessierst dich für ein neues Auto und hast ein ganz spezielles Modell im Auge. Es dauert nicht lange, dann siehst du dieses Modell plötzlich an jeder Ecke. Als wäre es derzeit der Verkaufsschlager. Dabei gab es vorher weder weniger Schwangere noch weniger von dem Auto-Modell auf der Straße. Dein Fokus ist einfach ein anderer. Beim Loben ist das genau das Gleiche. Wenn du darauf achtest, werden dir plötzlich ständig Möglichkeiten zum Loben auffallen. Nutze die Möglichkeit, positive Impulse zu setzen! Du erzeugst Energie, die dir beim Glücklichsein helfen wird. Das Loben ist ein echter Glücksmacher, weil sich dein eigenes Gefühl und das deines Gegenübers verändert. Und das Beste ist, es ist einer der einfachsten Wege zum glücklicheren Leben.

Glücksmacherimpuls

Anerkennung ist weder schmerzhaft noch schädlich. Du brauchst also wirklich nicht geizen. Versuche es, experimentiere mit der Anerkennung und Lobvergabe. Überwinde das anfängliche eigenwillige Gefühl und nehme die Veränderung bewusst war.

27.
Resilienz: Entwickle die Kunst, mit Schwierigkeiten umzugehen

Ich bin selbst kein Freund von Fremdwörtern und vermeide sie soweit irgendwie möglich. In diesem Fall ist das Fremdwort jedoch eine gute Möglichkeit, meine Aussage zum Ausdruck zu bringen. In diesem Kapitel geht es darum, deine Resilienz, deine Kunst, mit Schwierigkeiten umzugehen, zu stärken – als Weg zu einem glücklicheren Leben.

Bei Wikipedia heißt es: Resilienz (von lateinisch resilire »zurückspringen, abprallen«) oder psychische Widerstandsfähigkeit ist die Fähigkeit, Krisen zu bewältigen und sie durch Rückgriff auf persönliche und sozial vermittelte Ressourcen als Anlass für Entwicklungen zu nutzen (https://de.wikipedia.org/wiki/Resilienz_(Psychologie), abgerufen am 12. Juli 2017).

Resilienz ist nicht nur Durchhalten. Resilienz bedeutet auch, immer wieder aufzustehen und neue Lösungswege zu suchen. Viele Selbstständige und erfolgreiche Menschen entwickeln unbewusst resiliente Fähigkeiten. Auch sie sind oft gefallen, aber eben jedes Mal gestärkt aufgestanden und haben neue Wege versucht.

Befreie dich davon, allem Möglichen die Schuld für dein Leben zu geben! Weder deine Eltern, noch dein Chef, noch deine Freunde, Familie oder andere Personen sind für dein Leben verantwortlich, auch nicht Gott oder das Schicksal. Niemand anderes gestaltet dein Leben außer dir allein. Wir alle neigen dazu, die Umstände für Misserfolg und Rückschläge verantwortlich zu machen. Und ja, die Umstände können oft sehr schwierig und herausfordernd sein – wie wir sie aber meistern, kann nur bei uns liegen. Kann nur in unserer Verantwortung sein. Das ist auch eine Macht! So gewinnen wir die Macht über unser Leben (zurück)!

Natürlich ist es am einfachsten, alles auf die Umstände zu schieben. Ist doch viel einfacher als zu schauen, welche Handlungen und Entscheidungen aus der Vergangenheit zu dem jetzigen Ergebnis bei dir geführt haben.

Einfacher vielleicht, aber bringt es dich weiter und führt zur Lösung? Vielleicht liegt es ja gar nicht an den Umständen, sondern daran, dass du es nicht schaffst, aus den Umständen das Beste zu machen?

Mittlerweile ist es schon fast ein Sprichwort: Es spielt keine Rolle, wie oft du hinfällst, es ist wichtig, dass du wieder aufstehst. Resiliente Menschen stehen schneller und öfter wieder auf als andere Menschen – und Resilienz ist trainierbar (mehr beispielsweise bei Mourlane (2017)).

Im Zuge eines Seminars sollten wir in eine schamanische Schwitzhütte, eine Art Sauna, gehen. Die Schwitzhütten wurden von den Indianern verwendet, da Schwitzen und Beten eine innere und äußere Reinigung bewirken soll. Die Hütte war nicht sehr hoch, hatte die Form eines Iglus, und man konnte nur sitzen. Wir saßen zu zehnt ganz eng aneinander, in der Mitte saß der Indianer und legte in verschiedenen Abständen heiße Steine auf. Diese wurden mit Kräutern und Wasser begossen. So wurde es immer heißer. Die Hütte sollte zwischendurch nicht verlassen werden. Motivierender Indianergesang und Getrommel begleitete das Ganze, es war eine tolle Atmosphäre. Allerdings war es kaum auszuhalten, man konnte kaum noch atmen. Je mehr Zeit verstrich, umso heißer wurde es und desto mehr Personen verließen die Hütte. Am Ende waren wir nur noch zu zweit. Ich hielt aus bis zum Schluss. Ich hatte meinen Kopf auf die Knie gelegt und durch mein Handtuch geatmet, ganz langsam und ruhig. Man konnte das Ziel nur erreichen, wenn man sich in einen absoluten Ruhezustand, fast schon in eine Art Trance, versetzte. Am Ende erfuhren wir, dass in der Regel immer nur ein bis zwei Personen von zehn die Zeremonie bis zum Ende durchhielten. Nur wenige finden die Kraft und den richtigen Weg. Du kannst dir vorstellen, wie stolz ich war. An das Gefühl, durchgehalten zu haben, kann ich mich heute noch gut erinnern. Ich profitiere regelmäßig davon. Denn immer wenn es mal wieder so richtig schwer wird, erinnere ich mich an den Moment, als ich die Kraft hatte, mit nur einem Weiteren von zehn Personen durchzuhalten. Ich leistete nichts Besonderes, es war kein besonderes Können notwendig, kein Wissen; es ging nur darum, Ruhe zu bewahren, in den eigenen Takt zu kommen und nicht aufzugeben. Das war alles. Nicht aufgeben. Es wäre ein Leichtes gewesen, einfach aufzustehen und die Hütte zu verlassen. Es ging ja nicht wirklich um etwas, nur ums Durchhalten, etwas bis zum Ende bringen, auch wenn es noch so schwer ist. Solche Herausforderungen, einmal gemeistert, geben enorme Lebenskraft. Ich weiß nicht, wie oft mir diese Erfahrung schon geholfen hat. Denn genau darum geht es sehr häufig im Leben: etwas zu Ende zu bringen, bis zum Schluss durchzuhalten, nicht zu früh aufzugeben. Auch das muss man lernen. Nur selten bekommen wir dies in der Kindheit beigebracht.

Wenn du dir die Erfolgsgeschichten von wichtigen Persönlichkeiten und erfolgreichen Menschen betrachtest, so wirst du feststellen, dass alle mit großen Anfangsschwierigkeiten zu kämpfen hatten. Es gab Hindernisse, Rückschläge, die sie meistern mussten. Negative Ereignisse kann man nicht ändern oder ungeschehen machen, man kann sie aber aus einem anderen Blickwinkel betrachten. Es ist wichtig, wie du damit umgehst. Alles geschieht, weil es einen Sinn hat. Manchmal erkennt man den Sinn oder die Ursache nicht sofort. Wenn dir bewusst wird, dass Rückschläge lediglich dafür da sind, um dich zu stärken, dann hast du bereits eine wichtige Erkenntnis gewonnen.

Wichtig ist, dass du dich von schlimmen oder negativen Ereignissen nicht lähmen lässt und immer und immer wieder aufstehst. Sowohl die positiven als auch die negativen Seiten gehören zum Leben. Jedoch entscheidest du, welche bei dir überwiegen.

Merke: Du kannst dir nicht immer aussuchen, was im Leben passiert, aber du kannst dir aussuchen, wie du damit umgehst. Lass deine Gegenwart nicht von der Vergangenheit bestimmen, aber lass die Vergangenheit ein guter Ratgeber für die Zukunft sein.

Du kennst vielleicht die Situation, dass plötzlich viele negative Ereignisse zusammen auftreten. Wenn mal was kaputt geht, dann doch wirklich alles, oder? Dies passiert deshalb, weil sie sich gegenseitig anziehen und im Zusammenhang stehen. Mit Kraft und Durchhaltevermögen wirst du diese Zeiten überwinden und es schaffen, die Energie wieder zu verändern. Und es wird genau das Gegenteil passieren: Du wirst die positiven Dinge anziehen. Fehler sind ganz wichtige Meilensteine zum Erfolg. Du lernst aus Fehlern und Rückschlägen und gewinnst auf dem Weg Erkenntnisse für ein glücklicheres und damit erfolgreicheres Leben.

Vor meiner Saxofon-Unterrichtsstunde hat ein dreizehnjähriger Junge ebenfalls Saxofon-Unterricht. Da ich immer etwas zu früh da bin, bekomme ich das Ende seiner Stunde oft mit. Immer wieder bleibt er unentschuldigt dem Unterricht fern. Anscheinend sorgen auch seine Eltern nicht dafür, dass er die vereinbarte Stunde einhält. Auf diese Weise erlernt der Junge keine Disziplin, kein Durchhaltevermögen. Es wird sehr schwer für ihn, erfolgreich zu werden.

Wenn du etwas machst, dann mache es richtig oder lasse es. Wenn der Junge keine Lust hat, das Instrument zu erlernen, dann ist das in Ordnung, dann soll er es lassen. Wenn du dich für etwas entscheidest, dann halte es durch und mache es mit ganzer Kraft. Wenn ich aus terminlichen Gründen eine Stunde meines Saxofon-Unterrichts verschieben muss, mache ich zusätzlich noch eine weitere. Nur so kommst du weiter, nur so kannst du dich entwickeln. Erkennbare Fortschritte erzeugen positive Gefühle, das wiederum erzeugt Glücksbotenstoffe im Gehirn und begünstigt seine Entwicklung. Gib nicht auf, halte durch und habe Selbstdisziplin. Unterstütze auch deine Kinder dabei durchzuhalten. Nicht zwingen, aber Unterstützung geben, sie antreiben und ermutigen. Es wird ihnen im späteren Leben helfen. Und wenn das Kind mal fällt, dann hilf ihm dabei aufzustehen und es erneut zu versuchen. Du förderst dadurch einen wichtigen Glücksmacher.

Du kannst Probleme nicht umgehen, nur lösen (lernen)

Die meisten Unternehmen werden innerhalb von zwei Jahren wieder geschlossen, weil viele Menschen das Durchhaltevermögen nicht haben. Dabei müssen wir doch nur dem ganz normalen Verlauf von Zielen folgen. Am Anfang einer Firmengründung geht alles steil nach oben, wir haben die ersten Erfolge. Die Anfangsenergie ist stark und treibt uns nach vorne. Wenn die ersten Hürden genommen sind und die Grundsteine gelegt wurden, lässt die erste Energie nach. Sehr häufig kommen nun die ersten Schwierigkeiten und Rückschläge. Diese Hindernisse verursachen negative Gedanken, die uns bremsen und belasten. Dieses Tief heißt es zu überwinden. Ich hab es bereits bei den Zielen beschrieben. Vor jedem Hoch kommt immer erst ein Tief. Es ist wie eine Prüfung vom Universum. Jetzt brauchen wir Kraft und Durchhaltevermögen. Wenn du dieses Tal überwindest, kommt der Durchbruch. Viele Menschen kennen dieses Prinzip nicht oder glauben nicht fest genug daran. Sie geben lieber auf. Bevor ich von diesem Prinzip wusste, gab es auch bei mir Situationen, in denen ich viel zu früh aufgab. Du brauchst ein gutes Selbstvertrauen und starken Glauben an dich und deine Idee, dann überwindest du die Hürde und siehst die Sonne am Horizont.

Es gibt Situationen, in denen es aus wirtschaftlichen Gründen einfach nicht weitergeht. Dann müssen wir die Notbremse ziehen. Mir ist nur wichtig, dass du die Situation genauestens durchleuchtest und prüfst, ob der Kampf lohnenswert ist. Wenn dein Feuer stark genug ist und deine Leidenschaft für deine Idee gegeben ist, dann gib nicht auf und denke an Edison und seine Glühbirnen.

Viele Menschen glauben, sie müssten Probleme nur umgehen und dann wären sie verschwunden. Das funktioniert leider nicht. Sie kommen in neuer Gestalt wieder. Du musst Probleme lösen, damit sie verschwinden. Du kannst kein Problem haben, ohne dass du die Lösung bereits in dir trägst. Du bist also in der Lage, Lösungen zu finden. Manchmal bedarf es mehr und manchmal weniger Anstrengung. Schaue in die Tiefe, prüfe, welches Verhalten oder welche Entscheidung dazu geführt hat, und ändere es.

Die große Schwierigkeit liegt darin zu erkennen, wann es Zeit ist aufzugeben und wann es sich lohnt weiterzumachen. Es kommt hier auf deine Einstellung an. Wie groß ist dein Wille, es zu erreichen, wie viel bist du bereit, dafür zu geben? Was bist du bereit, für den Erfolg aufzugeben? Wenn es nicht weitergeht, wenn du Rückschläge hast, dann liegt es nicht an den Umständen, sondern an dir. Du musst den Weg ändern, die Energie neu fokussieren! Fakt ist, dass du alles erreichen kannst, wenn du es von ganzem Herzen willst. Du musst dafür brennen und an die Idee glauben. Leider können wir nicht wissen, was hinter der nächsten Kurve kommt. Liegt da das Ziel oder eine weitere Hürde? Wie viele Hürden kommen noch? Es wäre so schön, wenn wir im Leben eine Landkarte hätten, die uns zeigt, wo das Ziel ist und nach welcher Kurve es kommen mag. So ist es aber nicht. Es bleibt eine Blackbox, durch die du durchmusst. Erfolg braucht Zeit und Geduld. Da heißt es, durchzuhalten und zu kämpfen. Keiner kann dir sagen, wann es besser ist aufzugeben, weil der Erfolg vielleicht viel zu weit weg ist. Die Entscheidung musst du selbst treffen. Für einen wirklichen Traum lohnt es sich immer zu kämpfen. Halte durch und gib nicht auf! Suche immer nach neuen Wegen und Möglichkeiten, dann wirst du auch belohnt werden. Um Früchte zu ernten, musst du zuerst säen, hegen und pflegen. Es dauert, bis Früchte wachsen. Davor gibt es gute, aber auch schlechte Jahre.

27.1 Die positive Kraft der Überzeugung

Wenn du eine Sache als wirklich wertvoll, wichtig und positiv für dich erkannt hast, dann setze dich für deine Überzeugungen ein! Kämpfe und lasse nicht nach! Lass dich nicht von Menschen bremsen, die es nicht besser wissen. Es gibt viele Neider und Personen, die dir das Glück und den Erfolg nicht gönnen. Menschen, die selbst nicht an sich und die Kraft der Gedanken glauben. Konzentriere dich auf dich und deine Überzeugungen! Es kommt darauf an, dass du selbst davon überzeugt bist. Es ist nicht immer einfach, zu eigenen Überzeugungen zu stehen.

Was interessiert es den Löwen, was die Schafe über ihn denken.

Calvin Hollywood

Lass mich dir noch einmal ein Beispiel liefern. Schon in meiner Jugend rauchte ich nicht und trank keinen Alkohol. Beides schmeckte mir nicht. Ich wuchs in der Eifel auf, hatte ich ja bereits erwähnt, da wird in den Dörfern noch Kirmes gefeiert. Wenn ich mich als Jugendlicher mit Freunden zum Feiern traf, war es eine Herausforderung für mich, keinen Alkohol zu trinken. Immer wieder versuchte man mich zu Bier und Schnaps zu überreden. Es gehörte eine ganze Menge Überwindung und Kraft dazu, standhaft zu bleiben. Es war meine Überzeugung, bei der ich geblieben bin. Besonders als Jugendlicher ist das schwierig. In der Gruppe wird man schnell zum Außenseiter. Es dauerte sehr lange, bis es akzeptiert wurde, dass ich nicht trinke. Es führte allerdings auch dazu, dass mir solche Feiern, zum Beispiel Karneval, mit der Zeit nicht mehr angenehm waren. Wenn man nach zwei Stunden der Einzige war, der noch nüchtern war, war das nicht mehr lustig. Trotzdem bin ich von meiner Überzeugung nie abgewichen. Der Freundeskreis veränderte sich mit der Zeit automatisch. Wir ziehen an, was uns ähnlich ist. Du merkst, ich bin kein wirklicher Freund von Alkohol. Ich habe im Leben einfach zu oft gesehen, was Alkohol mit Menschen anstellt und wie er Menschen verändert. Ich glaube einfach, dass man glücklicher ist, wenn man keinen Alkohol konsumiert. Auch spaßige Zeiten können wir hervorragend erleben, wenn wir keinen Alkohol konsumieren. Der Alkoholkonsum wird in unserer Gesellschaft zu sehr unterschätzt und heruntergeredet. Keine Hochzeit, keine Geburtstagsfeier, keine Kirmes, kein Karneval, kein Oktoberfest ohne großes Besäufnis. Noch mal: Ich rede nicht von dem einzelnen Glas Wein oder dem einzelnen Glas Bier.

Merke: Hinterfragen und offen sein ist positiv. Wie ein Schaf dem Schäfer blind hinterherzulaufen oder dich wie ein Fähnchen im Wind zu drehen, ist negativ.

27.2 Resilienz ist Widerstandskraft

Resilienz ist für mich in hohem Umfang Sturheit und Sturheit ist eine Eigenschaft, die uns ermöglicht, bei unserer Meinung zu bleiben und etwas zu Ende zu bringen, das wir begonnen haben. Sturheit kann uns helfen, unseren Zielen schneller näherzukommen. Sturheit ist jedoch auch eine Emotion, die uns blockiert und uns am Glücklichsein hindert. Wer stur ist, der befindet sich im Krieg. Es gibt keine zweite Meinung, nur die eigene zählt. Sturheit ist ein misstrauischer Geisteszustand. Es geht um Kampf und Widerstand, darum, seinen Willen zu bekommen. Sturheit führt zu einer sich wiederholenden Kommunikationsfalle. Wenn dein Gegenüber mit keinerlei logischen Argumenten gegen deine Einstellung ankommt, dann entsteht auf Dauer eine vorhersehbare Situation, was deine Partnerschaft deutlich belastet. Sturheit gehört daher auch zu den Top Ten der Beziehungskiller. Sturheit bringt häufig Härte und mangelndes Mitgefühl mit sich. Sturheit entsteht häufig durch mangelndes Selbstbewusstsein.

Entsprechende Personen wollen allwissend und anderen gegenüber überlegen wirken. Aber Achtung! Dies muss nicht der Fall sein, es kann auch von einem extrem starken eigenen Willen und der festen Überzeugung von dem eigenen Gedankengang herrühren. Mit Kritik können sture Menschen oft eher schlecht umgehen. Es mag sein, dass du mit Sturheit deinen Willen durchsetzt, jedoch wirst du keine angenehme Atmosphäre schaffen. Mir hat Sturheit zum Beispiel in meiner Jugendzeit dabei geholfen, nicht zu rauchen. Denn die meisten meiner damaligen Freunde waren Raucher. Da bedurfte es schon einer guter Portion Sturheit, um standfest zu bleiben. Sturheit hat also sowohl positive als auch negative Eigenschaften. Es kommt darauf an, ob sie richtig eingesetzt wird.

Wissenschaftler um Michael Kern von der Computer- und Informatikfakultät der University of Pennsylvania untersuchten die Entscheidungsfähigkeit von sechsunddreißig Versuchspersonen (im Folgenden zitiert unter ander*em hier: http://www.focus.de/wissen/mensch/psychologie-sturheit-siegt_aid_366*365.html, abgerufen am 1. August 2017). In der Untersuchung kamen die Gruppen, in denen ein Teilnehmer stur auf seiner Meinung bestand, schneller zum Ergebnis als die anderen Gruppen. Ganz besonders schnell kam die Gruppe zum Ergebnis, wenn die sturen Personen innerhalb der ersten Sekunde auf ihre Meinung pochten. Sturheit hat also in Entscheidungsprozessen einen entscheidenden Vorteil und führt häufig sicherer zum Erfolg.

Weitere Studien wiesen nach, dass Kinder, die in der Jugend als stur galten, als Erwachsene oft erfolgreicher und reicher wurden. Die Forscher kamen jedoch auch zu dem Ergebnis, dass die Probanden ihren Erfolg ohne Rücksicht auch unter Hinnahme der Verärgerung von Kollegen und Freunden durchsetzten. Henry Ford stellte treffend fest:

Wenn ich die Menschen gefragt hätte, was sie wollen, hätten sie gesagt: schnellere Pferde.

Henry Ford

Wahrscheinlich hätten wir dann heute noch keine Autos. Sturheit kann Antreiber und Wegweiser zum schnelleren Erfolg sein. Alles im Leben hat wie immer zwei Seiten. Für mich als eher sturer Mensch wäre es schön, wenn ich an dieser Stelle aufhören könnte. Leider hat die Sturheit auch noch eine andere Seite. Nämlich eine, die uns beim Glücklichsein im Weg stehen kann.

Mir geht es an dieser Stelle darum, zu schauen, wie du dein Leben unter Berücksichtigung von Sturheit glücklicher führen kannst. Du magst jetzt einwenden, dass du mit der Durchsetzung deines Willens glücklich bist. Dies mag unter gewissen Umständen auch der Fall sein, aber selten im Umgang mit deinem Partner. Dein Partner wird deine sture Verhaltensweise anders betrachten. Diese wird in den meisten Fällen zu Konflikten führen. Große Freude dürfte innerhalb der Partnerschaft nach dem Durchsetzen deines Willens nicht entstehen. Hilfreich ist es, wenn du den kleinen, aber feinen Unterschied zwischen »sich durchsetzen«, »hartnäckig sein« und der Sturheit erkennst. Also wenn du es schaffst, die Sturheit mit Offenheit, der Bereitschaft zu lernen, Anpassungsbereitschaft und Mitgefühl zu kombinieren. Das wird zum Glücklichsein deutlich beitragen.

Sturheit hat positive und negative Seiten

Ich möchte nicht sagen, dass du nicht willensstark sein sollst, ganz im Gegenteil! Du sollst natürlich deine Stärke verwenden, um deine Ziele zu erreichen. Sturheit ist jedoch eine Übertreibung. Sturheit ist ein Zustand, in dem du auf deine Meinung pochst und schon fast starrsinnig bist, ohne andere Meinungen und Überzeugungen überhaupt anzuhören. Ich spreche da aus Erfahrung. Ich bin von Sternzeichen Stier, wir sind die geborene

Sturheit. Meine Frau kann das sicher gern bestätigen. Ich kann dir gar nicht erzählen, wie oft mir meine eigene Sturheit den Spaß verdorben hat. Wie oft ich mir selbst im Weg gestanden habe. Anstatt auch mal etwas zuzugeben oder mal etwas anderes anzunehmen oder auch nur über einen Vorschlag sorgfältig nachzudenken, bleibe ich beharrlich bei meiner Meinung. Freude entstand dadurch fast nie, meist nur Konfrontation, Ärger, Krach, Frust, was auch immer, nur keine angenehme schöne Zeit. Ich gebe zu, es wird besser, beharrlich arbeite ich an meiner Sturheit, denn sie behindert mich schon sehr. Es gibt Zeiten, in denen Kompromissbereitschaft angemessen ist und andere Vorschläge oft gar nicht so schlecht sind.

Als sturer Mensch bezeichnen wir uns selbst gerne als willensstark, andere sehen das wahrscheinlich aus einem anderen Blickwinkel. Ich bin Vollblut-Verkäufer, da gibt es andere Möglichkeiten, eigene Ansichten durchzusetzen. Solltest auch du unter Sturheit leiden, denke über Alternativen nach – es lohnt sich!

Je eher du feststellst, dass deine Mitmenschen nicht nur auf der Welt sind, um deine Meinung zu teilen und sich nach deinen Ansichten und Wünschen zu richten, umso leichter wird es dir fallen, die Einstellungen anderer zu akzeptieren. Prüfe deine Einstellung darauf, ob du nicht auch einen Kompromiss eingehen könntest. Kontrolliere, ob du mit den Konsequenzen gut leben kannst. Es geht darum, eine gute Atmosphäre zu schaffen, die dazu führt, dass du Glücksgefühle empfinden kannst. Finde den richtigen Grad zwischen eigener Durchsetzungskraft und Kompromissbereitschaft. Es geht immer darum, wie du dein Glücksgefühl steigern kannst.

Merke: Gib nie, nie, niemals auf – egal, wann du aufgibst, es wird zu früh sein.

Aufgabe

Nimm dir etwas Zeit und schaue in deine Vergangenheit. In welchen Situationen hast du aufgegeben, welchen Vorteil hättest du haben können, wenn du länger durchgehalten hättest?

1.
2.
3.
4.
5.
6.
7.
8.
9.
10.

Welche Situation wäre entstanden, wenn du nicht aufgegeben hättest, wie wäre dein Gefühl gewesen, wenn du weiter gemacht und dein Ziel, deinen Traum erreicht hättest? Wie hätte sich dein Leben verändert? Versetze dich in die positive Stimmung und schöpfe aus dieser Stimmung die Kraft für nächste Herausforderungen.

Glücksmacherimpuls

Es gibt einfach Situationen im Leben, da hilft Sturheit weiter, und es gibt andere Situationen, in denen Offenheit die bessere Lösung ist. Jede Art von Extremen ist ein Hindernis auf dem Weg zum Glück.

Prüfe immer ganz genau, ob es sich lohnt zu kämpfen; wenn dein Herz dafür schlägt, dann halte durch. Sei jedoch bereit zur Veränderung.

28.
Charisma – die Ausstrahlungskraft verstärken

Wir haben uns nun intensiv damit beschäftigt, wie du mithilfe von Durchhalten, Aufstehen und neue Wege gehen dein Glücklichsein steigern kannst. Hierbei ging es um die Kraft, Gelassenheit und Emotionen, die du in dir entwickelst.

Wenn du einen Lebensplan und diesen sogar aufgeschrieben hast, wenn du deine Einstellungen positiv veränderst, wenn du deine Wahrnehmung verbesserst, wenn du andere besser verstehst, dann wirst du in dir selbstsicherer und gefestigter werden. Dann wird es für dich weniger wichtig sein, was andere vielleicht über dich denken. Du wirst charismatisch wirken, weil andere in dir Selbstsicherheit, Gelassenheit und Zielorientierung erkennen. Durch diese Aktivitäten verbesserst du deine Außenwirkung.

Laut Duden bedeutet Charisma die besondere Ausstrahlungskraft eines Menschen. Was hat nun deine Ausstrahlung mit Glücklichsein zu tun? Eine ganze Menge.

Du kennst die Situation, dass jemand den Raum betritt. Er ist plötzlich da, jeder nimmt ihn wahr, eine echte Persönlichkeit. Es gibt Menschen, die haben eine ganz besondere Ausstrahlung. Diese Ausstrahlung kommt nicht einfach so, sie ist eine Kombination aus der inneren Einstellung, dem Auftreten und der Kleidung. Vielleicht erinnerst du dich auch, wie du solchen Menschen in der Regel begegnest, und zwar mit Respekt und Anerkennung. Vielleicht schauen wir sogar ein wenig zu ihnen auf. Wenn du also an deinem Charisma arbeitest, an deiner Ausstrahlung, dann begegnen dir Menschen anders. Das steigert dein Selbstwertgefühl und dies wiederum deine Stimmungslage.

28.1 Charisma bringt Leichtigkeit auf dem Weg zum Glück

Charisma kommt nicht einfach so. Niemand ist charismatisch, wenn er morgens aufsteht, wenn er in Jogginghose über die Straße läuft oder wenn er in Schlabberkleidung mit dem Hund spazieren geht. Um charismatisch zu sein, bedarf es einer besonderen Ausstrahlung. Dazu gehört ganz besonders die äußere Erscheinung. Schönheit ist für eine charismatische Ausstrahlung nicht unbedingt erforderlich. Auch Menschen, die nicht zu den schönsten zählen, können durchaus eine sehr charismatische Ausstrahlung besitzen.

In Wahrheit ist Charisma nicht das, was du wirklich bist, sondern für das dich andere halten. Ein Bild, das sich dein Gegenüber von dir macht. Es kommt also darauf an, wie du wirkst.

28.2 Ausstrahlung ist mehr als schöne Kleider

Um deine Ausstrahlung zu optimieren, brauchst du ein gutes Selbstbewusstsein. Du musst von dir überzeugt sein. Charisma bedeutet nicht Überheblichkeit, sondern hoch erhobenen Hauptes aufzutreten. Wenn du noch nicht von dir vollends überzeugt bist, dann tue so, als ob du es wärst. Allein durch das Gefühl, welches du dadurch bekommst, wird sich deine Ausstrahlung bereits verändern.

Achte auf dein Äußeres! Haare, Kleidung, Schmuck, Figur, Körperhaltung – alles unterstützt dein Charisma. Wichtig ist, dass du dich wohlfühlst. Ein Blick in den Spiegel kann jedoch nicht schaden. Wenn du dir unsicher bist, dann lasse dich beraten. Es gibt günstige und gute Stilberater. Auf diese Weise kannst du dir Anregungen holen. Es schadet nicht, wenn du dich geschmackvoll kleidest und deine Haare sitzen. Wenn ich auf der Bühne stehe und Vorträge halte, dann verändert sich meine ganze Persönlichkeit, sobald ich den Bühnenanzug anziehe. Ich fühle mich plötzlich ganz anders, viel präsenter, und das strahle ich auch aus. Wenn ich mit meiner Familie im Urlaub Abendessen gehe, ziehen wir uns alle gut an. Es ist ein Ritual, sich nach den Ausflügen oder dem Strand zum Abendessen schön zu machen. Man fühlt sich dann gleich ganz anders. Die Ausstrahlung verändert sich. Man wird präsenter. Die Situation zu genießen, sich mit der Kleidung symbolisch vom Tag abzugrenzen, führt zumindest bei uns zu einem Glücksgefühl. Den Partner und die Kinder ein wenig schick gemacht zu sehen, führt immer zu einer glücklichen Situation.

Bei Frauen ist es häufig so, dass sie sich eine neue Frisur machen, wenn Veränderungen aufgetreten sind. Es kann dir helfen, anstehende Veränderung voranzutreiben, indem du Kleidung oder/und Frisur veränderst. Nutze die äußeren Möglichkeiten, um deine Ausstrahlung zu verbessern. »Kleider machen Leute« – diese Aussage kommt nicht von ungefähr. Durch die Kleidung ändert sich dein Verhalten automatisch. Deine Gestik, deine Haltung und sogar deine Aussprache und Stimme verändern sich mit der Kleidung. Diese Veränderungen fördern dein Charisma.

28.3 Charisma und Körpersprache

Jeder kann seine Ausstrahlung auf andere verbessern. Es bedarf einiges an Übung und Veränderung. Andere zu kopieren führt auf Dauer nicht zu einer charismatischen Ausstrahlung. Es kann dir am Anfang jedoch helfen, die Ausstrahlung zu verbessern, indem du Menschen, die bereits eine besondere Ausstrahlung haben, genauestens beobachtest. Durch die Beobachtung lenkst du zum einen deine Energie auf das, was du anstrebst. Dein Unterbewusstsein wird sich dies einprägen, deine Bestellung beim eigenen

Ich wird abgegeben. Und zum anderen bemerkst du vielleicht, was diese Person so charismatisch macht und kannst davon lernen.

Ein weiterer wesentlicher Bestandteil für deine Ausstrahlung ist deine Körperhaltung. Ein gerader aufrechter Gang, das Kinn leicht nach oben, aber nicht zu viel, sonst entsteht der Eindruck von Überheblichkeit. Stabiler Stand mit geraden Beinen. Nicht unruhig hin und her wippen. Strahle dein Selbstbewusstsein mit deiner Körperhaltung aus. Die Arme solltest du möglichst nicht verschränken. Achte auch beim Sitzen auf deine Haltung. Hänge nicht wie ein Schluck Wasser auf dem Stuhl. Sitze aufrecht und selbstbewusst!

Eine gute Ausstrahlung hilft dir beim Glücklichsein, weil du anders wahrgenommen wirst. Die Menschen begegnen dir anders. Durch eine veränderte, selbstbewusstere Erscheinung wird man dich anders behandeln und anders auf dich zugehen. Dies stärkt dich in deinem Tun und deinem Selbstbild, was wiederum zu Glücksgefühlen führt. Du kannst lernen, charismatisch zu sein. Es ist Arbeit und man braucht Mut, denn du musst ein Stück weit bereit sein zur Selbstdarstellung. Dein Auftreten präsenter zu machen, bedeutet, dass du sichtbarer wirst, und das musst du wollen. Am Anfang ist es Übung. Dann geht es immer mehr in deine Persönlichkeit über. Es lohnt sich auf jeden Fall, denn es bringt dich einen großen Schritt voran. Auch wenn du dich nicht komplett darauf einlassen möchtest, charismatischer zu werden, wird dir die Beobachtung anderer charismatischer Menschen bereits helfen, auf dein Glück zuzugehen.

Es ist keine Frage des Alters. Iris Apfel ist eine heute vierundneunzigjährige Dame, die in der Modebranche gerade immer noch extrem gefragt ist. Sie ist nahezu ausgebucht. Sie beweist, dass Ausstrahlung keine Frage des Alters ist. Sie selbst sagt, dass sie sich jede Woche Haare und Nägel machen lässt. Sie kann es nicht verstehen, dass Menschen sich im Alter gehen lassen. Sie könnte ein Vorbild für viele Menschen sein. Sie zeigt, wie glücklich und engagiert man auch mit vierundneunzig Jahren noch sein kann: (ihr) Charisma ist an kein Alter gebunden.

Glücksmacherimpuls

Prüfe, welche Möglichkeiten dir zur Verfügung stehen um dein Charisma, deine Ausstrahlung zu verbessern. Wie kann es dir gelingen eine bessere eine selbstsicherere Wirkung zu erzielen? Welche Personen wirken auf dich ganz besonders und was machen sie dafür?

29.

Bedenke: Geld und Reichtum sind nicht das Gleiche

Je weniger Geld Menschen haben, umso mehr ist Geld am Glücklichsein beteiligt. Wenn es also ums nackte Überleben geht, wenn es um Hunger, Durst, Frieren geht, dann ist Geld am Glücklichsein am stärksten beteiligt. Das schwächt sich deutlich ab, je mehr Geld bereits vorhanden ist. Man wird also nicht proportional glücklicher, je mehr Geld man hat.

Bei fünftausend Euro Haushaltseinkommen im Monat steigt das Glücksgefühl nicht mehr wesentlich aufgrund des vorhandenen Geldes. Dies fand der israelische Wirtschaftsnobelpreisträger Daniel Kahnemann heraus. Nach seinen Erkenntnissen nimmt unser emotionales Wohlbefinden nicht mehr zu, die Zufriedenheit mit unserem Leben nimmt jedoch weiterhin stetig zu (Kahnemann/Diaton 2010). Der Anteil, den das reine Geld am Glücklichsein hat, wird geringer.

Man kann Glück zum Teil kaufen, und Geld macht auch glücklicher. Mehr Geld zu verdienen macht dich glücklicher im Leben. Diese Aussage stimmt jedoch nur, wenn du die richtige Balance findest. Es ist also davon abhängig, inwieweit du dich an deinem Leben erfreust und Glück empfindest.

Für mich war Geld immer wichtig, es war ein Kernbestandteil meiner Ziele. Das Streben nach Reichtum hat mir in den Anfangsjahren auch den nötigen Impuls und den Antrieb gegeben. Es hat aber nicht dazu geführt, dass ich wirklich glücklich geworden bin. Dies kam erst dann, als ich andere (bereits erwähnte) Glücksmacher mit dem Streben nach finanzieller Freiheit kombinierte.

29.1 Materieller und immaterieller Reichtum

Es geht im Leben somit nicht allein um Reichtum. Reich sein alleine macht nicht glücklich. Es verhält sich umgekehrt: Wenn du glücklich bist mit dem, was du tust, kommen Geld und Erfolg von selbst. Geld ist sehr wichtig – verstehe mich da nicht falsch. Geld ist ein Garant für Wohlstand und Anerkennung. Mir geht es vielmehr darum, dass du die Gewichtung verstehst. Viele (ich auch viele Jahre lang) jagen Geld und Reichtum nach, dabei musst du nach Freude jagen, dann kommt Geld von selbst. Die Voraussetzung für Erfolg besteht darin, in deinem Bereich nicht nur das Beste zu geben, sondern in der Anstrengung, in deinem Bereich der Beste zu sein. Wenn dir wirklich Spaß macht, was du tust, dann wirst du mit der Zeit gut werden. Wenn du das mit vollstem Einsatz kombinierst, dann wirst du zum Spezialisten. Spezialisten sind gefragt und werden erfolgreich. Erfolg bringt Geld und Selbstbestätigung. Um glücklicher zu werden, sollte also nicht Geld dein Antrieb sein, sondern der Spaß und die Freude an dem, was du tust. Dies bedeutet nicht, dass deine Zielsetzung keine genaue Definition benötigt, welches Vermögen du erreichen möchtest. Die Bestellung muss präzise sein und du brauchst das feste Verlangen danach.

Merke: Nicht Erfolg ist der Schlüssel zum Glück, sondern Glück ist der Schlüssel zum Erfolg. Wenn du gern tust, was du tust, wirst du auch erfolgreicher sein.

29.2 Freude am Tun führt zum Reichtum

Nehmen wir ein Beispiel, welches ich bei dem Sohn eines Freundes beobachtete. Er absolvierte für drei Wochen ein Praktikum in einem Baumarkt. Er war begeistert von der Tätigkeit, es machte ihm richtig Freude, und sein Vorgesetzter lobte ihn für seinen Einsatz. Es verwunderte daher nicht, dass er später dort eine Ausbildungsstelle erhielt. Auch während der Ausbildung ließ seine Freude nicht nach. Er bewarb sich um jede Weiterbildung und verfügte nach wenigen Monaten über ein größeres Fachwissen als viele seiner Kollegen, die bereits seit vielen Jahren dort arbeiteten. Sofort nach der Ausbildung wurde er Abteilungsleiter. Heute ist er einer der erfolgreichsten Filialleiter in Deutschland. Er hatte keine bessere Schulbildung als andere, er war auch nicht wesentlich intelligenter. Er hatte Spaß und Freude an dem, was er tat. Er war gewillt, Veränderungen anzunehmen und selbst voranzutreiben. Er war bereit, alles für seine eigene Weiterbildung zu tun. Das allein war der Unterschied. Er machte einen Schritt mehr als viele seiner Kollegen.

Geld und Anerkennung kamen automatisch. Es spielt keine Rolle, in welchem Beruf du tätig bist, auch nicht, wenn du Hausfrau oder Hausmann bist. Mache es mit Leidenschaft und voller Freude, damit legst du bereits den Grundstein zu deinem Glück.

Gerade bei sehr großen Berühmtheiten, bei vielen Schauspielern und Musikern zum Beispiel, erkennen wir häufig, dass sie trotz ihres Erfolges und ihres Geldes extrem unglücklich sind. Sie zerstören sich mit Drogen und Medikamenten. Sie finden einfach die Lebensbalance nicht.

Mit viel Geld muss man erst einmal umgehen können. Das beste Beispiel sind Lottomillionäre, also Menschen, die schnell und plötzlich zu Geld gekommen sind. Sie verfügen über keinerlei Erfahrung mit solch einem Reichtum. Sie geben das Geld unsinnig und schnell aus. Sie schaffen es nicht, das Geld zum Glücklichwerden einzusetzen. Der Umgang mit viel Geld muss tatsächlich erlernt werden. Nur wenigen Menschen gelingt es, hier gleich den richtigen Weg zu finden. Geld kann Segen und Fluch zugleich sein.

Überall hören wir von Burn-out, von Menschen, die anscheinend so überarbeitet sind, dass sie mit ihrem Leben nicht mehr zurechtkommen. Wenn du keine Balance im Leben findest, passiert genau so etwas. Nur wer die richtige Balance im Leben findet, kann wirkliches Lebensglück erfahren. Ein gutes Zeitmanagement im Privatleben und in der Arbeit ist wichtig für die Balance. Auch mal nicht erreichbar zu sein und sich eine eigene Auszeit zu gönnen.

Erfolg ist immer das Ergebnis von Gesetzmäßigkeiten. Du kannst ihn verursachen, also selbst herbeiführen. Erfolg kommt nicht von Zufällen und Glück.

Wenn deine Einstellung passt, ziehst du Erfolg nahezu an. Erfolg oder Misserfolg hängen in der Regel nicht von den Fähigkeiten ab, sondern von den Gedanken. Von deiner Einstellung zum Leben.

Wir denken in Bildern. Je besser du dir etwas bildlich vorstellen kannst, umso eher wirst du dies auch erreichen.

Deswegen sollte auch nicht Geld als solches deine Zielsetzung sein, sondern das, was du dir dadurch erhoffst beziehungsweise anschaffen willst. Vielleicht ist dein Ziel ein besonderes Auto oder Haus oder finanzielle Freiheit. Geld bringt keine Emotion, es schmeckt nicht gut, es riecht nicht besonders, noch sieht es extrem gut aus. Dinge und Situationen verursachen Emotionen und Bilder. Diese verursachen Energie und Antrieb.

Du erinnerst dich an meinen schweren Start ins Leben, meine schlechte Schulausbildung, meine Lebensmüdigkeit. Auch meinen eigenen Erfolg konnte ich nicht dadurch erzielen, dass ich viel schlauer oder intelligenter war als andere. Ebenso hat es nicht an meiner Schulausbildung gelegen. Wer hätte zu meiner Schulzeit gedacht, dass ich mal mit mehreren Büchern

Erfolgsautor, erfolgreich mit Vorträgen auf der Bühne stehen und ein gefragter Experte sein würde? Ich habe einfach immer einen Schritt mehr gemacht als viele andere, bin einmal mehr aufgestanden als viele andere und habe häufiger neue Wege gesucht als viele andere. Habe mich auf meine Fähigkeiten konzentriert und spezialisiert. Und habe am Ende immer mehr das gemacht, woran ich wirklich Freude habe – das machte den Unterschied und das machte mich glücklich.

Glücksmacherimpuls

Geld ist ein wesentlicher Bestandteil des Glücklichseins. Es ermöglicht dir Freiheit und das Erfüllen von Wünschen. Allerdings solltest du es auch nicht überbewerten, es ist nur ein Mittel zum Zweck. Geld selbst ist nicht das, was dich glücklich macht, sondern das, was du damit machen kannst, fördert das Glück. Überprüfe daher deine Einstellung zum Geld und erkenne, dass dein Glücklichsein nicht nur vom Finanziellen abhängig ist.

30.
Freu dich drauf: Glücklich im Alter

Die Angst vor dem Alter ist ein wesentlicher Punkt, der viele vom Glücklichsein abhält. Sie machen sich zu viele Gedanken, was mal kommen wird, denken bei jedem Geburtstag: »Oje, schon wieder ein Jahr älter!« Mir persönlich ist mein Alter absolut egal. Ich genieße mittlerweile jede Phase meines Lebens. Ich weiß, dass das Leben einen Anfang und ein Ende hat. Ich habe geplant, wie lange ich es erleben will. Ob etwas Unvorhergesehenes, etwas, das ich vielleicht nicht beeinflussen kann, kommt, weiß ich heute noch nicht. Ich glaube ans Universum und glaube daher auch fest an meine Zielerreichung. Ich lebe mein Leben jeden Augenblick so, wie ich es möchte. Ja, okay, es gibt kleine Einschränkungen und auch noch Träume. Ich kann jedoch jederzeit sagen: Ich habe gemacht, was ich wollte, und muss nicht feststellen, dass ich etwas versäumt habe.

Nur wenig ist so sehr mit – überwiegend negativen – Klischees behaftet wie das Altern. Es gibt eine ganze Menge Vorurteile über das Älterwerden, die uns Sorgen bereiten. Sorgen, die wir gar nicht brauchen, weil die meisten Klischees überhaupt nicht zutreffen. Je schneller du begreifst, dass jedes Alter seine schönen Momente und seine Vorzüge hat, umso eher bist du bereit, glücklich zu sein. Wenn du bei jedem Geburtstag darüber grübelst, dass du wieder ein Jahr älter wirst, dann produziert dies keine positiven Gefühle. Ich kenne eine Menge Menschen, meist Frauen, die ihren Geburtstag nicht mehr feiern wollen, in der Hoffnung, dass die Zeit dadurch stehen bleibt. Warum? Schauen wir uns mal einige von diesen Klischees an.

30.1 Der Kindheitsfalle entkommen

Viele Menschen sind immer noch der Meinung, dass eine schwere Kindheit dazu führt, dass man im weiteren Verlauf des Lebens unglücklich und negativ beeinflusst ist, oder dass man durch eine günstige und liebevolle Kindheit zu einem zufriedenen Menschen wird. Die heute bekannten

Langzeitstudien zeigen deutlich, dass erstaunlich häufig lebenstüchtige, ausgeglichene und einfühlsame Erwachsene aus traumatisierten Familienverhältnissen hervorgehen. Oft erklärt man Probleme aus dem Jetzt mit Situationen aus der Kindheit. Sicher ist, dass es derzeit keine eindeutigen Studien darüber gibt, inwieweit sich die Erlebnisse aus der frühen Kindheit auf das spätere Glücklichsein auswirken. Etliche Wissenschaftler sind heute der Meinung, dass die Ausführungen von Sigmund Freud widerlegt sind. Dieser ging davon aus, dass sich die Einflüsse der ersten sechs Lebensjahre eines Menschen entscheidend auf seine Zukunft auswirken, der international renommierte Harvard-Entwicklungspsychologe Jerome Kargan legt überzeugend dar, dass die Erlebnisse der ersten Jahre den Charakter und die Persönlichkeit eines Menschen in keiner Weise festlegen.

Ebenfalls handelt es sich bei der landläufigen Meinung, dass es im Alter um die vierzig in den meisten Fällen zu einer Midlife-Crisis kommt, um eine reine Erfindung. Keine wissenschaftliche Studie untermauert diese Behauptung. Ja, Menschen fallen in Löcher. Das kann aber in jedem Alter geschehen. Bei vielen Menschen kommt es dazu, dass sie nicht wissen, wie es weitergehen soll, dass sie Lebensangst haben. Dies ist jedoch nicht zwingend altersbedingt. Es kann durch verschiedene Situationen oder Erlebnisse ausgelöst werden.

Im Rahmen von Langzeitstudien wurde ebenfalls festgestellt, dass Eltern nicht in das befürchtete Loch fallen, wenn die Kinder das Haus verlassen. Oft ist – na ja, wenn man ehrlich ist, findet man für jedes Ergebnis auch eine Studie im Internet – genau das Gegenteil der Fall. Die Eltern spüren ein neues Freiheitsempfinden, weil sie es geschafft haben, die Kinder großzuziehen. Natürlich gibt es auch Eltern, die eine Leere verspüren. Dies geschieht jedoch meist dann, wenn man sich sein Leben lang nur auf die Kinder fixiert und dabei sein eigenes Leben, vielleicht auch seine eigene Partnerschaft und Freunde, vernachlässigt hat. Es ist wichtig, im gesamten

Lebenszyklus die Balance zu behalten. Den Fokus auf die eigenen Kinder zu legen ist gut und wichtig. Doch man sollte auch Zeit für Freunde und den Partner einplanen.

30.2 Gute Nachricht: Das Glück wächst mit dem Alter

Eine weitere landläufige Überzeugung ist, dass unser Glücklichsein im fortschreitenden Alter deutlich abnimmt. Dies wird auf die häufig im Alter vorkommenden Gebrechen wie Gedächtnisverlust, Verlust von Angehörigen, Bewegungsunfähigkeit, Vereinsamung zurückgeführt. Studien beweisen allerdings, dass Menschen im Alter zwischen fünfundsechzig und siebzig die höchste Glücklichkeitsstufe erreichen. Die meisten Menschen dieser Altersklasse wollen ihr Leben noch mal genießen.

Damit auch du unbeeinflusst und glücklich in die Zukunft gehen kannst, solltest du dich sehr schnell von dem Klischee lösen, dass alle Alten krank, vergesslich und leidend sind. Nur weniger als zehn Prozent der Menschen zwischen fünfundsechzig und hundert Jahren leiden an Gedächtnisverlust oder Alzheimer. Die Teilnahme am Leben, Freundschaften, Geselligkeit, Sport und gute Ernährung helfen auch im Alter, fit zu bleiben. In Amerika und in Deutschland sind lediglich fünf Prozent der älteren Menschen auf Pflege, Krankenhäuser oder Altenheime angewiesen.

Es gibt keinerlei Gründe, düster in die Zukunft zu schauen. Auch im Alter können wir mental gesund sein, können ein stabiles Immunsystem haben und können positive Gefühle verspüren. Deine Persönlichkeit bleibt im Alter so, wie du heute bist. Achte in jedem Alter auf deinen Körper, auf deinen Geist, auf deine Gesundheit und deine Ernährung, und du wirst später davon profitieren.

Nur wenn du dich vom Altern beeinflussen lässt, deine Aktivitäten einstellst, dein Gedächtnis nicht weiter trainierst, kann es zu nachteiligen Veränderungen kommen. Alter ist das, was jeder daraus macht.

Du siehst: Wir werden mit vielen Klischees über das Altern belastet. Die Industrie macht uns weis, dass wir körpermäßig nicht altern, dass wir keine Falten haben dürften. Ja, du und dein Körper verändern sich, aber Veränderung ist unser Leben. Ohne Veränderung haben wir Stillstand, und Stillstand ist Rückschritt. Wir verändern uns – das ist ein ganz normaler Prozess. Ob das für dich negativ oder positiv ist, liegt allein an dir. An deiner Einstellung, deinem Glauben. Wenn du glaubst, dass du im Alltag krank und schusselig sein wirst, dann wirst du krank und schusselig sein. Wenn du glaubst, dass du gesund und aktiv sein wirst, dann wird sich dein Unterbewusstsein schon jetzt darauf einstellen. Es wird dafür sorgen, dass dein Handeln von heute so gesteuert ist, dass deine Gesundheit von morgen optimal ist.

Merke: Jedes Alter hat seine eigenen schönen Momente. Du kannst sie sogar magisch machen, wenn du sie bewusst wahrnimmst und feierst.

Wir neigen dazu, für alles in unserem Leben Ausreden zu finden, statt die Gründe bei unserem eigenen Handeln zu suchen. Denn es ist viel einfacher, die Schuld auf externe Faktoren zu schieben. Immer sind die Umstände schuld, wenn etwas schiefläuft. Doch die Umstände resultieren immer aus einem Tun aus unserer Vergangenheit.

Jedes Alter hat etwas Positives. Jedes Alter hat seine Daseinsberechtigung und bietet schöne Momente. Hin und wieder werde ich gefragt: »Na, möchtest du nicht gern noch mal zwanzig sein?« – Nein, zwanzig war ein tolles Alter und ich habe viel erlebt, aber es war die Zeit, die ich eben mit zwanzig erlebt habe, mit dreißig habe ich ganz andere Sachen erlebt, mit vierzig wiederum andere und mit siebzig werde ich wiederum andere Sachen erleben. Ein ganz wichtiger Schritt zum Glücklichsein ist, jedes Alter so zu nehmen, wie es ist. In jedem Alter sollte man die positiven Aspekte sehen. Uns immer wieder ein anderes Alter zu wünschen, bringt uns keinen Schritt weiter und hilft uns auch nicht beim Glücklichsein. Denn wir können uns nicht in ein anderes Alter versetzen. Du bist so alt, wie du bist. Genieße dein Alter!

Dann höre ich immer: »Die Kinder wachsen so schnell! Wären sie doch noch mal klein!« – Nein, es ist gut so, wie es jetzt ist! Kinder wachsen nicht schnell. Kinder wachsen in einem ganz normalen Zyklus. Ich mochte meine Kinder, als sie gerade geboren waren, ich mochte sie, als sie drei Jahre waren, ich mochte sie, als sie neun Jahre waren, und ich mag sie auch jetzt, zu Beginn der Pubertät. Jedes Alter hat seine schönen Momente. Als die Kinder klein waren, habe ich mit ihnen gekuschelt. Es war fantastisch, als sie langsam größer wurden und die ersten Schritte machten! Jetzt spreche ich mit meinem Großen über Mädchen. Er fragt mich, ob seine Kleidung gut aussieht. Das macht mich stolz. Jedes Alter hat tolle Momente.

Genauso ist es auch mit deinem Leben. Alles hat seine Zeit. Wichtig ist nur, dass du deine Zeit nicht vergeudest. Ja, es gibt im Leben Phasen, in denen du richtig ranklotzen musst, und es gibt Phasen, in denen du das Leben genießen kannst. Schöne Phasen wechseln sich mit weniger schönen Phasen ab. Genieße den Augenblick!

Wenn du jeden Morgen in den Spiegel schaust und denkst: »Schon wieder eine Falte mehr!«, wie soll das zu einem glücklichen Gefühl führen?

Mit achtundzwanzig begannen meine Haare auszufallen. Fantastisch! Jetzt brauche ich keinen Föhn mehr! Ich brauch mir keine Haare mehr zu waschen, und ich verbringe nicht mehr Stunden im Badezimmer! Soll ich mir

Gedanken machen, ob ich jetzt hübscher oder schlechter aussehe? Es ist so, wie es ist.

Kürzlich sagte eine Bekannte zu mir, sie gehe jetzt schon auf die fünfzig zu. Na und? Da ist doch gerade erst die Hälfte vom Leben vorbei! Sie hat noch die andere Hälfte vor sich! Ich brauche mir doch keine Gedanken darüber zu machen, wie alt ich bin. Das Leben hat so viele Herausforderungen, da spielt unser Alter nur die geringste Rolle. Ja, wir können im Alter vielleicht nicht mehr so schwer heben, nicht mehr so gut Treppen steigen. Vielleicht können wir uns nicht mehr so schnell bewegen. Aber Entschleunigung ist doch toll! Dann genießen wir wieder ganz andere Bereiche des Lebens. Wir nehmen Sachen wahr, die wir vielleicht vorher gar nicht mehr wahrgenommen hatten. Ausschlaggebend ist, was du daraus machst, wie du damit umgehst.

Es ist nie zu spät, etwas zu beginnen und neu zu starten, egal in welchem Alter, du brauchst nur die Freude an dem, was du machen möchtest. Viele Menschen haben Angst vorm Altern, vor Falten und Krankheiten. Studien haben belegt, dass schöne Menschen nicht glücklicher sind. Models sind sogar tendenziell etwas unglücklicher als der Durchschnitt. Wir altern alle, das ist unausweichlich. Warum nehmen wir das nicht als gegeben hin? Unser Äußeres verändert sich konstant, das wissen wir von Geburt an. Wir können das weder ändern noch aufhalten. Warum belasten wir uns dann mit negativen Gedanken? Freue dich doch auf jedes Lebensalter, denn jedes Alter hat seine Vorteile! Wenn du aktiv bleibst und auch im Alter einer vernünftigen Beschäftigung nachgehst, wenn du weiter lernst und Neues machst, wenn du auch im Alter deine Komfortzone verlässt, dann wirst du die Zeit genießen und glücklich sein. Altere in Würde und lebe das Leben! Genieße die Zeit in jedem Lebensalter!

Damit du dein Alter wirklich genießen kannst, brauchst du die richtige Rücklage und Absicherung. Hast du genug Vorsorge betrieben? Was möchtest du im Alter tun? Achte auf deine Ziele! Wie möchtest du im Alter leben? Es ist wichtig, dass du dir frühzeitig darüber Gedanken machst. Rechne dir aus, welches Geld dir später zur Verfügung stehen soll, und sorge dafür, dass du die entsprechende Rücklage bildest. Wenn du weißt, dass du im Alter so leben kannst, wie du es dir vorstellst, dann ist das ein beruhigendes Gefühl. Es hilft dir, positiv in die Zukunft zu sehen. Es geht nicht darum, alles Geld zu horten. Es geht darum, eine für deine Zielsetzung gute Vorbereitung zu treffen.

30.3 Glück ist auch: immer wieder gebraucht zu werden

Man sieht es bei älteren Menschen immer wieder: Wenn das große Ziel, die langersehnte Rente, erreicht ist, dann fallen sie plötzlich in ein Loch und werden krank. Der bisherige Lebensinhalt ist verschwunden. Die ersten Wochen sind noch ganz schön. Wenn du dann kein Hobby, keine sinnvolle Beschäftigung hast, dann kann es sehr schwer werden. Du hast dein Leben lang gearbeitet und warst immer beschäftigt. Du hattest feste Abläufe und einen Lebensinhalt. Wenn sich dies von heute auf morgen ändert, dann ist es wichtig, dass du darauf vorbereitet bist. Sorge dafür, dass du genau weißt, was du machen, welchen Hobbys du nachgehen möchtest. Rente bedeutet nicht, dass du nichts mehr tust und nicht mehr gebraucht wirst. In jedem Alter kannst du Ziele haben und Aufgaben umsetzen.

Ein gutes Beispiel hierfür ist mein Vater. Er ging mit fünfundfünfzig in Frührente. Er war immer ein sehr aktiver Mensch. Im Beruf und in Vereinen. Es dauerte nur wenige Jahre, da erkrankte er plötzlich an Krebs. Bis dahin war er nie ernsthaft krank gewesen. Die Krankheit bekämpfte er mit all seiner Kraft, aber auch, indem er neue Aufgaben für sich entdeckte. Wir gründeten zum Beispiel gemeinsam eine Hilfsorganisation für Rumänien (Rumänien Sunshine e. V.) Dort ist er der Chef. Er kann planen, steuern, er wird gebraucht und kann dabei noch Gutes tun. Er hat nicht nur eine Beschäftigung, er hat eine wirkliche Herausforderung, und genau das brauchte er. Er brauchte einen ordentlichen Lebensinhalt, eine Aufgabe. Das brauchen wir alle. Einsamkeit ist der größte Glücksfresser. Gestalte dein Leben frühzeitig so, dass du auch im Alter Gesellschaft, Freunde, Familie hast. Ich habe es in einem vorherigen Kapitel schon erwähnt. Das soziale Umfeld ist ein großer Glücksmacher, das gilt natürlich auch fürs Alter – eher mehr als weniger. Plane rechtzeitig, wie du im Alter leben möchtest.

30.4 Sinn macht Glück: Such dir Aufgaben

Wir brauchen eine Aufgabe, wir brauchen etwas, das uns fordert, sonst bauen wir seelisch und körperlich ab.

Ich erzählte bereits, dass ich vor zwei Jahren begonnen habe, Saxofon zu spielen. Vorher hatte ich noch nie ein Instrument gespielt und auch nie Noten gelernt. Ich fing ganz neu an. Ich tat dies aus Freude und Begeisterung für dieses Instrument. Ich glaube ganz fest daran, dass mein Unterbewusstsein mich zu dieser Aktivität führte. Denn durch das Spielen eines Musikinstruments werden beide Gehirnhälften gleichermaßen beansprucht. Das hält vital und beugt Krankheiten wie Alzheimer vor. Ich glaube, dass mich mein Unterbewusstsein dorthin geführt hat, damit ich mein langfristiges Ziel erreichen kann, gesunde einhundertundvier Jahre alt zu werden. Wenn du feste Ziele hast und dafür brennst, dann führt dich dein Unterbewusstsein dorthin. Ich übe sehr viel. Ich sehe mich mit meinem Saxofon auf der Bühne. Wenn die Zeit kommt, dass ich keine Vorträge mehr halten, kein Unternehmen mehr führen möchte, dann bleibe ich der Bühne treu. Ich wechsle von der Stimme zum Saxofon und werde die Menschen weiter begeistern. Was kann es denn Schöneres geben?

Merke: Fülle dein Leben mit sinnvollen Aufgaben, egal, in welchem Alter du dich befindest!

Habe keine Angst vorm Altern. Altere mit Würde und freue dich auf jedes künftige Lebensjahr. Lass Falten Falten sein. Du kannst auf dein Äußeres achten, nein du sollst es sogar. Falten und Altern sind ein Lebensbestandteil, dein Körper verändert sich, unaufhaltsam, du kannst es nicht ändern, also ärgere dich nicht. Achte auf dich und pflege dich, das ist alles, was dich interessieren sollte. Altern zu akzeptieren ist ein wichtiger Glücksmacher.

Glücksmacherimpuls

Habe keine Angst vorm Älterwerden. Akzeptiere, dass dein Leben einen Anfang und ein Ende hat. Fülle dein Leben so sinnvoll wie möglich und erlebe jedes Alter ganz bewusst. Wenn du dein Leben erfüllt und glücklich lebst, dann gibt es keine Angst vor dem Tod.

31.
Glückstarter:
Jetzt liegt es nur an dir

Nun hast du eine ganze Menge Informationen erhalten. Das eine oder andere wirst du schon mal gehört haben; einiges wird neu für dich gewesen sein. Wie gehst du jetzt damit um? Wie setzt du das in die Praxis um? Wie schaffst du es, mit diesen Informationen dein Leben tatsächlich noch glücklicher zu machen? Ich hoffe, du hast dir die Zeit für die Aufgaben genommen. Diese sind wichtig, um dich zu sensibilisieren und dir einiges bewusster zu machen. Wenn du die Aufgaben noch nicht gemacht hast, kann ich dir nur noch mal empfehlen, dich ihnen jetzt zu widmen. Vernachlässige sie nicht! Sie sind ein wichtiger Grundstein für dich, um noch glücklicher zu werden.

Pass dein Leben mit den in diesem Buch aufgeführten Glücksmachern an. Beachte die einzelnen Bereiche, arbeite täglich an dir und deinem Glücklichsein. Sie helfen dir, dein Leben deutlich nach vorne zu bringen. Wenn du diese Punkte beachtest und anwendest, kommen Erfolg und Geld in deinem Leben neben dem Glücklichsein von ganz allein. Es sind Schritte in eine schönere Zukunft. Aus eigener Erfahrung kann ich dir garantieren, dass es funktioniert. Jetzt, nachdem du das Buch gelesen hast, solltest du bereits die ersten Veränderungen spüren. Wie ich schon sagte: Glücklichsein kann man lernen. Es ist ein Prozess wie alles im Leben. Es kommt nicht von alleine, du musst etwas dafür tun. Es gibt nicht viel im Leben, für das es sich so sehr lohnt zu arbeiten wie fürs Glücklichsein. Setze die Punkte um und arbeite daran!

Im Leben wirklich glücklich zu sein, fällt nicht vom Himmel. Es ist nur begrenzt genetisch bedingt. Es ist harte Arbeit, und es ist ein Prozess, der je nach eigener Einstellung länger oder kürzer dauern kann. Glücklichsein kommt nicht von heute auf morgen. Du wirst aber deutliche Veränderungen in deinem Leben spüren und gelassen ein besseres, erfolgreicheres, glücklicheres Leben führen können, wenn du dich an die Glücksmacher hältst. Ich wünsche dir alles Glück dieser Erde und die Kraft, konstant an dir zu arbeiten! Es liegt jetzt ganz alleine an dir.

Gib nicht auf, wenn es nicht auf Anhieb funktioniert. Bei manchen Menschen stellen sich Erfolge schneller und bei manchen langsamer ein. Es kommt darauf an, wie fest du dran glaubst und wie gut du die Punkte umsetzt. Beginne mit kleinen Dingen und arbeite dich langsam an größere Elemente heran. Unser größtes Hemmnis ist, dass wir manchmal in alte Verhaltensmuster zurückfallen. Es dauert ein bisschen, bis sich das neue Denken in unserem Geist und Körper verankert hat. Das ganze Konzept muss erarbeitet und trainiert werden. Wenn du von klein auf mit dem Prinzip vertraut und aufgewachsen wärst, dann müsstest du die alten Gedankenströme nicht erst ablegen.

In meinem Leben gab es immer wieder Situationen, in denen ich gezweifelt habe, weil die Beweise manchmal nicht sofort da waren. Wir Menschen haben den Drang, für alles sofort Beweise zu brauchen, um an etwas glauben zu können. Im Nachhinein wurden mir die Dinge meist klarer. Hier drehen wir uns im Hamsterrad. Wenn wir nicht fest genug daran glauben, werden wir nichts verändern. Ohne Ergebnisse glauben wir aber nicht fest genug daran. Genau diese Situation musst du durchbrechen. Lerne, an Positives zu glauben, ohne den Beweis sofort zu erhalten. Du bekommst ihn, nur zeitversetzt.

Beobachte und analysiere! Es hilft, Situationen aus einem anderen Blickwinkel oder auch mit etwas Abstand zu betrachten. Mit offenen Augen und einer offenen Einstellung wirst du erkennen, dass es funktioniert. Was hast du zu verlieren? Nichts. Wenn du dran arbeitest und es versuchst, kannst du nur gewinnen. Vielleicht hilft dir die neue Einstellung dabei, ein klein wenig glücklicher zu sein. Vielleicht hilft sie dir dabei, dein Leben komplett zu verändern. Vielleicht optimiert sich deine Beziehung oder dein Beruf. Vielleicht wirst du gesünder. Vielleicht erfährst du mehr Lebensfreude. Ich kann es dir nicht sagen, denn es liegt ganz alleine an dir. Ich kann dir nur sagen, dass dein Leben es absolut wert ist und du sehr schnell von deinen eigenen Gedanken sehr stark profitieren wirst. Nur eins darfst du nicht: aufgeben. Halte durch und arbeite an dir, jeden Tag und jede Minute! Verändere deine Gedanken und deine Lebensweise! Nur du allein bist dazu in der Lage.

Bundesfinanzminister Wolfgang Schäuble hat in einem ARD-Interview einen sehr klugen Satz gesagt: *»Denke nicht immer alles bis zum absoluten Ende. Manchmal ist es sinnvoll, auch mal etwas in kleinen Schritten zu beginnen. Wenn wir etwas nicht im Großen, Gesamten umgesetzt bekommen, dann lass uns doch im Kleinen den ersten Schritt machen.«*

Wenn du immer wartest, bis alles perfekt ausgearbeitet ist, bevor du startest, kommt es häufig dazu, dass du gar nicht beginnst. Starte in kleinen Schritten! Das gilt für alle Aktivitäten, für deine Ernährung, den Sport, deine Dankbarkeit. Es ist doch schon ein Anfang, wenn du bewusster isst und wenn du dich bewusster bewegst. Bringe etwas in Gang, auch wenn du es noch nicht komplett ausformuliert hast. Es ist wichtig, den ersten Schritt zu machen.

Merke: Der Anspruch auf Perfektion ist die beste Ausrede, etwas nicht zu machen und nicht zu beginnen.

Oft finden wir die Ausrede für unser Nichtstun darin, dass wir der Meinung sind, das Konzept stehe noch nicht komplett. Dass wir erst noch an dem einen oder anderen feilen müssten. Dass wir für den einen oder anderen Punkt noch keine Lösung hätten. Fang doch einfach mal an! Ich will nicht sagen, dass du alles unbedacht und ohne Konzept machen sollst. Aber bevor du gar nicht an den Start kommst, ist es besser, einfach mal loszulegen.

Ich kann von mir heute behaupten, dass ich die Schlüssel zum Glück gefunden habe. Es gibt nicht nur einen Schlüssel, sondern eine Kombination aus vielen verschiedenen Elementen. Dieses Buch war mir ein sehr persönliches Anliegen. Es war mir ein großes Verlangen, dir meine Erfahrungen mitzuteilen, dir Wege zu weisen, wie du dein Leben deutlich glücklicher gestalten kannst. Wenn du die Glücksmacher diszipliniert, konstant und langfristig anwendest, lässt sich nicht vermeiden, dass sich dein Leben viel glücklicher entwickeln wird. Ich war in meinem Leben ganz unten und habe in den einzelnen Lebenszyklen auch immer wieder starke Rückschläge erleben müssen. Es gab in meinem Leben sehr viele Höhen aber auch sehr viele Tiefen. So ist nun mal das Leben. Unsere Aufgabe besteht darin, das Beste daraus zu machen. Jeder Mensch kann glücklich werden. Es passiert im Kopf, Herz und Bauch und es liegt ganz allein in deiner Hand. Damit du für dein Leben möglichst viel von meinen Erfahrungen profitieren kannst, habe ich dir einen sehr tiefen Einblick in mein persönliches Leben gegeben. Für mich kann ich sagen, dass ich es geschafft habe, aus einer tiefen Depression heraus zu einem wirklich glücklichen Menschen zu werden. Ich hoffe, du wirst möglichst viel von meinen Impulsen anwenden und dein absolutes Lebensglück finden! Du hast es verdient.

Ich wünsche dir ein wirklich glückliches Leben,

dein

Verzeichnis verwendeter und weiterführender Literatur

Monographien und Anthologien

Bischoff, Christian (2014): Selbstvertrauen: Die Kunst, dein Ding zu machen. Ariston, München.

Boom, Maike van den (2016): Wo geht's denn hier zum Glück? Meine Reise durch die 13 glücklichsten Länder der Welt und was wir von ihnen lernen können. 2. Auflage, Fischer, Frankfurt am Main.

Bettger, Frank (1992): Erlebte Verkaufspraxis. Oesch, Zürich.

Bettger, Frank; Carnegie, Dale (2011): Lebe begeistert und gewinne! Oesch, Zürich.

Brahm, Ajahn (2015): Der Elefant, der das Glück vergaß: Buddhistische Geschichten, um Freude in jedem Moment zu finden. 16. Auflage, Lotos, Roßdorf.

Buhr, Andreas; Müller, Wolfgang (2016): go! Die Kunst das Leben zu meistern. 3., aktualisierte Auflage, go! LiveVerlag, Düsseldorf.

Buhr, Andreas (2015): Machen statt meckern! Die 10 Prinzipien der ©lean leadership. go! LiveVerlag, Düsseldorf.

Bühler, Franz X. (2010): Vom Kopf ins Herz. Menani, Rott.

Byrne, Rhonda (2012): The Magic. Knaur MensSana, München.

Carnegie, Dale (2011): Sorge dich nicht – lebe! 7. Auflage, Fischer, Frankfurt am Main.

Csikszentmihalyi, Mihaly (2015): Flow. Das Geheimnis des Glücks. 18. Auflage, Klett-Cotta, Stuttgart.

Dalai Lama; Cutler Howard C. (2012): Die Regeln des Glücks. Ein Handbuch zum Leben. Herder, Freiburg im Breisgau.

Dederichs, Stefan (2011): Servicewüste Deutschland – begeisternd verkaufen. R.G. Fischer, Frankfurt am Main.

Dederichs, Stefan (2016): Kleine Klappe, großer Umsatz. Winterwork, Borsdorf.

Dispenza, Joe (2016): Du bist das Plazebo. 5. Auflage, Koha, Burgrain.

Dispenza, Joe (2012): Ein neues Ich. Koha, Burgrain.

Enkelmann, Claudia (2015): Einfach mehr Charisma: Was uns wirklich beeindruckt. Wie Sie auf andere wirken. 2., überarbeitete Auflage, Linde, Wien.

Enkelmann, Nikolaus B. (2009): Optimismus ist Pflicht! Wie wir mit der richtigen Lebenseinstellung mehr erreichen. Gabal, Offenbach am Main.

Enkelmann, Nikolaus B.; Gorjinia, Alexander A. (2014): Hemmungslos: Blockaden und Ängste überwinden – Ziele erreichen – einfach entspannter leben. Linde, Wien.

Esch, Tobias (2017): Die Neurobiologie des Glücks: Wie die Positive Psychologie die Medizin verändert. Thieme, Stuttgart.

Ferriss, Timothy (2015): Die 4-Stunden-Woche: Mehr Zeit, mehr Geld, mehr Leben. Ullstein Taschenbuch, Berlin.

Frankl, Viktor (1985): Der Mensch vor der Frage nach dem Sinn. Piper, München.

Gierke, Christiane (2010): Das ist ja 'ne Marke! Bekannter, beliebter und erfolgreicher mit Persönlichkeitsmarketing. 2. Auflage. Gabal, Offenbach am Main.

Harari, Yuval Noah (2017): Homo Deus: Eine Geschichte von Morgen. 6. Auflage, C. H. Beck, München.

Harnisch, Günter (2014): Endlich gut drauf! Wie Sie Ihre Glückshormone natürlich anregen: Für mehr Wohlbefinden, Lebensfreude und Energie. 2. Auflage, Mankau, Murnau am Staffelsee.

Hicks, Esther; Hicks Jerry (2008): The Law of Attraction. Ullstein, Berlin.

Hill, Napoleo (1998): Denke nach und werde reich. Hugendubel, München.

Hornung, Bernd (2016): Glücksforschung und Glückswissenschaft. Band 1 und 2. IFG München, Institut für Glücksforschung, München.

Hüther, Gerald (2015): Etwas mehr Hirn, bitte: Eine Einladung zur Wiederentdeckung der Freude am eigenen Denken und der Lust am gemeinsamen Gestalten. Vandenhoeck & Ruprecht, Göttingen.

Kahnemann, Daniel (2012): Schnelles Denken, langsames Denken. Siedler, München.

Lassen, Arthur (2014): Heute ist mein bester Tag. L.E.T, Eigenverlag.

Long, Aljoscha; Schweppe, Ronald (2010): Die 7 Geheimnisse der Schildkröte. Den Alltag entschleunigen, das Leben entdecken. Heyne, München.

Lorber, Lars (2015): Menschenkenntnis – Der große Typentest: So entschlüsseln Sie die Stärken und Schwächen. 2. Auflage, C. H. Beck, München.

Lyubomirsky, Sonja (2008): Glücklich sein. Warum Sie es in der Hand haben, zufrieden zu leben. Campus, Frankfurt am Main.

Moestl, Bernhard (2016): Denken wie ein Shaolin. Die sieben Prinzipien emotionaler Selbstbestimmung. Knaur, München.

Mourlane, Denis (2017): Resilienz. 8. Auflage, BusinessVillage, Göttingen.

Saum-Aldehoff, Thomas (2015): Big Five. Sich selbst und andere erkennen. 3. Auflage, Patmos, Ostfildern.

Schmid, Wilhelm (2007): Glück. Alles, was Sie darüber wissen müssen, und warum es nicht das Wichtigste im Leben ist. Insel, Berlin.

Schmid, Wilhelm (2014): Vom Glück der Freundschaft. 4. Auflage, Insel, Berlin.

Seligman, Martin E. P. (2005): Der Glücks-Faktor. Warum Optimisten länger leben. Bastei Lübbe, Köln.

Sobainsky, Julia (2011): Charisma. Wie Sie mit Ihrer Ausstrahlung glücklich und erfolgreich werden. Allinti, Allschwil.

Späth, Thomas; Bao, Shi Yan (2011): Shaolin. Das Geheimnis der inneren Stärke. Gräfe und Unzer, München.

Spezzano, Chuck (2007): 50 Wege loszulassen und glücklich zu sein. 8. Auflage, Via Nova, Petersberg.

Strelecky, John (2009): The Big Five for Live. Was wirklich zählt im Leben. dtv, München.

Szeliga, Roman F. (2017): Frustschutzmittel. Wie sie es schaffen, alles halb so schlimm oder doppelt so gut zu finden. 5. Auflage, Midas, Zürich.

Thomashoff, Hans-Otto (2014): Ich suchte das Glück und fand die Zufriedenheit. Eine spannende Reise in die Welt von Gehirn und Psyche. Ariston, Genf.

Fachbeiträge, Studien, Websites

Wie Dich deine Komfortzone ständig austrickst, http://anti-uni.com/komfortzone, abgerufen am 1. August 2017.

Das ist interessant 180.000 negative Suggestionen – Die Zahl der Worte, http://blog.finde-dich-selbst.net/das-ist-interessant-180-000-negative-suggestionen, abgerufen am 1. August 2017.

Sturheit, http://wiki.yoga-vidya.de/Sturheit, abgerufen am 1. August 2017.

Scheidungsquote in Deutschland von 1960 bis 1915, https://de.statista.com/statistik/daten/studie/76211/umfrage/scheidungsquote-von-1960-bis-2008, abgerufen am 1. August 2017.

Angst, https://de.wikipedia.org/wiki/Angst, abgerufen am 1. August 2017.

Big Five, https://de.wikipedia.org/wiki/Big_Five_(Psychologie), abgerufen am 1. August 2017.

Resilienz, https://de.wikipedia.org/wiki/Resilienz_(Psychologie), abgerufen am 1. August 2017.

Jürgen Schönstein, Sturheit siegt, www.focus.de/wissen/mensch/psychologie-sturheit-siegt_aid_366365.html, abgerufen am 1. August 2017.

IFG München, www.gluecksforschung.de, abgerufen am 1. August 2017.

Big Five, www.typentest.de/typentest_de_-_erklarung/typentest_de_-_big_five.htm, abgerufen am 1. August 2017.

Encourage

Gracia Thum
Encourage
Mut zu Veränderung
1. Auflage 2017

208 Seiten; Broschur; 24,95 Euro
ISBN 978-3-86980-347-0; Art.-Nr.: 999

Mutige Menschen fordern ein, was sie für richtig halten. Sie stehen zu ihrer Meinung. Sie akzeptieren die Möglichkeit des Scheiterns und wagen sich in neue unbekannte Welten. Sie handeln trotz Unsicherheit.

Ist Mut angeboren oder kann man Mut erlernen? Was machen Menschen, die wir mutig nennen, anders? Woher nehmen sie ihre Zuversicht und ihre Stärke?

Antworten darauf liefert das neue Buch von Gracia Thum. Es nimmt Sie mit auf die Reise zu Ihren Emotionen und illustriert, wie Sie mutiges Handeln in Ihrem Alltag erlernen können. In klaren einfachen Schritten lernen Sie, Mut als Encourage-Kompetenz zu leben. Eine Kompetenz, die Voraussetzung für entschlossenes Handeln und souveräne Entscheidungen ist.

www.BusinessVillage.de